# 数字经济背景下
# 金融衍生品的多重价值调整

冯美芳 著

上海交通大学出版社
SHANGHAI JIAO TONG UNIVERSITY PRESS

**内容提要**

本书主要探讨数字经济背景下金融衍生品的多重价值调整理论,介绍了数字经济的崛起及其对全球经济的影响,详细分析了衍生品市场的定义、特点与功能,以及金融衍生品的产生与发展,深入讨论了市场风险、交易对手风险及其管理策略,并提出了多重价值调整理论,包括信用价值调整、债务价值调整、资金价值调整、保证金价值调整等,着重探讨了跳跃风险和波动率风险对衍生品定价的影响,并提出了基于跳跃扩散模型、随机波动率模型及带跳的随机波动率模型的多重价值调整研究框架。整体而言,本书通过理论分析和模型构建,为金融衍生品的定价和风险管理提供了新的视角和方法。本书可作为普通高校金融学、精算学、金融工程等专业本科生和研究生教材,也可供从事相关工作的科研人员参考。

**图书在版编目(CIP)数据**

数字经济背景下金融衍生品的多重价值调整 / 冯美
芳著. -- 上海 ： 上海交通大学出版社,2025.7.
ISBN 978-7-313-32945-5

Ⅰ. F830. 95

中国国家版本馆 CIP 数据核字第 2025WE3310 号


**数字经济背景下金融衍生品的多重价值调整**

SHUZI JINGJI BEIJING XIA JINRONG YANSHENGPIN DE DUOCHONG JIAZHI TIAOZHENG

| | | | | |
|---|---|---|---|---|
| 著　　者: | 冯美芳 | | | |
| 出版发行: | 上海交通大学出版社 | 地　　址: | 上海市番禺路 951 号 | |
| 邮政编码: | 200030 | 电　　话: | 021 - 64071208 | |
| 印　　制: | 苏州市古得堡数码印刷有限公司 | 经　　销: | 全国新华书店 | |
| 开　　本: | 710 mm×1000 mm　1/16 | 印　　张: | 14.25 | |
| 字　　数: | 238 千字 | | | |
| 版　　次: | 2025 年 7 月第 1 版 | 印　　次: | 2025 年 7 月第 1 次印刷 | |
| 书　　号: | ISBN 978 - 7 - 313 - 32945 - 5 | | | |
| 定　　价: | 86.00 元 | | | |

# 前言 | Foreword

　　随着数字经济的迅猛发展,金融市场的结构和运作方式正在经历深刻的变革。数字经济不仅改变了传统产业的商业模式,还催生了新的金融工具和交易方式,促使金融衍生品市场快速拓展。金融衍生品作为现代金融市场的重要组成部分,其复杂性和多样性为市场参与者提供了丰富的风险管理工具,同时也带来了新的挑战。特别是在数字经济背景下,金融衍生品的定价和风险管理变得更加复杂,传统的定价模型和风险管理框架已难以完全适应新的市场环境。

　　本书旨在探讨数字经济背景下金融衍生品的多重价值调整问题,特别是如何通过引入跳跃扩散模型、随机波动率模型及带跳的随机波动率模型,更准确地评估金融衍生品的价值及风险。金融衍生品的定价和风险管理一直是金融学研究的核心问题之一。传统的 Black-Scholes Model(布莱克-斯科尔斯模型,以下简称 Black-Scholes 模型)虽然在期权定价领域取得了巨大成功,但其假设资产价格服从连续的布朗运动,忽略了市场中常见的跳跃风险和波动率风险,以及二者叠加带来的双重风险。随着金融市场的不断发展,尤其是在 2008 年全球金融危机爆发后,市场参与者逐渐意识到,传统的定价模型无法充分反映市场中的极端波动和突发事件对资产价格的影响。

　　多重价值调整包含了信用价值调整、债务价值调整、资金价值调整、保证金价值调整等。信用价值调整是衡量交易对手违约风险的重要指标,反映了交易对手违约可能导致的潜在损失。债务价值调整则是对交易商自身违约风险的调整,反映了交易商自身违约可能带来的影响。资金价值调整则是对交易资金融资成本的调整,反映了融资成本的变化对衍生品价值的影响。保证金价值调整则是对初始保证金融资成本的调整,反映了保证金要求的变化对衍生品价值的影响。这些调整项旨在量化衍生品合约中嵌入的各种风险因素,从而为市场参与者提供更精确的定价和风险管理工具。

尽管多重价值调整理论在衍生品定价和风险管理中得到了广泛应用,但现有的研究大多忽略了资产价格的跳跃风险和波动率风险。跳跃风险是指资产价格在短时间内发生剧烈波动的现象,通常由突发事件或重大新闻引起。波动率风险则是指资产价格波动率的变化对衍生品价值的影响。这两种风险在金融市场中极为常见,尤其是在市场剧烈波动或突发事件发生时,传统的连续模型往往无法准确捕捉这些极端波动。

因此,本书重点探讨如何通过引入跳跃扩散模型、随机波动率模型及带跳的随机波动率模型,并结合多重价值调整理论,改进金融衍生品的定价和风险管理框架。跳跃扩散模型能够更好地捕捉资产价格在突发事件下的跳跃行为,而随机波动率模型则能够更准确地描述市场波动率的动态变化。通过将这两种模型结合起来,我们可以更全面地评估金融衍生品的价值,并对其中的多重价值调整进行更精确的量化。

总之,本书旨在为金融衍生品的定价和风险管理提供一个更为全面的理论框架。特别是在数字经济背景下,本书引入跳跃扩散模型和随机波动率模型,以更准确地评估金融衍生品的价值及风险。希望本书能够为学术界和实务界的相关研究提供有益的参考,并为金融市场的稳定和发展作出应有的贡献。

# 目录 | Contents

# 第 1 章

# 数字经济概述

2020 年以来,数字经济已从一种新兴的经济形态演变为全球经济增长的核心引擎。它以数据为关键生产要素,以数字技术为根本驱动力,正在深刻重塑传统产业的组织方式、价值创造逻辑和市场竞争范式。从微观个体的消费行为到宏观国家的战略布局,数字经济的渗透无处不在:云计算、人工智能、区块链等技术不仅催生了平台经济、共享经济等新业态,还重新定义了"价值"本身——数据成为新的重要资源,算法成为新的流水线,而算力则成为新时代的基础设施。这一变革对金融领域的影响尤为显著。在衍生品市场,定价模型长期依赖的假设——如市场完全性、充足的流动性和理性人行为——正因数字经济的颠覆性特征而面临挑战。高频交易、去中心化金融(decentralized finance,DeFi)和基于大数据的风险定价工具,使得传统 Black-Scholes 模型框架下的"完美对冲"理想变得越来越遥远。与此同时,数字经济带来的市场碎片化、信息不对称性降低(或重构)以及新型风险(如系统性算法风险),迫使学界与业界重新思考衍生品定价的理论根基:是否需要在随机微积分之外,引入复杂性科学、网络理论,甚至基于 Agent(智能体)的仿真方法?

本章将从数字经济的定义与范畴切入,梳理其技术基础、演进历程和核心特征,并着重分析其对金融市场的结构性影响。我们试图回答:当"比特"与"原子"的边界逐渐模糊,当数据流与资金流深度融合,衍生品定价的理论与实践将如何被重新书写?这一问题的答案,或许不仅关乎金融学的技术演进,更关乎我们对未来经济本质的理解。

## 1.1 背景

20 世纪八九十年代,互联网技术日趋成熟且广泛应用于各个领域。这一时期的互联网技术不仅实现了全球范围的网络连接,还推动了数字技术与网络技术的相互融合。这种融合生成的海量数据规模超出了分散终端的处理能力,从而促进了云计算、大数据等数字技术的快速发展。互联网技术的成熟与普及,为数字经济的兴起提供了重要的技术支撑。它不仅使得信息的获取、传播和共享变得更加便捷,还推动了电子商务、在线支付等新兴商业模式的出现,为数字经济的蓬勃发展奠定了坚实基础。随着互联网技术的广泛应用,数字技术开始从信息产业外溢到传统部门,加速了传统部门的信息化进程。在这一过程中,数字技术不断产生新的生产要素,形成新的商业模式,如电子商务、智能制造等。

1996年,美国学者唐·塔普斯科特(Don Tapscott)在其所著的《数字经济:网络智能时代的前景与风险》中首次提出了"数字经济"的概念。此后,数字经济逐渐成为一个被广泛讨论和研究的领域。美国商务部也先后出版了名为《浮现中的数字经济》(Ⅰ,Ⅱ)和《新兴的数字经济》的研究报告,对数字经济的内涵与外延进行了深入的探讨。数字技术的外溢与融合,推动了传统产业的数字化转型和升级。通过应用数字技术,传统产业可以实现生产方式的变革、产品质量的提升以及经营效率的提高。这种转型和升级不仅提升了传统产业的竞争力,还为数字经济的增长提供了新的动力。

近年来,随着人工智能、区块链、物联网等新兴技术的不断涌现,数字经济的内涵和外延得到了进一步拓展。这些新兴技术不仅为数字经济提供了更加丰富的应用场景和商业模式,还推动了数字经济的持续创新和快速发展。例如,人工智能技术可以应用于智能制造、智慧医疗等领域,提高生产效率和医疗水平;区块链技术可以应用于金融、供应链等领域,提高交易透明度和安全性;物联网技术可以应用于智能家居、智慧城市等领域,实现设备的互联互通和智能化管理。

数字经济作为继农业经济、工业经济之后的主要经济形态,正以前所未有的速度、范围及影响,推动着生产方式、生活方式、管理方式的深刻变革。随着数字技术及其应用的迅速发展,数字经济的内涵也不断丰富。从早期的侧重于数字技术生产力,到后来的涵盖数字技术的经济功能,数字经济已成为以数据资源为关键要素,以现代信息网络为主要载体,以信息通信技术融合应用、全要素数字化转型为重要推动力的新经济形态。

## 1.1.1　经济形态演变：数字经济的崛起

1. 从农业经济到工业经济

在人类历史的发展过程中，经济形态经历了从农业经济到工业经济的演变。农业经济时期，土地和劳动力是主要生产要素；而工业经济时期，机器和资本成为主要生产要素，推动生产力实现跃升。然而，随着工业经济的不断发展，其局限性也逐渐显现。环境污染、资源枯竭等问题日益严重，制约了经济的可持续发展。因此，人们开始探索新的经济形态，以应对这些挑战。

2. 数字经济的兴起与定义

作为一种新的经济形态，数字经济是以数字化的知识和信息作为关键生产要素，以现代信息网络作为重要载体，以信息通信技术的有效使用作为效率提升和经济结构优化的重要推动力的一系列经济活动。数字经济的兴起，不仅推动了经济的快速增长，还带来了生产方式的变革和商业模式的创新。通过应用数字技术，企业可以实现生产过程的自动化、智能化和精细化管理，提高生产效率和产品质量。同时，电子商务、共享经济等新兴商业模式的出现，为经济的增长提供了新的动力。

3. 数字经济的地位与作用

随着现代信息技术的不断发展，数字经济已经成为推动经济增长的重要引擎，也是实现经济高质量发展的重要途径。一方面，数字经济通过提高生产效率和产品质量，推动了传统产业的转型升级和高质量发展。另一方面，数字经济还催生了新的产业和商业模式，如电子商务、云计算、大数据等，为经济的增长提供了新的动力。此外，数字经济还推动了社会治理方式的变革和创新。通过应用数字技术，政府可以实现政务服务的智能化、便捷化和高效化，提高社会治理水平和公共服务质量。同时，数字技术还可以应用于城市管理、环境保护等领域，推动城市的智能化和可持续发展。

## 1.1.2　政策推动：数字经济的政策支持

1. 国家层面的政策支持

为了推动数字经济的发展，各国政府纷纷出台了一系列政策措施。这些政策措施涵盖了基础设施建设、技术创新、产业发展、人才培养等多个方面,为数字经济的蓬勃发展提供了有力的政策保障。例如,我国政府高度重视数字经济的发展,并将其上升为国家战略,已经出台了一系列政策措施,如《国家信息化发展战略纲要》《"十四五"数字经济发展规划》等,以推动数字经济的快速发展。这些政策措施不仅明确了数字经济发展的目标和方向,还提出了具体的政策措施和保障措施,为数字经济的蓬勃发展提供了有力的政策保障。

2. 地方政府层面的政策支持

除了国家层面的政策支持,各地方政府也纷纷出台了相应的政策措施,以推动本地数字经济的发展。这些政策措施涵盖了基础设施建设、产业发展、人才培养等多个方面,旨在打造数字经济高地和推动本地经济的转型升级。例如,北京市出台了《北京市加快新型基础设施建设行动方案(2020—2022 年)》,旨在加强新型基础设施建设,推动数字经济的快速发展。上海市则出台了《上海市数字经济发展"十四五"规划》,明确了数字经济发展的目标和方向,并提出了具体的政策措施和保障措施。

3. 国际合作与政策协调

随着数字经济的全球化发展,国际合作与政策协调也成为推动数字经济发展的重要方面。各国政府通过加强国际合作与交流,共同推动数字经济的创新与发展。例如,2016 年 G20 杭州峰会通过的《二十国集团数字经济发展与合作倡议》,旨在推动各国在数字经济领域的合作与交流。此外,各国政府还通过签署双边或多边协议,加强在数字经济领域的政策协调与合作,共同推动数字经济的全球化发展。

## 1.1.3　全球化进程:数字经济的国际视野

1. 数字经济的全球化趋势

随着全球化的不断深入和信息技术的快速发展,数字经济已经呈现出全球化趋势。各国在数字经济领域的合作与交流日益频繁,共同推动数字经济的创新与发展。数字经济的全球化趋势不仅体现在技术和市场的融合上,还体现在规则和标准的制定上。各国政府和企业通过加强合作与交流,共同推动数字经济的规则制定和标准制定,为数字经济的全球化发展提供了有力的制度保障。

2. 数字经济的国际竞争与合作

在数字经济领域,各国之间的竞争与合作并存。一方面,各国都在积极发展数字经济,以抢占未来发展的制高点;另一方面,各国之间也在加强合作与交流,共同推动数字经济的创新与发展。例如,在 5G(5th-Generation Mobile Communication Technology,第五代移动通信技术)、人工智能等领域,各国积极投入研发和推广,以抢占未来发展的先机。同时,各国之间也在加强合作与交流,共同推动这些领域的技术创新和应用推广。

此外,在数字经济规则制定和标准制定方面,各国也在加强合作与交流。通过加强国际合作与交流,各国可以共同推动数字经济的规则制定和标准制定,为数字经济的全球化发展提供有力的制度保障。

3. 数字经济的全球治理

随着数字经济的全球化发展,数字经济的全球治理也成为一个重要议题。各国政府、国际组织和企业都在积极探索数字经济的全球治理方式和方法。数字经济的全球治理需要各国政府、国际组织和企业之间的合作与协调。通过加强合作与协调,各国可以共同推动数字经济的规则制定、标准制定和监管机制的建立与完善。

# 1.1.4　数字经济面临的挑战与机遇

1. 面临的挑战

在数字经济的发展过程中,各国面临着诸多挑战。这些挑战包括技术创新能力的不足、数据安全与隐私保护的问题、数字鸿沟的扩大、国际竞争与合作的不确定性等。

首先,技术创新能力的不足是制约数字经济发展的重要因素。虽然各国都在积极投入研发和推广新技术,但技术创新能力的不足仍然是一个普遍存在的问题。这需要各国加大科技创新和人才培养力度,提高技术创新能力。

其次,数据安全与隐私保护的问题也是制约数字经济发展的重要因素。随着数字技术的广泛应用和数据量的不断增长,数据安全与隐私保护的问题日益凸显。这需要各国加强数据安全与隐私保护的法律法规建设和技术研发,提高数据安全与隐私保护的水平。

再次,数字鸿沟的扩大也是制约数字经济发展的重要因素。数字鸿沟的存在使得一部分人无法享受到数字技术带来的便利和机遇,从而加剧了社会的不平等和分化。这需要各国加强数字基础设施建设和技术普及,缩小数字鸿沟。

最后,国际竞争与合作的不确定性也是制约数字经济发展的重要因素。在数字经济领域,各国之间的竞争与合作并存,且呈现出日益复杂和多变的趋势。这需要各国加强国际合作与交流,共同应对挑战和机遇。

2. 面临的机遇

尽管面临诸多挑战,但数字经济也带来了前所未有的机遇。这些机遇包括推动经济增长、促进产业升级和转型、推动社会治理方式变革等。

一方面,数字经济已经成为推动经济增长的重要新动力。另一方面,数字经济也为产业升级和转型提供了新的路径。通过应用数字技术,传统产业可以实现生产方式的变革和产品的智能化升级。同时,数字技术还推动了新兴产业的发展和壮大,为产业升级和转型提供了新的方向和机遇。

总的来说,随着数字技术的不断发展和应用推广,数字经济面临着诸多挑战和机遇,需要各国政府、国际组织和企业通过合作与协调来应对挑战、把握机遇。在未来的发展中,各国应继续加强数字基础设施建设和技术研发,提高技术创新能力和数据安全与隐私保护水平。同时,各国应加强国际合作与交流,共同推动数字经济的规则制定和标准制定以及全球治理体系的建立和完善。只有这样,才能充分发挥数字经济的潜力和优势,推动全球经济的持续健康发展。

## 1.2 数字经济的内涵与特征

### 1.2.1 数字经济的内涵

数字经济是指以数字技术为核心,通过互联网、大数据、云计算、人工智能等新一代信息技术的应用,实现经济活动的数字化、网络化、智能化的一种新型经济形态。它涵盖了电子商务、移动支付、物联网、智能制造等众多领域,为全球经济的发展带来了巨大的变革。

数字经济的核心要素包括数字技术、数据资源、现代信息网络等。首先是数字技术。数字技术是数字经济的基石,包括互联网、大数据、云计算、人工智能等,这些技术推动了经济活动的数字化和智能化。数字经济通过数字技术将经济活动转化为数字形式,提高了生产效率和交易效率。其次是数据资源。在数字经济中,数据成为新的生产要素,通过对数据的收集、分析和利用,企业可以更好地了解市场需求、优化生产流程、提高产品质量和服务水平。最后是现代信息网络。数字经济利用互联网等网络技术,打破了时间和空间的限制,实现了信息的快速传播和资源的优化配置。现代信息网络是数字经济的重要载体,它使得信息传播变得更加迅速和便捷,为数字经济的发展奠定了坚实的基础。

数字经济对全球经济和社会发展产生了深远的影响。它改变了人们的生产和生活方式,催生了新的商业模式和产业形态,如电子商务、共享经济等。同时,数字经济也促进了不同领域和行业的跨界融合,推动了经济结构的优化和转型。此外,数字经济还为经济增长注入了新的活力,成为全球经济发展的新引擎。

## 1.2.2　数字经济的特征

数字经济具有以下 6 个显著的特征。

(1) 高附加性。数字经济产品的价值主要建立在知识(技术)之上,因此具有较高的附加价值。这些产品的定价往往不完全遵循传统市场规律。生产要素属于动态变化的历史范畴,所包含的内容也会因经济形态的变化而产生差异。传统生产要素主要包括资本、劳动力、土地等,但其对经济增长的贡献越来越有限。而随着大数据、区块链、AI(Artificial Intelligence,人工智能)技术、深度学习、云技术等数字技术不断取得新的突破,数字经济形态成为推动经济增长和结构优化的新业态和新动力。在数字经济形态中,数据的地位和作用发生了深刻变化,数据持续不断地渗入经济发展的各个领域和部门,成为和传统生产要素并列的新型生产要素,并在数字经济时代发挥越来越重要的作用(蔡跃洲、马文君,2021)。数字要素成为数字经济发展的主要推动力,也使得国家之间和地区之间的竞争重心从传统要素向与数据有关的网络基础设施建设和数字人才培养转变,从而成为决定核心竞争力的核心要素。而数字要素具有很高的价值附加性,对经济发展发挥着正向助推作用,对经济效率的促进作用也十分明显。

(2) 高渗透性。数字经济逐渐影响和改变传统产业的经营模式,从而推动其与第二产业、第三产业的深度融合,使得产业边界变得模糊。数字经济从发展伊始,就通过数字技术与实体经济的融合展现出其高渗透性的特征,成为提高资源配置效率和推动经济增长的重要推动力。20 世纪 90 年代是数字技术高速发展的时期,伴随信息与通信技术的进步,数字技术也快速地与其他产业融合,其向第二产业、第三产业的渗透尤为引人注目。数字经济与实体经济的融合也使得三次产业之间的界限逐渐模糊,已经深刻地影响这些产业的经营与发展模式(童锋、张革,2020)。具体而言,首先,数字经济推动了硬件与软件之间的有机融合。大数据、区块链、AI技术、深度学习、云技术、5G等新一代信息技术的使用边界逐渐模糊,硬件与软件技术具有高度关联性,"互联网+"模式与生产生活的多方面深度融合,在实现经济效益增长的同时也推动社会公平和民生改善。其次,数字经济能够加速不同层级和部门之间的相互融合。现代企业组织越来越倾向于层级扁平化(organizational flattening,OF)、横向部分一体化(partial horizontal integration,PHI)发展,而数字技术发展则加速了这一转变的进程。最后,数字经济能够实现公共产品与私人产品的交互融合。在数字经济时代,数字平台的广泛建立可以将数量庞大的企业、管理机构相互联合,打破公共产品与私人产品的界限。

(3)虚拟性。数字经济的虚拟性特征主要体现在其服务产品以数字化的形态存在方面。数字产品的定价并不遵循传统经济学的市场定价策略。数字经济中的电子商务、数字交付等提供的服务产品均以数字化的形态存在,并不像工业产品一样必定会有实物产品相对应。例如,电子商务网站的电子虚拟货币,以及因特网内容提供商(internet content provider)为客户提供的流媒体(streaming media)、空间服务等,均是以数字形式存在的虚拟商品。因此,与非数字产品相比较,数字产品可以较少考虑产品的批发、零售及运输渠道问题。数字产品的主要投入为知识(技术),知识成本目前是无法准确核算的,而且技术的壁垒造成了供求双方的信息不对称,进而完全冲破了传统经济学中的线性供求关系,因此数字产品的定价并不遵循传统经济学的市场定价策略。从传统经济学的视角来看,数字经济具有很高的价值附加性,并且数字经济这一附加价值量与其所应用技术的尖端程度成正比,即越是高科技产品,其附加价值越高,成本回收期越短。

(4)数据驱动。数据是数字经济的关键生产要素。通过收集、存储和分析数据,我们可以揭示潜在的模式和趋势,为各种决策提供有力支持。数字技术作为新一代信息技术,成功推动了产业融合的迅速发展,产业与产业之间不断融合,催生出一些新的产业形态(李晓华,2016)。以5G、深度学习、AI技术、大数据等为代表的新一代信息技术产业具有鲜明的自身优势。数字技术不但具有显著的溢出效应,而且还具有广阔的发展空间,数字技术也有助于降低能源消耗,能够为新兴经济形态提供较为明显的推动力,转变现有经济发展方式(王斯坦、王屹,2015)。而且,在数字经济时代,数字技术本身具有很强的带动性,与传统产业深度融合可以衍生出新产品、新业态。新一代信息技术的开发和传播相较于传统产业而言,极大地降低了技术传播成本和产业结构创新成本,带动了多行业多领域的高速发展。

(5)高创新性。数字经济领域的技术创新层出不穷,如人工智能、区块链等新技术能够迅速应用于各行业,催生新的商业模式和业态。在新一代信息技术基础之上发展而来的数字经济具有创新性强、辐射范围广的优势,也正在成为优化全球要素资源配置、完善世界经济结构、影响各国竞争格局的重要因素,推动着经济社会实现从局部到整体、从阶段性到全过程的系统化、数字化转型。数字经济发展对世界各国经济、社会等方面的影响全面而深刻,尤其深刻影响着经济增长方式和经济结构调整。这种全新的经济形态正在不断且持续地扩大、增强其影响力。而且,数字经济也利用数字技术创新推动生产关系变革,为经济社会各个领域的变革提供创新动能。

(6)高度灵活性和敏捷性。数字经济中的企业能够快速调整业务模式以适应市场变化。数字经济的发展推动平台型企业形成,这些平台连接不同用户和资源提供者,创造全新的商业模式,提高效率并带来新机遇。许多数字经济产品或服务呈现出网络效应(network effects),其价值随用户规模扩大呈非线性增长,从而形成"用户增长—价值提升—吸引更多用户"的正向反馈循环(positive feedback loop)。并且,数字经济还强调用户体验和智能化创新,这些特征共同构成了当下经济发展的基础框架和方向。

## 1.3　数字经济的意义

数字经济的意义不仅体现在其对经济增长的推动作用上,还体现在其对社会、文化、环境等的深刻影响上。它不仅是当今世界经济发展的核心驱动力,还是全球经济结构转型与升级的重要推动力。随着科技的迅猛发展和应用,数字经济已经渗透到各个领域,产生了深远而广泛的影响。以下是数字经济在多个方面的积极意义及深远影响。

### 1.3.1　促进经济增长和创造就业机会

（1）提高生产效率。数字经济通过全面应用数字技术，如大数据、云计算、人工智能、物联网等，使得生产效率大幅提高，生产成本显著降低。以工业领域为例，智能制造和物联网技术的运用极大地提升了生产线的自动化水平和加工精度，从而实现了产品的多样化和生产过程的精益化。这不仅使企业更具市场竞争力，也为国家经济增长注入了新动能。

（2）创造新的商业模式和产业链。随着数字经济的快速发展，新的商业模式不断涌现出来。例如，电子商务、共享经济、在线支付、数字金融、虚拟货币等新兴业态，不仅推动了产业升级，还创造了大量新的就业岗位。这些新兴业态提供了更多的创业机会，满足了消费者不断变化的需求。

（3）提供就业机会。数字经济催生了远程办公、灵活用工等新型就业形态，为劳动者提供了更为多元化的就业选择。尤其是在当下，数字化办公、远程教育等成为许多人就业的新途径。此外，随着行业的多样化和数字化应用的普及，大量新的技术岗位应运而生，如数据分析师、AI工程师、网络安全专家等，为社会提供了更多的高技能就业机会。

### 1.3.2　提升经济竞争力和国际影响力

（1）培育新产业和新经济增长点。数字经济为传统产业和新兴产业之间搭建了桥梁，推动了智能制造、物联网、大数据、人工智能等新兴产业的发展。这些产业成为国家经济发展的新引擎，不仅创造了巨大的市场需求，也大幅提升了国家的经济竞争力。这种技术驱动的产业结构升级，有助于提升经济的整体竞争力和韧性，使得国家能够在全球经济体系中占据更为有利的地位。

（2）加强国际合作与交流。数字经济的全球化特点促使国际合作与交流更加紧密，特别是在跨国电商、数字贸易、云计算、大数据共享等领域，数字化手段为不同国家之间的经济合作提供了新的平台。数字经济推动了跨国公司和全球供应链的重组，使得各国能够更好地利用全球资源，提升了国际影响力和竞争力。

### 1.3.3　改善人民生活和提升社会福利水平

（1）便捷的信息和服务。数字经济通过互联网技术，使信息获取变得更加便捷。人们可以通过手机、电脑等终端设备，随时随地进行购物、支付、医疗咨询、学习等各种活动。尤其是在电子支付、在线医疗、远程教育等领域，数字技术为人们提供了便捷的服务，极大地节省了时间和成本。

（2）提升生活品质。数字化和智能化使得教育、医疗、公共安全等公共服务得以升级。在线教育平台、智慧医疗、智慧城市等不仅让社会资源配置更为高效，还提升了民众的整体生活品质。通过数字平台，城乡居民的生活质量差距逐步缩小，人民的幸福感和获得感显著提升。

### 1.3.4　推动经济结构的升级和转型

（1）促进传统产业转型。传统产业的转型升级是数字经济的另一重要作用。例如，传统制造业通过大数据分析、云计算平台和工业互联网技术的引入，实现了生产流程的智能化和信息化，大大提高了生产效率和产品质量，同时减少了资源浪费，降低了能源消耗。数字化转型不仅提升了企业的市场竞争力，也加速了产业结构的优化。

（2）催生新兴产业。随着数字经济的兴起，许多新兴产业逐渐崛起，包括电子商务、数字金融、在线教育、共享经济、绿色技术等。这些新兴产业不仅具有巨大的市场潜力，也是经济转型的重要推动力量。数字经济为传统产业提供了技术支持，为创新创业提供了广阔的空间，推动了经济的高质量发展。

### 1.3.5　促进可持续发展和环境保护

（1）减少碳排放和降低资源消耗。数字经济的高效运作能够大幅度优化资源配置，提高能源使用效率，减少浪费。在数字技术的帮助下，许多企业能够通过精准的数据分析，优化生产流程，降低能源消耗，从而减少碳排放。此外，数字平台还可以在多个领域实现环保和节能目标，如智能电网、绿色物流、云计算中心的能源优化等。

（2）推动清洁能源发展。数字经济为清洁能源的发展提供了新的支持。通过大数据和人工智能技术，新能源的生产、传输、消费等各个环节可以实现智能化管理，提高能源的利用率。同时，数字经济还促进了绿色技术的研发和推广，为环境保护和可持续发展提供了更加有力的技术保障。

综上所述，数字经济不仅在促进经济增长、提升国际竞争力、改善民生、推动产业升级等方面具有深远影响，而且对可持续发展和环境保护也起到了重要的推动作用。随着数字技术的不断进步，各国应积极推动数字经济发展，通过政策引导和资金支持，完善数字基础设施建设，强化创新驱动，推动数字技术在各个领域的深度应用。如此一来，数字经济将成为全球经济转型与社会可持续发展的重要引擎，为人民生活的改善和社会繁荣作出更大贡献。

# 第 2 章
# 衍生品市场

衍生品市场是现代金融体系中最具活力与复杂性的领域之一。作为风险管理的核心工具，衍生品——包括期货、期权、互换及各类结构化产品——不仅为市场参与者提供了对冲、套利和投机的渠道，还成为价格发现和资本配置的重要机制。然而，衍生品的"双刃剑"属性也使其饱受争议：2008 年全球金融危机中，信用违约互换（credit default swap，CDS）的连锁反应暴露了衍生品市场潜在的巨大系统性风险；而 2020 年原油期货价格跌至负值、2021 年 GameStop（游戏驿站）等"散户轧空"事件，则进一步揭示了市场结构变化对衍生品定价与流动性的深远影响。

在数字经济时代，衍生品市场正经历前所未有的变革。一方面，算法交易、高频交易和智能合约的普及，使得市场流动性更高、定价效率提升，但同时也加剧了市场的脆弱性——闪电崩盘、流动性黑洞等现象频发。另一方面，区块链与去中心化金融的兴起，正在重构衍生品市场的底层架构：无需传统中介的链上衍生品（如永续合约、期权协议）打破了地域与监管壁垒，却也带来了智能合约漏洞、预言机操纵等新型风险。此外，大数据与机器学习在衍生品定价中的应用，使得传统模型（如 Black-Scholes 模型等）的局限性越发明显，非线性动力学、深度学习驱动的定价方法逐渐崭露头角。

本章将系统梳理衍生品市场的演进历程、核心功能与运行机制，并探讨数字经济背景下市场结构、参与主体与定价逻辑的变迁。我们试图回答：在一个由算法主导、由数据驱动、去中心化趋势日益明显的市场中，衍生品是否仍能有效实现风险管理的目标？或者说，衍生品是否正在演变为一种更加复杂、更具不确定性的博弈工具？对这些问题的思考，不仅关乎金融市场的稳定性，更关乎数字经济时代金融创新的边界与伦理。

# 2.1 衍生品市场的定义、特点与功能

## 2.1.1 衍生品市场的定义

衍生品市场,简称衍生市场,是金融市场的一个重要组成部分,涵盖了各种基于基础资产(如股票、债券、商品、汇率、利率等)的金融工具的交易。这些衍生工具的价值取决于基础资产的价格、利率、汇率、指数等变量,常见的衍生品包括期货、期权、远期合约、互换合约等。衍生品市场的主要参与者包括套期保值者、投机者、套利者和经纪人,他们各自在市场中扮演着不同的角色。套期保值者利用衍生品来对冲其基础资产价格波动的风险,以保护其现有资产或负债的价值;投机者试图通过预测市场价格的变动来获取利润,承担了较高风险;套利者则利用市场中的价格差异来获取无风险利润;经纪人作为交易的中介,以促成交易、收取佣金为目的。

衍生品市场交易的是衍生金融工具,这些工具并非基于实物资产,而是由基础资产(如股票、债券、货币、商品等)衍生而来的,其价值取决于基础资产的价格变动。

## 2.1.2 衍生品市场的特点

衍生品市场具有高杠杆性、高风险性、强流动性、产品多样性、全球化、复杂性等特点。这些特点既为投资者提供了更多的交易机会和风险管理工具,也对投资者的专业素养和风险管理能力提出了更高的要求。

(1)高杠杆性。衍生品市场允许投资者以少量的资金控制较大规模的资产。这种杠杆效应极大地降低了交易成本,为投资者提供了以较少资金建立较大交易头寸的机会。然而,高杠杆性同时也意味着风险的放大。投资者的盈利和亏损都会被成倍地放大,因此要求投资者具备较高的风险管理能力。

(2)高风险性。衍生品交易被视为高风险的投资品种。衍生品价格受到多种复杂因素的影响,如全球经济形势、政治局势、自然灾害等,因此价格波动较大,投资者面临的市场风险较高。同时,衍生品交易的复杂性也可能导致操作风

险、信用风险等。这些风险要求投资者具备敏锐的市场洞察力和精准的数据分析能力。

（3）强流动性。衍生品市场通常具有较强的流动性。由于衍生品合约的标准化和交易所的集中交易，投资者可以迅速买卖合约，而不必担心流动性问题。强流动性使得市场能够有效地吸收和分散风险，为投资者提供了更多的交易机会和灵活的交易策略。

（4）产品多样性。衍生品市场的产品种类繁多，包括期货、期权、远期合约、互换合约等。每种衍生品都有其独特的风险和收益特征，可以满足不同投资者的需求。同时，随着金融市场的不断创新和发展，新的衍生品也在不断涌现，为投资者提供了更多的选择。

（5）全球化。衍生品市场具有全球化的特点。随着金融市场的全球化进程加速，衍生品交易不再局限于某一国家或地区，而是跨越国界和区域，形成了全球性的市场网络。这种全球化使得投资者可以在全球范围内寻找投资机会和风险管理工具，同时也拓展了市场的深度和广度。

## 2.1.3　衍生品市场的功能

衍生品市场在规避风险、价格发现、套利、投机、优化资源配置、提升金融市场效率等方面发挥着重要作用。这些功能不仅有助于投资者和企业更好地应对市场挑战，也推动了金融市场的整体发展。

（1）规避风险。这是衍生品市场赖以存在和发展的基础。通过衍生品交易，投资者可以对冲或转移风险，例如使用期货、期权等衍生品来对冲价格波动风险、利率风险等。这种风险管理功能有助于企业和金融机构稳定经营，避免或减少不确定性带来的损失。

（2）价格发现。衍生品市场集中了大量的市场参与者和信息，通过公开竞价和交易，可以形成反映市场供求关系和未来预期的均衡价格。这个价格发现机制有助于指导现货市场的价格，并为投资者提供决策依据。

（3）套利。衍生品市场存在大量具有内在联系的金融产品，投资者可以利用这些产品的价格差异进行套利交易，从而获取利润。套利行为有助于市场价格的合理化和市场效率的提升。

（4）投机。虽然投机行为通常被视为市场的负面因素，但在透明和公开的条件下,投机行为可以提升市场的流动性和活跃度,有助于市场价格的形成和发现。当然,投机行为也需要受到合理的监管和控制,以防止过度投机带来的市场风险剧增。

(5)优化资源配置。衍生品市场的价格发现功能和风险管理功能有助于优化资源的配置。通过衍生品交易,投资者可以更好地了解市场供求关系和未来预期,从而作出更合理的投资决策。这有助于引导资金流向更高效、更有潜力的领域,促进经济的整体发展。

(6)提升金融市场效率。衍生品市场为投资者提供了更多的交易机会和风险管理工具,这有助于提升金融市场的整体效率。同时,衍生品市场的创新和发展也推动了金融产品和服务的创新,提高了金融市场的服务质量和竞争力。

虽然衍生品市场在规避风险、价格发现、套利、投机、优化资源配置、提升金融市场效率等方面发挥着重要作用,但是衍生品市场也存在一定的风险和挑战,需要投资者和监管机构保持警惕和谨慎。

## 2.2　市场参与者

衍生品市场的主要参与者包括套期保值者、投机者、套利者等。

### 2.2.1　套期保值者

套期保值者(hedgers)是指那些通过放弃部分潜在收益来降低风险的人,他们通常处于减少风险暴露程度的交易部位。套期保值者是指把期货市场作为价格危机转移的场所,把期货合约作为将来在现货市场上实际买卖商品的临时替代物,对其现在买进(或已拥有)并准备以后出售的商品,或对将来需要买进(或将来拥有)商品的价格进行保值的机构和个人。其特点是:规避价格风险(利用期货与现货盈亏相抵保值),经营规模大,头寸方向比较稳定且保留时间长。套期保值者大多是出产商、加工商、库存商、贸易商和金融机构,他们期望通过期货市场寻求价格保障,尽可能消除不愿意承担的现货交易的价格危机,从而能够集中精力于本行业的出产经营业务上,并以此取得正常的出产经营利润。

套期保值者在金融市场中扮演着至关重要的角色,他们通过合理利用衍生品市场来规避风险、稳定收益,为企业的持续发展和市场经济的稳定运行提供了有力保障。

## 2.2.2　投机者

投机者是金融市场中的一类特殊参与者,他们通过短期内的价格波动获取利润,而非基于资产的长期内在价值进行投资。与价值投资者不同,投机者的目标是通过捕捉市场的短期波动,无论是上涨还是下跌,来实现较快的资金回报。这些市场参与者常常依赖技术分析、市场情绪、消息面、趋势分析等因素作出决策,而非依赖企业的基本面或经济的长期发展前景。他们通常通过高杠杆的方式放大投资规模,以较小的资金博取较大的回报,因此也承受着较高的风险。

投机者的行为具有几个显著的特点:首先是高风险性,由于他们的交易往往依赖市场的短期波动,市场走势的不确定性使得投机者的收益具有较大的波动性;其次是短期性,投机者的投资周期通常较短,他们几小时或几天内就可能完成买入和卖出的操作,极力避免长时间的资金占用;再次,投机者具有高度的灵活性,他们能够根据市场情绪的变化、技术指标的转变迅速调整自己的投资策略,甚至在市场下跌时通过卖空操作获得利润;最后,投机者普遍使用杠杆,放大投资收益,但也加剧了风险。

投机者对市场的影响是双重的。一方面,他们为市场提供了大量的流动性,通过频繁交易使得市场价格更加敏感,帮助其他投资者更容易地买入或卖出资产。另一方面,投机者的交易也可能加剧市场的波动性,尤其在市场情绪过于乐观或悲观时,他们的集体行为往往导致价格过度波动,甚至形成泡沫或触发市场崩盘。通过技术分析和趋势预测,投机者在短期内可能推动市场价格反应更加迅速,尤其是在信息流动迅捷的情况下,这种短期的反应有助于市场更快速地进行价格发现。然而,投机行为过度也可能导致价格与基本面背离,最终影响市场的稳定性。

在金融市场中,投机者的存在既带来了活力和流动性,又可能引发市场过度波动。因此,监管机构需要在提升市场效率的同时,保持对投机行为的有效监管。合理的监管框架可以引导投机者的行为,减少市场的过度波动和系统性风险,确保金融市场的健康和可持续发展。

### 2.2.3 套利者

套利者是衍生品市场中的重要参与者,他们通过利用市场间或同一市场内不同合约之间的价格差异来获利。套利的基本原则是无风险获利,套利者通过在低价市场买入,在高价市场卖出,或者在同一市场中通过不同合约间的价格差异进行交易。由于套利行为本质上是基于市场价格的不一致性,因此它并不依赖市场方向,而是依赖价格差异的存在和消除。

套利者的类型多样,主要包括跨市场套利、跨品种套利、时间套利以及统计套利。跨市场套利指的是在不同市场间利用价格差异进行交易,比如黄金在不同交易所的价格可能不同,套利者可以通过低买高卖获利。跨品种套利指的是套利者利用相同商品不同合约之间的价格差异(比如原油不同交割月份合约的价格差)获利。时间套利则指套利者利用期货市场中不同交割月份的合约价格差异进行交易,而统计套利则通常依赖于复杂的量化模型,通过快速执行交易来捕捉短期价格偏离。

尽管套利行为理论上是无风险的,但套利者实际上仍面临一些潜在风险。执行风险和流动性风险是常见的挑战,特别是在市场波动性较大的情况下,价格差异可能迅速消失或变化,导致套利者无法按预期的价格完成交易。此外,现代套利者往往依赖计算机算法和高频交易平台,因此技术风险也成为不容忽视的一部分。系统故障或算法错误可能导致套利者无法捕捉到套利机会,从而错失盈利机会。

总体而言,套利者在市场中发挥着重要作用。他们通过迅速响应市场价格差异,减少了市场间的不平衡,促进了价格的均衡。套利者的存在不仅提高了市场的效率,还为市场提供了更多流动性和更精准的价格发现机制。随着金融市场的全球化和科技进步,套利策略变得越来越复杂,自动化和高频交易成为现代套利的主流形式,套利者的角色和行为也在不断演化。

## 2.3 中国衍生品市场的发展

自 20 世纪 80 年代以来,中国衍生品市场经历了从无到有、从单一到多元的发展过程,逐步成为全球金融市场中一个不可忽视的重要组成部分。起步于外汇期货和股票指数期货,到如今涵盖商品期货、金融衍生品、利率衍生品等多个领域,中国衍生品市场的快速发展不仅促进了金融市场体系的完善,也为经济转型和金融创新提供了有力支持。

## 2.3.1　中国衍生品市场的初期发展与演变

中国衍生品市场在 20 世纪 80 年代初期仍处于萌芽阶段,最早的衍生品交易主要集中在外汇期货和股票指数期货上。1992 年,深圳有色金属交易所推出中国首个标准化期货合约——特级铝期货,标志着现代期货交易的开始。1993 年,上海金融交易所的铜期货进一步扩展了工业品期货种类。这一举措为后续的商品期货交易铺平了道路。随着市场逐步成熟,期货的种类不断增加,且交易品种从金属、能源、农产品逐渐拓展到更广泛的商品领域。

进入 21 世纪,金融衍生品开始得到越来越多投资者的关注。2006 年,中国推出了股指期货,进一步推动了中国衍生品市场的发展。这一阶段的衍生品市场以股指期货、外汇期货为主,并逐渐引入利率、债券等金融衍生品,逐步形成了多元化的市场格局。

## 2.3.2　中国衍生品市场的快速增长

近年来,中国衍生品市场发展迅猛,尤其是自 2019 年以来,行业规模年均增长率保持在 20% 以上。金融衍生品市场规模不断扩大,2025 年,中国衍生品市场规模预计将达到数百万亿元人民币,其中商品期货市场占据主导地位,成为衍生品市场的重要组成部分。

商品期货市场一直是中国衍生品市场的"主力军"。中国是全球最大的商品消费国和生产国,商品期货市场的发展不仅有助于提升中国在全球商品定价中的话语权,也为国内生产者和消费者提供了有效的风险管理工具。与此同时,金融衍生品市场的快速扩张反映了中国金融市场正逐步与全球资本市场接轨,尤其是股指期货、利率衍生品、外汇衍生品等金融工具的出现,为投资者提供了更多的风险管理和投机机会。

### 2.3.3　市场结构的多元化发展

中国衍生品市场的结构逐步从单一市场向多元化市场发展。目前,中国的衍生品市场由银行间市场、交易所市场和场外(Over-the-Counter,OTC)市场共同构成,各个市场相互补充,形成了更加完整的市场体系。银行间市场和交易所市场的结合,使得金融衍生品的交易更加规范和透明,而场外市场的活跃则为机构投资者提供了更加灵活的风险管理工具和定制化的交易选择。

银行间市场主要面向金融机构,提供利率衍生品、外汇衍生品等金融工具的交易。这一市场具有高效、低成本的特点,主要用于大宗交易和风险对冲。

交易所市场则以公开、透明的方式进行衍生品交易,市场参与者包括机构投资者、散户投资者等。这些市场监管严格,风险透明,适合不同层次的投资者进行交易。中国的主要期货交易所,如上海期货交易所、大连商品交易所、郑州商品交易所等,在推动商品期货和金融衍生品交易方面发挥着重要作用。

场外市场主要为大宗交易、定制化需求提供服务,市场更加灵活,通常涉及跨国企业、金融机构等高端投资者。随着场外衍生品市场的不断发展,尤其是在利率、信用、外汇等领域,市场的深度和广度得到了极大的拓展。

### 2.3.4　政策推动与监管体系的完善

中国政府对衍生品市场的推动起到了至关重要的作用。近年来,中国监管机构通过一系列政策措施,推动衍生品市场健康、规范发展。政府鼓励金融机构创新衍生品产品,并逐步扩大市场的规模。此外,中国还加强了对金融衍生品市场的风险管理,提升市场透明度,确保市场在稳步扩张的同时,能够有效管理金融风险。

中国证监会等监管部门加大了市场的监管力度,发布了相关法规和政策,规范衍生品市场的运作。特别是在风险防控方面,监管机构加强了衍生品市场的风险监测与管理,强化了市场参与者的合规要求,确保衍生品市场的稳定与健康发展。随着监管体系的逐步完善,中国衍生品市场的市场化程度和国际化水平不断提高,吸引了更多的外资进入中国市场,也促使国内金融机构加快创新步伐。

## 2.4　未来衍生品市场的发展趋势

　　数字经济的快速发展正在深刻改变衍生品市场的格局,推动市场向更高效、透明和规范的方向发展。未来的衍生品市场将在技术创新、产品与服务创新、市场监管完善、参与者多元化等多方面因素的共同作用下,迎来全面升级。这些变革不仅将重塑市场的结构并革新市场的运营模式,也将为投资者提供更多样化的投资工具和风险管理手段,进而加快全球金融市场的成熟与发展。

　　首先,技术创新将继续成为衍生品市场变革的核心动力。随着大数据、人工智能、区块链等前沿技术的快速发展,市场运作和交易模式正发生深刻变化。大数据的应用使金融机构能够更加精准地分析市场趋势,从而为投资者提供基于实时数据的个性化建议,帮助其作出更加明智的投资决策。同时,人工智能的引入大大提升了市场的响应速度,人工智能通过算法交易和自动化风险评估,增强了市场的风险防控能力,提升了交易效率。区块链技术的应用,为市场带来了更高的透明度和安全性。凭借去中心化和不可篡改的特性,区块链显著减少了交易对手风险和信息不对称问题,特别是在场外衍生品交易中,区块链技术能够确保交易记录的完整性和可追溯性,为投资者提供更强的信任保障。

　　其次,衍生品市场的产品与服务将不断创新和多元化。随着技术进步和市场需求的变化,衍生品的种类和形式不断推陈出新,新型结构化产品、信用违约互换等金融工具应运而生。这些新型衍生品不仅能够帮助投资者灵活应对市场风险,还能根据投资者的不同需求提供多样化的投资选择。例如,结构化衍生品能够根据市场的复杂性进行定制,满足不同风险偏好的投资者需求。此外,金融机构也将通过数据分析,为不同类型的客户提供更加个性化的服务,帮助投资者根据市场动态调整其投资组合,实现收益最大化和风险最小化。

　　再次,伴随着衍生品市场规模的扩大,监管的加强和完善也成为市场发展的关键因素。随着跨境衍生品交易的增多,各国监管机构加强了信息共享和国际合作,推动全球监管标准的趋同。这一趋势有助于提高市场的透明度,减少市场操纵和系统性风险的发生,为全球投资者提供更加稳定和可信赖的交易环境。同时,监管部门也加大了对新型衍生品的监控力度,确保金融创新与风险防控相协调,防止市场过度投机和泡沫的产生。在此背景下,国际衍生品市场的规范化进程正在加速,各国金融监管机构的协调合作为全球衍生品市场的稳定发展提供了有力保障。

最后,衍生品市场的参与者将更加多样化,传统金融机构的角色将发生转变。除了传统银行和证券公司外,互联网金融公司、私募基金、对冲基金等新兴金融主体也开始积极进入市场,推动市场向更加多元化和开放的方向发展。互联网金融公司通过技术创新,提供更加灵活便捷的衍生品交易平台,吸引了大量的散户投资者参与进来;而私募基金和对冲基金则利用其灵活的投资策略和资金优势,提供更多专业的投资和风险管理服务。这些新兴参与者的涌入,为市场注入了新的活力,也加剧了市场竞争,促使传统金融机构提升服务质量和创新能力,以适应新的市场需求。

未来的衍生品市场不仅将是金融风险管理的重要工具,也将成为全球投资者实现财富增值和风险分散的关键平台。随着市场的发展和创新,衍生品市场将在全球金融体系中扮演更加重要的角色,成为推动全球经济增长和金融稳定的重要力量。

# 第 3 章

# 金融衍生品

在现代金融市场中,衍生品扮演着非常重要的角色,在对冲风险、套期保值、价格发现及完善市场等方面发挥着至关重要的作用。随着金融市场的繁荣发展,相较于实物资产交易,衍生品合约交易的便捷性使得衍生品的交易更具吸引力。目前,从全球的衍生品交易市场结构来看,场外市场是衍生产品交易的主要市场,不论是交易量还是产品的丰富程度,场外市场都远远超过场内市场。场外衍生品是现代金融工程和技术高度发展的产物。

在过去几十年里,金融衍生品市场迅速发展,衍生品的交易频率亦如普通商品的交易频率一样不断攀升。衍生品市场的蓬勃发展,对衍生品合约定价与风险管理的研究提出更高的要求。衍生品合约指在未来某个时间点或某些时间段支付款项、购买或出售基本证券的协议。衍生品合约的价值将随着基础资产、利率或指数水平的变化,以及合约双方决策的变化而变化。本质上,衍生品合约是一个金融交易合同。根据交易场所的不同,衍生品可以分为交易所衍生品和场外衍生品,二者的交易价格具有不同特征:交易所衍生品的流动性非常强,因而其价值主要由市场供求决定。

## 3.1 金融衍生品的产生与发展

### 3.1.1 金融衍生品的起源与早期发展

金融衍生品是一类金融工具,其价值来源于基础资产(如货币、股票、债券、商品、利率等)的价格变化。最初,金融衍生品的设计目的是帮助企业和投资者有效管理各类金融风险,如汇率风险、利率风险、商品价格波动等。通过这些工具,市场参与者可以对冲潜在的风险,从而更有效地进行资本配置。

金融衍生品的起源可追溯至 19 世纪末期,最初衍生品工具主要集中在商品市场,尤其是农产品和贵金属期货交易上。然而,金融衍生品的真正广泛使用直到 20 世纪 70 年代才开始。这一时期,全球金融市场的开放和全球化加速了金融衍生品的创新,市场对风险管理工具的需求推动了衍生品市场的发展。

### 3.1.2 金融衍生品的主要发展阶段

金融衍生品经历了 3 个主要发展阶段。

(1) 20 世纪 70 年代:期货合约的兴起。期货合约是金融衍生品市场的早期代表之一,期货交易使得市场参与者能够在未来某一时刻以事先约定的价格买入或卖出标的资产,进而对冲价格波动的风险。期货市场的成熟标志着金融衍生品市场得到发展,并逐渐扩展到金融期货、股票指数期货等领域,进一步丰富了投资者的风险管理工具。

(2) 20 世纪 80 年代:金融期权的出现。进入 80 年代,金融期权成为衍生品市场的又一重要创新。金融期权为持有者提供了在未来某一日期按照特定价格买入或卖出标的资产的权利,但没有规定持有者的义务。期权的推出使投资者可以更加灵活地对冲风险,尤其是在股市波动和利率变化的情况下。此外,利率互换等新型金融衍生品也开始出现,并逐步在市场中占据一席之地。

(3) 20 世纪 90 年代:信用衍生品的兴起。随着全球资本市场的进一步发展,信用衍生品逐渐成为重要的风险管理工具。特别是信用违约掉期的引入,使得投资者能够在面对信用风险时,通过购买信用违约掉期对冲或转移风险。信用衍生品的发展使得市场更加注重对信用风险的管理,并推动了金融衍生品市场的进一步扩展。

### 3.1.3 金融衍生品市场的现代发展与特点

金融衍生品市场在近几十年发展迅速,现已成为全球金融体系的重要组成部分。首先,金融衍生品市场的交易规模非常庞大,特别是场外交易市场占据了市场的主导地位,交易量远超场内交易市场。场外交易市场的灵活性和个性化使其成为许多机构和投资者的首选交易平台。

其次,随着市场不断创新,衍生品产品的种类和结构日益复杂。从简单的期货、期权到更加复杂的结构性衍生品[如担保债务凭证(collateralized debt obligation,CDO)、抵押贷款支持证券(mortgage-backed securities,MBS)等],投资者需要更强的专业能力才能有效进行操作和风险管理。因此,衍生品市场对投资者的知识和能力的要求也大大提高。

最后,金融衍生品市场呈现出全球化发展的趋势。随着各国金融市场逐步放松管制,国际化的衍生品交易逐渐成为常态。这不仅促进了全球金融市场的互动与协作,也推动了全球资本的加速流动。

### 3.1.4　金融衍生品市场的未来趋势

首先,未来的金融衍生品市场将继续由技术创新驱动。随着区块链、人工智能、大数据等技术的飞速发展,金融衍生品市场将在提高交易效率、透明度和安全性方面取得显著进展。例如,区块链技术有助于减少交易成本并提高交易过程的可追溯性;人工智能技术则可以优化风险评估和衍生品定价方法,提供更加精准的市场分析。其次,监管政策的强化也将成为未来市场发展的一个重要趋势。随着金融衍生品市场的快速发展,各国政府和国际组织将进一步加强对市场的监管,特别是在衍生品交易的透明度、市场清算和风险管理方面的监管,从而减少市场的系统性风险,确保金融市场的稳定。最后,投资者教育的深化将变得更加重要。随着衍生品市场日益多样和复杂,投资者必须具备更高的专业素养,才能在市场中作出明智的决策。因此,随着金融市场的不断进步,投资者教育将为市场的长期健康发展奠定基础。金融衍生品市场经历了从期货、期权到信用衍生品等多个发展阶段,成为现代金融体系中不可或缺的部分。随着技术革新、市场监管的加强以及投资者教育的普及,金融衍生品市场将继续面临机遇和挑战,推动全球金融市场的稳步发展。

## 3.2　远期合约

### 3.2.1　远期合约的基本概念与市场发展

远期合约(forward contract),也称为远期协定(forward commitment),是

一种双方协议,即双方约定在未来某一日期按当时确定的价格买卖某种基础资产。远期合约的核心特点在于其定价与交割的约定完全由交易双方自行协商,因此它属于一种场外交易工具。日常生活中,我们可以通过外卖服务来理解远期合约的概念。例如,顾客在下单时,实际上就相当于签订了一份远期合约,约定了未来某个时刻收到外卖的价格和服务。

远期合约在金融市场中应用广泛,尤其在外汇、利率、农产品、贵金属等领域的交易中尤为常见。其中特别突出的是在外汇市场,远期交易在 20 世纪 70 年代浮动汇率制实施后迅速发展,成为管理汇率风险的重要工具。此外,随着金融市场的不断创新,远期合约的应用逐渐扩展到其他金融产品,如远期利率协议等,进一步满足了投资者对风险管理的多样化需求。

## 3.2.2 远期市场的结构与规模

远期市场的独特之处在于其高度的私密性和灵活性。与期货市场不同,远期合约不通过交易所进行交易,而是由市场参与者直接协商。由于没有交易所的介入,远期市场的规模通常较难准确估算,但可以确认的是,场外交易市场的总交易量已经远远超过了期货市场。由于交易不受监管,远期市场的风险管理和合约履行完全依赖于交易双方的信用度。为有效缓释交易对手信用风险(counterparty credit risk,CCR),部分场外远期合约市场逐步向标准化期货市场转型,依托中央对手方清算机制(central counterparty clearing),通过多边净额结算(multilateral netting)、保证金制度(margin system)和违约处置基金(default fund)三重保障,显著提升了市场履约确定性,进而增强了整体金融体系的稳定性。

此外,远期合约的交易规模通常较大,因为其主要用于对冲较为复杂的风险。比如,跨国公司通过远期外汇合约管理汇率风险,或者投资者通过远期利率协议(forward rate agreement,FRA)锁定未来利率水平。尽管如此,由于缺乏监管,远期市场的透明度较低,投资者需要高度关注交易对手的信用风险。

## 3.2.3 远期合约定价与价值变化

在远期合约中,价格(price)和价值(value)是两个关键概念。价格通常是合约签订时双方协商确定的,而合约的初始价值始终为零。这意味着在合约签订的初期,交易双方并未承担任何实际的现金支付。随着市场环境的变化,合约的价值会发生波动,具体取决于标的资产价格的波动以及剩余的时间价值。

远期合约的价值与即期价格(spot price)密切相关。在到期时,远期合约的价值等于即期价格与初始远期价格之间的差额。对于买方而言,如果即期价格高于合约签订时的远期价格,则其可从中获利;反之则为亏损。空头远期合约的价值则与多头远期合约价值相反。重要的是,在到期时,合约的价格会趋近于即期价格,因为在到期日,交易的标的资产必须立即交割,类似于现货交易。如果远期合约的价格与即期价格偏离太远,市场上就会出现套利行为,迅速将价格拉回平衡。

## 3.2.4　远期利率协议及其应用

远期利率协议是一种典型的远期合约,主要用于管理利率风险。远期利率协议的特点在于它允许交易双方约定未来某个日期的一个利率,依此利率计算的利息差额将在到期时进行结算。与传统的贷款和存款不同,远期利率协议合约并不涉及本金交换,因此它不会在资产负债表上体现,只通过利息差额进行结算。这使得远期利率协议成为一种理想的避险工具,特别适用于希望规避利率波动风险的企业或投资者。

例如,如果一个公司在未来需要借款,但担心未来利率上涨,可以通过购买远期利率协议来锁定未来的借款利率,从而有效管理利率风险。反之,如果公司预计未来利率可能下跌,则可以卖出远期利率协议,从而锁定当前的利率并避免利率下降带来的损失。这种机制的灵活性和简便性使得远期利率协议在银行和金融机构中得到了广泛的应用。

## 3.2.5　远期市场的风险与监管

尽管远期市场在风险管理中具有重要作用,但其缺乏透明度和监管的特点也使得该市场存在一定的风险。由于交易双方在合约履行过程中主要依赖信用,因此,任何一方的违约行为都可能对市场造成较大影响。尤其是在规模庞大的远期交易中,违约风险尤为突出。因此,为了降低风险,一些市场参与者逐渐引入了金融工具,如信用违约掉期等衍生品,以对冲潜在的信用风险。

随着金融市场的不断发展,远期市场也逐步向更加规范化、透明化的方向发展。监管机构在加强对衍生品市场的监管方面发挥着重要作用,其监管可以降低系统性风险、提高市场透明度并保护投资者利益。通过建立有效的监管框架,远期市场将健康发展,从而为全球金融体系稳定奠定更加坚实的基础。

远期合约作为一种重要的金融工具,已广泛应用于汇率、利率、商品等多个领域。在全球化背景下,远期市场的规模和复杂性日益增长,为投资者提供了更多的风险管理选择。然而,由于市场透明度低、监管不足,远期市场的风险仍然不容忽视。因此,投资者在参与远期交易时需要关注合约的定价、价值波动以及潜在的信用风险。同时,随着技术进步和监管政策的逐步强化,远期市场有望朝着更加稳定、透明的方向发展。

## 3.3  期货合约

### 3.3.1  期货合约的概述与交易机制

期货合约(futures contract)是一种标准化的远期合约,通常在期货交易所内进行交易,且合约内容和交割条件都有着严格规范。与传统的远期合约相比,期货合约在交易过程中有一大优势,即采用逐日结算的机制。这意味着每一天的交易都会通过清算所进行结算,亏损方必须及时支付损失,而获利方则可以及时提取收益,这大大降低了违约风险并增强了市场流动性。

期货合约的标的物可以是各种资产,如农产品、金融工具、货币、股票指数等。传统上,期货合约的标的资产往往是那些能够存储的商品,如小麦、原油等,但随着市场的发展,这一标准已逐渐放宽。如今,只要标的资产的即期价格易于波动并且市场需求强烈,衍生出的期货合约便能够吸引投机者和套期保值者的参与,甚至连一些不具备存储特性的资产,如股指期货和利率期货,也能成为交易的主流。

## 3.3.2　期货合约的规模与每日限价

期货合约的规模指的是每一份合约所包含的标的资产数量。这一规定至关重要，因为合约规模的大小直接影响到交易的流动性和成本。过小的合约规模会导致高交易成本，而过大的规模则可能使得套期保值者无法有效对冲风险。因此，期货交易所通常会在不同的市场品种中设定合适的合约规模，并且依据市场需求不断调整。

在期货交易中，许多合约设有每日限价，即预先确定价格波动的最大限制范围。这种限价机制通常表现为"涨停板"和"跌停板"，一旦市场价格触及这些价格限制，交易会被暂停，从而防止价格波动过于剧烈，保障市场的稳定性。尤其是在市场剧烈波动时，停板制度也被视作一种"断路器"，为投资者提供冷静思考的时间，防止情绪化交易。不过，这种机制的有效性仍然是争议话题，尤其是在大规模市场崩盘事件发生后，停板是否能够有效遏制过度波动一直没有明确的答案。

## 3.3.3　期货交易商与市场参与者角色

期货市场的参与者可以分为多种类型，其中最主要的角色包括期货佣金商和自营交易商。期货佣金商是通过为客户执行交易来赚取佣金的中介机构，他们并不承担市场风险。相对而言，自营交易商为自己进行交易，承担风险并从市场波动中获取利润。自营交易商的存在不仅能增加市场流动性，还能够推动价格发现机制的有效运行。

期货市场的另一些重要参与者是套期保值者、投机者、差额交易者和套利者。套期保值者主要通过在期货市场上建立与现货市场相反的头寸，来对冲现货市场可能出现的价格波动风险。投机者则试图通过对市场趋势的判断获得利润，他们是市场流动性的重要提供者。差额交易者通过同时买入和卖出不同到期日的期货合约来进行风险较低的交易，而套利者则在现货市场与期货市场之间发现定价差异并加以利用，以实现低风险获利。

### 3.3.4　期货交易中的指令与清算机制

在期货交易中,交易者必须通过经纪商开立账户,并存入保证金才能进行交易。交易指令有多种形式,包括市价指令、限价指令、撤销前有效指令等,每一种指令都有其特定的执行规则和目的。例如,市价指令会在市场上以最佳价格成交,而限价指令则会限制买入和卖出的最高价格或最低价格。撤销前有效指令则可以在指定时间内始终保持有效,直到交易成功或被主动撤销。

在期货市场中,清算所扮演着至关重要的角色。它是交易的中介和保证人,确保交易双方的履约。如果买卖方中的任意一方违约,清算所将承担补偿责任,从而降低了市场风险。为确保交易的顺利进行,清算所要求每个账户维持初始保证金,并且设定维持保证金的下限。如果账户中的资金低于这一水平,交易者需要补充保证金。

### 3.3.5　逐日结算与风险管理

逐日结算是期货市场的核心机制之一。每天交易结束后,清算所会根据最后成交价格进行结算,并根据结算价格调整所有交易账户的余额。无论是多头头寸(买入期货)还是空头头寸(卖出期货),都会根据当天的价格波动进行盈亏结算。这样,期货市场能够确保所有市场参与者的风险不会过度积累,避免了到期时大规模违约的情况。

期货交易具备高杠杆特性,因此市场参与者必须在保证金账户中维持足够的资金,否则经纪商会要求补充资金,甚至会强制平仓。这种高杠杆效应使得期货交易具有较高的风险,但也为投资者提供了获取高回报的机会。因此,逐日结算制度的存在,既保障了市场的稳定性,也有效地管理了风险,避免了违约的系统性风险。

### 3.3.6　期货合约的交割方式

期货合约到期时,必须通过交割完成。在一些期货合约中,交割是通过实物交割进行的,意味着交割方需要按照合约规定的时间和数量交付实际的商品。例如,谷物期货合约通常采用实物交割,而像股票指数期货这样的合约则采用现金结算,即在合约到期时,根据最后交易日的结算价格进行现金支付。

尽管期货合约最终都可能以交割形式结束,但实际上大部分期货交易者会在合约到期之前进行平仓(offsetting)。平仓操作是指在期货合约到期之前,通过反向操作(买入已卖出的合约或卖出已买入的合约)关闭已有的头寸,从而避免实物交割或现金结算的发生。根据芝加哥期货交易所的报告,每年大约只有1%的期货合约会以实际交割结束,大部分合约都在到期前被交易者对冲掉。

期货合约的交割方式与结算机制,尤其是现金结算与实物交割之间的区别,深刻影响着期货合约的定价。了解这一机制,有助于交易者在进行期货投资时作出更为精准的决策,避免因交割方式的不同而产生不必要的风险。

## 3.4　互换合约

### 3.4.1　互换的定义

互换(swap)作为一种金融衍生工具,近年来已经成为金融分析师和金融机构普遍采用的利率和汇率风险管理手段。其在全球金融市场的广泛应用,体现了金融工程领域创新的成功。在本质上,互换是指通过两个机构之间的协议,规定双方按照约定的公式和时间表交换现金流。这一机制将比较优势理论引入金融市场,使得各方能够根据自身的特定需求和市场条件,通过互换交易优化资金配置和风险管理。通过互换,机构可以有效降低融资成本、规避风险,甚至在某些情况下,创造额外的价值。

互换的设计理念与远期合约类似,但其本质上是远期合约的组合。远期合约具有固定的交割日期和标的资产,而互换合约则允许双方在多个时间点上按照商定的条件进行现金流的交换。这种结构不仅灵活性更高,而且能在多种市场条件下为参与者提供量身定制的风险管理解决方案。随着金融市场的逐步成熟,互换已经从最初的套利工具演变为广泛应用的风险管理工具。

### 3.4.2　互换合约的起源与发展

互换合约的现代形式起源于 1981 年，当时世界银行（World Bank）与国际商业机器公司（International Business Machines Corporation，IBM）达成了首个官方记录的货币互换协议，涉及美元与德国马克、瑞士法郎的现金流交换。这一创新旨在规避外汇管制并利用比较优势：世界银行通过 IBM 获取低成本瑞士法郎资金，而 IBM 则获得更优惠的美元融资。1982 年，英国银行家为壳牌公司设计的英镑—美元利率互换（涉及 3.7 亿美元名义本金），成为首个标准化利率互换合约，标志着利率衍生品时代的开启。

初期，互换的动机主要是利用不同市场之间资金成本的差异进行套利。企业和金融机构通过互换交易，不仅能够降低自身的资金成本，还能提高资金的使用效率。然而，随着金融市场的变化，套利机会逐渐减少，互换的主要功能也发生了转变。如今，互换更广泛地用于资产负债管理，成为企业和金融机构规避利率风险、汇率风险和流动性风险的核心工具之一。通过互换，市场参与者能够根据自身需求调整债务结构或资产配置，从而实现更为稳健的财务管理。

### 3.4.3　货币互换：跨境资本流动的关键工具

货币互换是互换市场中的一个重要分支，其特点是在一定期限内，将两种不同货币的本金和利息进行交换。这种交易不仅涉及现金流的交换，还包括了本金的交换。与利率互换不同，货币互换需要在合约签订时就确定好相关条款，如交换的本金金额、到期日、利率的确定方式等。一旦合约生效，参与方将按约定时间点进行现金流的交换。

货币互换的最大特点在于它能够帮助参与方规避汇率波动带来的风险。通常情况下，企业和金融机构通过货币互换将外币贷款转换为本币贷款，或者将本币贷款转换为外币贷款，从而对冲汇率变动对现金流的影响。例如，一家在美国的公司可能希望通过货币互换将其外币债务的本金和利息转化为美元现金流，以免受到汇率波动的影响。同样，跨国公司可以通过货币互换进行资金调度，降低因不同货币之间的利率差异而产生的成本。

货币互换不仅是汇率风险管理的重要工具，也是跨国企业进行资本流动、优化财务结构的常用手段。在全球化经济背景下,货币互换帮助企业克服了不同货币市场之间的障碍,促进了资本的高效配置。

## 3.4.4 利率互换:为风险管理提供灵活方案

利率互换是最为常见的互换形式之一,它允许双方交换不同利率结构的现金流。通常情况下,一方支付固定利率现金流,另一方支付浮动利率现金流。利率互换的核心功能是帮助企业或金融机构管理利率风险,尤其是在利率波动较大的经济环境中。例如,一家有浮动利率负债的公司可能希望通过利率互换将其负债转换为固定利率负债,以避免未来利率上升带来的额外成本;一家资金来源固定的公司也可能希望通过利率互换将其固定利率的债务转换为浮动利率债务,以降低融资成本。

随着市场的成熟,利率互换的应用已经非常广泛,它不仅被用于对冲利率风险,还被用来优化资本结构、调整资金来源等。利率互换还可以与其他金融工具组合使用,如期货、期权等,以构建更为复杂的风险管理策略。

## 3.4.5 互换市场的未来:创新与挑战

随着金融市场的不断发展和创新,互换产品的种类和应用场景也在持续扩展。从最初的简单货币互换和利率互换,到如今的信用违约掉期、总收益互换等复杂衍生品,互换市场已经成为金融创新的重要阵地。在未来,随着人工智能、大数据和区块链等技术的不断成熟,互换产品的交易和管理将更加智能化和高效化。区块链技术的应用,尤其是在清算和结算过程中,可能会极大地提高透明度和交易效率,进一步促进市场的健康发展。

然而,互换市场的发展也面临一些挑战。特别是在市场不稳定时,互换合约的风险可能迅速扩大,影响金融系统的稳定性。因此,各国政府和国际监管机构需要加强对互换市场的监管,确保市场的透明度、流动性和系统性安全。

互换作为一种金融衍生工具,已经发展成为全球金融市场中不可或缺的一部分。从最初的套利工具到如今的风险管理利器,互换产品的演变充分体现了市场需求驱动创新的力量。随着全球经济一体化和技术革新,互换市场将在未来继续发挥重要作用,为各类金融机构和企业提供灵活的风险管理方案。然而,随着市场规模的扩大和产品复杂性的增加,如何在确保市场稳定的基础上推动创新,仍然是全球金融体系面临的重要课题。

## 3.5 期权

### 3.5.1 期权的定义与基本特点

期权(option)是一种标准化的金融合约,赋予期权买方(多头)在特定时间内以约定的执行价格购买或出售某一标的资产的权利。需要注意的是,这种权利不是义务,期权买方可以根据市场状况选择是否行使这一权利。如果期权买方决定不行使权利,则其仅损失已支付的期权费用(即期权费)。期权合约的卖方(空头)则承担义务,在买方行使权利时必须按照合约条款履行义务。

期权合约的价格被称为敲定价格(striking price),即买卖标的资产时的价格。期权买方为获得这一权利需支付一定费用,这一费用被称为期权费。期权的基本特征之一是它是一种权利而非义务,因此期权买方拥有执行的自由,而期权卖方则必须履行相应的义务。

期权交易不仅涉及买卖双方的权利交易,还包括权利的种类,即买入期权(call option)和卖出期权(put option)。根据不同的交易需求,期权的买方可选择购买看涨期权或看跌期权,这些权利的行使与否通常取决于市场对标的资产价格的预期。

### 3.5.2 期权的分类

(1) 按期权的性质划分。根据期权的性质,期权可分为两种基本类型——买入期权和卖出期权。买入期权(即看涨期权)赋予买方在期权有效期内按照特定的执行价格买入标的资产的权利,适用于预期标的资产价格上涨的情形。若标的资产价格上涨,买方可按低于市场价格的执行价格买入,获得差价收益;若标的资产价格未上涨,买方可选择不行使期权,损失仅限于已支付的期权费。

卖出期权(即看跌期权)赋予期权买方在期权有效期内按约定的执行价格卖出标的资产的权利,适用于预期标的资产价格下跌的情形。当标的资产价格下跌时,买方可以按高于市场价格的执行价格卖出,获得差价收益;若标的资产价格未下跌,则买方可以选择不行使期权,损失仅限于期权费。

(2)按履约时间划分。期权合约根据履约时间的不同,可以分为欧式期权和美式期权。欧式期权(European option)只允许在到期日行使期权,而美式期权(American option)则允许在期权有效期内的任意时刻行使。修正美式期权(Bermuda option)则介于两者之间,允许在期权到期日之前的几个指定日期行使。

美式期权的灵活性使得它在市场中更具吸引力,尤其适用于具有较大波动性的标的资产。而由于欧式期权只能在到期日行使,通常交易者的策略会更加依赖于对标的资产价格的长期预测。

(3)按期权标的资产性质划分。期权可以依据其标的资产的不同分为股票期权、利率期权、货币期权、期货期权等。股票期权是指以某一股票为标的资产的期权,投资者可以在未来以约定价格购买或卖出一定数量的股票。利率期权则以利率工具(如债券或利率期货)为标的,允许持有者在未来某一时间点按照约定的利率进行交易。货币期权则以外汇为标的资产,允许投资者按预定汇率买卖外汇。期货期权则以期货合约为标的,赋予投资者按指定价格买卖期货合约的权利。

## 3.5.3　期权的定价与风险管理

期权的定价不仅依赖于标的资产的当前价格,还与多个因素密切相关,包括执行价格、剩余时间、市场波动性、无风险利率等。期权的定价理论中最著名的莫过于 Black-Scholes 模型,该模型假设标的资产价格服从几何布朗运动,且市场没有摩擦、交易成本为零。然而,随着金融市场的复杂化,尤其是在衍生品合约日益多样且金融产品的结构日益复杂的背景下,传统的定价模型已难以有效捕捉市场中的风险信息。

当前,市场参与者需要考虑更多动态因素,如资产价格的跳跃风险(jump risk)、波动率风险(volatility risk)等。这些风险因素不仅影响期权的定价,还对期权的风险管理提出了更高要求。跳跃风险是指资产价格在短期内出现大幅波动,通常与突发的市场事件或宏观经济变动有关。波动率风险则是指市场波动性的剧烈变化,通常会导致期权价格的剧烈波动。

# 第 4 章

# 市场风险

市场风险是金融领域永恒的主题,但在数字经济时代,其内涵与外延正经历深刻变革。传统市场风险主要关注价格波动、利率变化、流动性枯竭等维度,而如今,算法共振、闪电崩盘、数字货币剧烈波动、去中心化金融的智能合约漏洞等新型风险不断涌现。高频交易和程序化策略的普及,使得市场波动更加迅速且难以预测,而大数据和人工智能的介入,则在优化风险管理的同时,也可能因模型同质化或数据偏差加剧系统性风险。

市场风险(market risk),也被称为系统风险或不可分散风险,是指由市场变动或不确定性因素导致的投资资产价值波动的风险。这些因素可能源于市场价格波动、利率变化、汇率波动、政治事件等多种因素,对投资组合或资产的价值产生直接影响。市场风险是投资者在投资过程中难以避免的风险之一,它反映了市场环境变化对投资回报的不确定性。

## 4.1 利率风险

### 4.1.1 定义与分类

利率风险是指由市场利率变化所引发的金融机构或投资者的收益或成本偏差可能造成损失的风险。这种风险通常源于市场利率的不确定性和波动性,它可能影响金融工具的价格、收益、成本及资产负债的价值,进而影响整个机构的财务状况和盈利能力。在巴塞尔银行监管委员会(Basel Committee on Banking Supervision, BCBS)1997 年发布的《利率风险管理原则》中,利率风险被定义为市场利率变化导致商业银行的实际收益或实际成本与预期收益或预期成本发生背离,从而可能使银行遭受损失的风险。这一定义表明,利率风险不仅是指市场利率对固定收益资产价格的影响,还涉及金融机构在不同时期所面临的各种利率变动风险。

随着全球金融市场的复杂程度加深与不确定性加剧,利率风险已成为金融机构面临的核心风险之一。尤其是在金融市场高度全球化的背景下,利率的波动不仅受国内经济政策、中央银行政策、通货膨胀率等因素影响,还受到国际经济环境、全球资本流动等因素的影响,进而导致市场利率波动的难以预测性加剧。

利率风险根据其来源和表现形式,通常可分为以下 4 类。

(1) 重新定价风险。重新定价风险是指由资产、负债或表外业务的到期日或重新定价日的错配所引起的风险。具体而言,当市场利率变动时,银行或金融机构可能面临利率风险。若资产与负债的重新定价期限不同步,或者到期日存在错配,当利率发生波动时,收益与成本就可能发生偏离,从而影响银行的盈利水平。例如,若银行持有大量短期负债而长期拥有固定利率资产,当市场利率上升时,银行需要支付更高的利息,但其固定收益资产的收益没有相应增加,从而导致利润下降。

(2) 基差风险。基差风险指的是即便银行的资产和负债的重新定价日期相同,但若利率基准的变动不完全同步,仍可能导致银行收益不一致。常见的情况是某些资产和负债的利率调整并未完全依据相同的市场基准,使得两者的利率变动不完全一致,从而影响银行的净利差。基差风险是一种微妙但重要的利率风险形式,通常难以通过简单的匹配资产负债来完全规避。

(3) 收益率曲线风险。收益率曲线风险是指收益率曲线的非预期变动可能会对银行的收益或经济价值产生不利影响。收益率曲线反映了不同期限的债券利率水平,收益率曲线的形态发生变化(如变得更陡峭或更平坦),可能会改变银行的利差收入结构,进而影响其盈利。例如,如果长短期利率变化不一致,银行短期与长期之间的借贷差异可能会产生不利的财务效应。

(4) 选择权风险。选择权风险指的是当客户行使如存款提前支取、贷款提前偿还等金融选择权时,银行可能面临的利率风险。客户的选择权行为可能导致预期现金流的变动,进而影响银行的财务状况和经济价值。当客户提前偿还贷款或提取存款时,银行可能失去部分预期的利差收入;而当客户延迟还款或再融资时,银行可能面临更高的资本成本。

### 4.1.2 利率风险的影响因素

影响利率风险的因素主要有以下 6 个方面。

（1）宏观经济环境。经济环境的变化直接影响市场利率。例如，在经济扩张时期，央行可能采取紧缩的货币政策以控制通货膨胀，从而可能会导致利率上升。相反，在经济衰退期，央行通常通过降低利率来刺激经济增长。

（2）中央银行的货币政策。中央银行通过调节政策利率（如基准利率）来影响市场利率，从而对金融机构的资产负债产生直接影响。当央行提高基准利率时，市场利率普遍上升，从而影响贷款利率和债券收益率，以及银行的经营成本和利润水平。

（3）通货膨胀率。通货膨胀率与利率密切相关。通货膨胀预期通常导致市场利率上升，因为投资者要求更高的回报来抵消货币贬值的风险。当通货膨胀率上升时，中央银行可能提高利率以抑制通货膨胀，这进一步加剧了金融机构面临的利率风险。

（4）国际经济形势。全球经济形势变化也会影响国内市场利率。例如，国际油价波动、全球货币政策趋向等因素可能会影响跨国投资和资本流动，进而对全球和本国市场的利率产生影响。

（5）资本市场波动。资本市场的波动（如股票市场和债券市场的波动）也可能影响市场利率。金融市场的不稳定性常常导致投资者对未来经济前景的担忧，进而影响市场的利率水平。

（6）债券特性。债券的违约风险、流动性及税收等特性也会影响其利率水平。债券的利率水平通常会根据其违约风险的大小进行调整，较高的违约风险通常意味着较高的利率。

### 4.1.3 利率风险管理策略

为了有效管理和对冲利率风险，金融机构可以采取以下策略和相应工具。

（1）利率敏感性分析。通过对资产和负债的利率敏感性进行分析，金融机构能够评估利率变化对财务状况和盈利能力的具体影响。利率敏感性分析有助于银行识别其资产负债表中潜在的风险敞口，从而采取相应的对冲措施。

（2）久期匹配。久期匹配是一种资产负债管理策略，其核心在于通过调整资产和负债的久期结构，使银行经济价值对利率变动趋于免疫。该策略通过降低资产与负债久期缺口，有效缓释利率风险，从而最小化利率波动对银行净利息收入和资本价值的负面影响。

（3）金融衍生工具。金融衍生工具（如利率互换、利率期货、利率期权等）可用来对冲利率风险。这些工具能够帮助金融机构锁定未来的利率水平，减少不利的利率变动风险。例如，银行可以通过利率互换与其他机构交换固定利率和浮动利率，从而规避未来利率上升的风险。

（4）资产负债结构调整。通过调整资产负债结构，银行可以灵活应对利率变化。例如，银行可以选择增加长期固定利率资产，或者在预期利率上升时加大短期浮动利率资产的比例，以减少未来的利率上升对其财务的负面影响。

（5）多元化投资。通过多元化的投资策略，金融机构可以降低单一市场或资产类别利率波动的风险。例如，银行可以通过投资不同种类的金融工具（如固定收益产品、股票、房地产等）来减少对单一市场利率波动的依赖，达到风险分散的目的。

利率风险是金融机构在市场环境变化中面临的一种重要风险，市场利率波动直接影响金融工具的价值、成本和收益，因此需要通过有效的管理措施来加以应对。通过利率敏感性分析、久期匹配、金融衍生工具、资产负债结构调整、多元化投资等策略和工具，金融机构可以减少利率变动带来的负面影响，保持财务健康状态，提升市场竞争力，并为客户提供更为稳定的金融服务。在日益复杂的金融市场环境中，利率风险管理已成为金融机构日常运营中不可忽视的关键任务。

## 4.2　汇率风险

### 4.2.1　汇率风险的定义与分类

汇率风险（exchange rate risk），又称外汇风险或货币风险，是指外汇市场汇率的波动导致持有外汇资产或负债的投资者面临的不确定性。汇率的变化直接影响以外币计价的资产、负债、收入及支出，这种波动可能会导致投资者资产价值的增加或减少，从而影响其财务状况和经营决策。外汇汇率的波动主要源自外汇市场供求关系的变化,而这种变化又受到多种因素的影响,包括国际收支状况、国内外经济政策、通货膨胀率、利率政策、汇率政策、市场预期、投机活动等。

汇率波动不仅是外汇市场的常态,也是国际经济活动中不可忽视的重要风险之一。尤其对于跨国公司、金融机构及国际投资者来说,汇率波动带来的影响可能是巨大的,因此,理解汇率风险的来源与影响因素,采取有效的管理与对冲策略,是保持财务健康、经营稳定的重要措施。

汇率风险通常分为三类:交易风险、折算风险和经济风险。

(1) 交易风险(transaction risk)。交易风险是指在外币计价的交易过程中,汇率波动可能导致企业遭受损失的风险。具体来说,企业在进行跨境交易时,比如进口商品、支付外币债务、销售产品给外汇客户时,汇率的波动可能导致实际交易成本或收益的变化。当外币与本币之间的汇率发生变动时,企业面临的外币收付款金额将出现偏差,从而影响其利润水平。例如,一家出口企业在与国外客户签订合同时约定以美元支付,但若签订合同时美元汇率较高,而到期时美元汇率却大幅下跌,则该公司在收款时将面临实际收益减少的风险。

(2) 折算风险(translation risk)。折算风险又称会计风险,是指企业在将外币计价的资产、负债和利润折算为本币时,由于汇率波动而产生账面损失或盈余的风险。尤其对于跨国公司或拥有海外子公司的企业来说,在合并财务报表时,往往需要将外币计价的财务数据转换为本国货币。汇率的波动可能会导致资产负债表和利润表中的外币项目出现价值变化,进而影响公司的财务状况和净资产。折算风险虽然通常不直接影响公司的现金流,但可能对公司市值、股东财富以及财务报表的可比性产生影响。

(3) 经济风险(economic risk)。经济风险也被称为经营风险,指的是汇率波动影响企业未来收入和现金流的潜在风险。汇率的变动不仅会影响企业的当前交易,还可能对企业的长期竞争力产生重大影响。经济风险通过改变企业的生产、定价、成本结构、市场份额等方面,影响企业未来一段时间的收入和利润。具体来说,汇率波动可能导致企业产品的价格在全球市场上变得不具竞争力,或者使企业的成本结构发生不利变化。例如,若本币升值,企业出口商品的价格可能会变得较高,从而影响其在国际市场上的销售;同样,进口商品成本的变化也可能影响企业的利润率。

## 4.2.2　汇率风险的影响因素

汇率波动的产生与宏观经济和市场领域的多个因素密切相关,主要包括以下 5 个方面。

(1) 国际收支状况。国际收支是指一个国家所有对外经济交易的记录,主要包括贸易、资本流动、外汇储备等。一个国家长期存在贸易逆差,可能导致本币贬值,从而增加其外币债务的负担。此外,国际收支的不平衡也会影响外汇市场的供求关系,进而导致汇率波动。

(2) 通货膨胀率。一个国家的通货膨胀率与汇率有着直接的联系。通常情况下,通货膨胀较高的国家货币会发生贬值,因为持续的通胀会降低该国货币的购买力,进而影响外汇市场上的汇率变化。高通胀会导致外汇流出,从而导致本币贬值,反之亦然。

(3) 利率政策。利率水平直接影响汇率的走势。通常情况下,利率较高的国家能够吸引更多的资本流入,从而导致其货币升值。反之,低利率可能导致资本流出,从而造成货币贬值。因此,央行的利率政策往往是汇率变动的重要因素。

(4) 汇率政策与市场预期。政府的汇率政策和外汇市场的预期对汇率波动具有重要影响。若政府实施固定汇率制度或采取干预外汇市场的措施,可能会对汇率产生短期或长期的影响。此外,市场的预期也会影响汇率变动。例如,市场普遍预期某国将加息,可能会导致其货币升值。

(5) 政治与经济环境。政治动荡、社会不稳定以及经济环境的变化也会对汇率波动产生影响。政治风险,如政府政策的突然变化、贸易摩擦或政治动乱等,可能导致外汇市场的剧烈波动。经济环境的不确定性同样会影响投资者的信心,从而导致汇率的不稳定。

## 4.2.3　汇率风险的管理与对冲策略

由于汇率波动不可避免,企业和投资者需要采取多种策略来应对和对冲汇率风险。这些策略包括以下 4 种。

(1) 外汇对冲工具。金融市场提供了多种衍生工具,帮助企业和投资者管理汇率风险。常见的工具包括外汇期货、外汇期权、外汇掉期等。通过这些工具，企业可以锁定未来的汇率，从而减少汇率波动带来的不确定性。例如，通过外汇期权，企业可以在未来以约定汇率兑换外币，从而规避不利的汇率变动。

（2）跨币种融资与资产配置。企业可以通过合理的跨币种融资和资产配置来分散汇率波动带来的风险。例如，企业可以通过在不同货币区域进行融资，避免过度依赖单一货币。同时，企业还可以根据市场需求和对汇率走势的预测，灵活调整其资产配置，减少汇率波动对资产负债的影响。

（3）灵活的定价策略。汇率波动可能会影响产品在不同市场上的定价。企业可以通过灵活的定价策略来缓解汇率波动带来的影响。例如，当本币升值时，企业可以通过提高出口商品的价格来弥补汇率变动带来的损失；相反，当本币贬值时，企业可以降低售价以保持市场竞争力。

（4）自然对冲。自然对冲是指企业通过调整经营结构或财务结构来自然应对汇率风险。例如，企业可以选择在不同国家或地区设立生产基地，提高本币收入与支出的匹配率，从而减少因汇率波动带来的风险。

总体而言，汇率风险是国际经济活动中不可忽视的风险之一，尤其在全球化经济中，汇率波动对跨国企业、投资者以及金融机构的影响深远。理解汇率风险的类型及影响因素，并采取有效的管理与对冲策略，不仅能帮助企业稳健经营，还能确保其在全球市场中的竞争力。通过合理利用外汇衍生工具、优化资产配置、灵活定价以及加强风险管理，企业能够有效地降低汇率波动带来的潜在损失，保持财务稳定并实现资产增值。

## 4.3　股票价格风险

### 4.3.1　定义与分类

股票价格风险是指股票价格的波动或不利变动给投资者带来经济损失的风险。股票市场是一个高度动态且受多种因素影响的环境，股价的波动性往往让投资者面临不可预测的收益和损失。股票价格受诸如公司业绩、宏观经济环境、政策变化、市场情绪等因素的影响，价格变动具有高度的不确定性，因此，股票价格风险是投资股票所必然面临的风险之一。

股票价格风险不仅影响个人投资者,也同样对机构投资者和资本市场产生深远影响。尽管投资者可以通过多种方式管理风险,但由于股市固有的波动性和市场的不确定性,股票价格风险仍然是金融投资中不可忽视的挑战。

股票价格风险可大致分为系统性风险和非系统性风险两大类。两者的主要区别在于风险来源的覆盖范围以及其是否能够通过分散投资被有效规避。

(1) 系统性风险(市场风险)。系统性风险又称市场风险或不可分散风险,是由广泛的、影响整个市场的因素引起的风险,通常这些因素无法被个别投资者控制或避免。系统性风险影响整个股票市场,几乎所有的股票都会受到影响,因此,无法通过分散投资来完全消除风险。其主要来源包括:① 宏观经济因素,如经济衰退、经济过热、失业率上升等经济周期波动,都会影响整个股市的表现(经济衰退时,消费者支出下降,企业盈利减少,股市普遍下跌,投资者面临广泛的市场风险);② 政策变动,政府的财政政策、货币政策、税收政策等对股票市场有着直接的影响(例如,央行加息通常会导致资本成本上升,抑制消费和投资,从而引发股市下跌;相反,降息则有可能刺激经济增长,推动股市上涨);③ 利率变动,利率的波动通常与股市息息相关,如提高利率会增加企业借款成本,进而影响其盈利能力,而降息则可能刺激股市上涨,因为资本流动更加活跃;④ 国际经济事件,全球经济动荡、全球金融危机、国际油价变化等都会引发跨境资本流动,从而影响国内股市(例如,2008 年全球金融危机导致各国股市普遍下跌,投资者普遍面临系统性风险);⑤ 地缘政治风险,例如战争、国际政治局势不稳等也会影响市场预期和投资情绪,导致股票市场出现剧烈波动。

系统性风险是无法通过分散投资或资产配置完全消除的,因此,投资者必须通过风险对冲工具、资产配置调整等手段来降低其对投资组合的影响。

(2) 非系统性风险(特有风险)。非系统性风险又称特有风险,是指由某个特定企业或行业的因素引起的风险。这类风险通常只影响个别公司或行业,因此,分散投资可以在一定程度上规避这类风险。非系统性风险的主要来源包括:① 公司经营管理,一个公司是否能够在激烈的市场竞争中获得利润,往往依赖于其管理层的决策能力,如果公司管理不善、决策失误或出现重大经营问题,可能导致公司股价大幅下跌,从而给投资者带来损失;② 公司财务状况,企业的财务健康状况直接影响其股票价格,公司出现财务危机、债务违约或财务造假,都会引起股价下跌,因此,投资者应关注公司财务报告,及时识别潜在风险;③ 市场销售与竞争,行业竞争加剧、市场份额下降或销售渠道出现问题,也会影响公司的股价(例如,技术创新落后或产品不符合市场需求的公司,可能面临市场份额的急剧下降,股价随之下跌);④ 重大投资或并购,公司在资本市场上进行重大投资、收购或合并时,可能会带来短期的不确定性或长期的盈利潜力,这些因素对股价的影响是特定于公司本身的,投资者可以通过多元化投资来降低这一风险;⑤ 违规操作,如公司高管腐败、会计丑闻、欺诈等不当行为,不仅会直接损害公司形象,还可能导致股价暴跌,给投资者带来损失。

非系统性风险可以通过分散投资来有效减少,例如投资者可以将资金分散在不同行业和不同公司的股票中,从而降低个别公司问题对整个投资组合的影响。

### 4.3.2　股票价格风险的管理策略

管理股票价格风险可采取下列 5 种策略。

(1) 分散投资。分散投资是管理非系统性风险的最基本策略。通过将资金分散在多个行业、公司和资产类别里,投资者可以减少单一股票或行业波动带来的风险。例如,在经济周期波动期间,某些行业可能表现优异,而其他行业则可能遭遇困境。通过分散投资,投资者能够在一定程度上平衡不同股票的风险。

(2) 定期定额投资(定投策略)。定期定额投资是一种长期投资策略,即每月或每季度定期投入固定金额进行股票投资。通过定期定额投资,投资者能够在市场高低点之间平均成本,从而减少市场波动对短期投资回报的影响。这种策略有助于规避市场短期波动带来的负面影响,尤其在股票市场不确定性较大时,能够保持稳定的投资节奏。

(3) 深入研究公司和行业。对于个股的投资,投资者需要对所投资的公司进行深入分析,包括公司的财务健康状况、管理团队的能力、行业前景等。良好的公司治理、稳定的盈利能力和积极的增长前景通常意味着较低的非系统性风险。行业研究则帮助投资者了解市场趋势和潜在的行业风险。

(4) 定期评估投资组合。投资者应定期审视自己的投资组合,评估当前持股的表现及风险。根据市场变化或个人财务目标的变化,适时调整投资组合,以降低股票价格波动带来的风险。例如,在经济衰退期,投资者可能需要减少对周期性行业的投资,增加对防御性行业或蓝筹股的投资。

(5) 风险对冲工具。投资者还可以使用金融衍生工具,如期权、期货等来对冲股票价格风险。例如,购买看跌期权可以在股价下跌时获得收益,抵消股票投资的损失。通过运用这些工具,投资者能够有效减少市场波动带来的潜在损失。

总体而言,股票价格风险主要来源于市场的波动性,包括系统性风险和非系统性风险。系统性风险无法通过分散投资完全规避,需要投资者通过资产配置、风险对冲工具等手段加以应对;而非系统性风险则可以通过分散投资降低其对投资组合的影响。投资者通过定期定额投资、深入研究公司和行业、定期评估投资组合等方法,能够有效管理和降低股票价格波动带来的风险。有效的股票价格风险管理不仅有助于稳定投资收益,还能增强投资者应对市场不确定性的能力,提升长期投资的回报潜力。

## 4.4 商品价格风险

商品价格风险是指由商品价格波动引发的投资者持有的商品或相关资产的价值变动所带来的风险。这种风险源于商品价格的不确定性,可能对相关经济主体造成损失。商品价格波动在各类商品市场中广泛存在,在农产品、能源、金属等行业尤为显著。商品价格的波动不仅受供求关系影响,还与宏观经济环境、政策法规、投机行为等因素密切相关,因此它成为许多行业和投资者必须考虑的风险。

### 4.4.1 商品价格风险的来源

商品价格风险源于多种因素的交互作用,主要包括以下 5 个方面。

(1) 供需关系。供需关系是商品价格波动的最直接因素。市场供给的多少与需求的变化直接影响价格。当市场供应超过需求时,商品价格通常会下跌;当需求超过供应时,价格通常会上涨。这种供需错配带来的价格波动往往会带来较大的风险。

(2) 宏观经济环境。宏观经济环境对商品价格波动具有重要影响。经济增长放缓或衰退往往导致整体需求减少,进而使商品价格承压。相反,在经济繁荣期,需求增加可能推高商品价格。例如,在全球经济增长放缓的情况下,能源类商品的需求减少可能导致油价下跌,而在经济复苏期,油价则可能大幅上涨。

（3）政策与法规。政府政策和法规对于商品价格的波动起着至关重要的调节作用。政府通过贸易政策、补贴、税收、配额制度等手段，直接影响商品的供求关系和生产成本，从而影响商品价格。例如，进口关税增加可能导致国内商品价格上涨，或者对某些生产环节的税收调整可能影响产品的市场定价。同时，政府对于某些关键资源的管控也会直接影响市场的价格波动。

（4）投机与市场情绪。投机行为是商品市场价格波动的重要推手。投资者的买卖行为，尤其是基于市场预期而进行的短期投资，可能引发大幅的价格波动。当投机资金大量涌入某一商品市场时，价格可能出现剧烈波动。相反，投资者情绪的恐慌也可能造成价格的急剧下跌。

（5）外部不可控因素。自然灾害、地缘政治冲突等突发事件也会对商品市场产生重大影响。例如，某地区发生洪水或干旱可能导致农产品的产量骤减，从而导致价格飙升；而中东地区的政治动荡可能影响全球石油供应，导致能源价格剧烈波动。

## 4.4.2　商品价格风险的分类

根据商品价格风险的性质和来源，商品价格风险可分为以下 8 类。

（1）直接商品价格风险。直接商品价格风险指的是企业在其资产和负债中持有物质商品时，商品市场价格波动对企业资产价值的直接影响。例如，某企业持有大量的石油库存，当油价剧烈波动时，库存价值可能发生显著变化，从而影响企业财务状况。

（2）间接商品价格风险。间接商品价格风险指的是那些不直接涉及商品生产和消费的企业或投资者，也可能由于商品价格波动而面临风险。例如，一家不直接生产石油的航空公司，其燃料成本随油价波动而变化，从而影响其运营成本和盈利能力。

（3）供给性风险。供给性风险指的是供应方出现问题（如生产中断、遇到自然灾害等）导致商品价格上涨的风险。供给性风险主要源自生产过程中可能遇到的种种不确定性，如能源短缺、矿产资源枯竭、运输障碍等。

（4）需求性风险。需求性风险则来自需求端的变化。当需求出现剧烈波动时，商品价格可能发生意外波动。例如，全球经济萎缩时对原材料的需求急剧减少,价格可能急剧下跌。

（5）宏观性价格风险。宏观性价格风险是指与经济形势、利率、汇率等宏观因素相关的价格波动。例如,货币政策的紧缩或放松、通货膨胀预期等都会影响商品价格的波动。

（6）政治性价格风险。政治性价格风险受政府政策、战争或政治不稳定等因素的影响。比如,某些国家实施的贸易保护政策或对特定商品的进出口限制,会导致全球市场的价格波动。

（7）季节性价格风险。季节性价格风险是指由季节性因素导致的商品价格波动,在农业、能源等行业尤为显著。例如,农产品的价格会随着季节变化出现周期性波动,夏季或冬季能源需求的增加也会导致价格上升。

（8）突发性价格风险。突发性价格风险来自不可预见的突发事件,如自然灾害、重大事故等,可能导致市场的剧烈波动。此类风险通常具有较强的突发性和不可预测性,可能对全球商品价格产生短期或长期影响。

## 4.4.3　商品价格风险的影响

商品价格风险对市场各主体产生的影响深远而多样,具体包括以下 3 个方面。

（1）对生产者的影响。商品价格的波动直接影响生产者的收入和利润。当商品价格下跌时,生产者的收益减少,从而可能导致企业经营困难,甚至破产。尤其是农业、矿业等对原材料价格波动敏感的企业,往往在价格下跌时面临巨大的压力,而价格上涨则可能为这些企业带来丰厚的利润,但也可能引发过度生产,从而导致价格回落和市场供应过剩。

（2）对消费者的影响。商品价格的波动直接影响消费者的购买力。当商品价格上升时,消费者的支出增加,可能导致生活成本上升,尤其是在必需品的价格上涨时,低收入群体的负担会显著增加。

（3）对投资者的影响。投资者在商品市场上的投资（如商品期货、商品基金等）直接受商品价格波动的影响。价格波动可能带来巨大的投资回报,也可能引发严重的亏损。因此,投资者需要密切关注市场动态,合理运用投资策略以规避潜在的风险。

### 4.4.4 应对商品价格风险的策略

为了有效应对商品价格风险,市场主体可采用以下 4 种策略。

(1) 生产者的应对策略。生产者可以通过签订长期合同、利用期货市场进行套期保值等方式来锁定价格,从而减少商品价格波动带来的风险。此外,生产者还可以通过改进生产工艺、降低成本等方式提高产品的价格弹性,以减少外部价格波动对自身的影响。

(2) 消费者的应对策略。消费者可以通过合理规划消费、寻找替代品等方式来减轻商品价格上涨的影响。例如,面对某种商品价格上涨,消费者可以转向其他品牌或替代产品,从而避免价格波动带来的不利影响。

(3) 投资者的应对策略。投资者可以通过多元化投资组合,或使用期货、期权等金融衍生工具进行对冲,来降低商品价格波动带来的风险。同时,投资者还应通过基本面分析、技术分析等手段,判断市场走势并作出相应的投资决策。

(4) 政府和监管机构的应对策略。政府可以通过价格干预、贸易政策调整、资源分配等手段来平抑商品价格波动。此外,监管机构可以加强对商品市场的监管,防止投机行为引发市场价格过度波动。

总体而言,商品价格风险是市场经济中不可忽视的重要因素,其波动不仅直接影响生产者、消费者和投资者的行为,还关系到整个经济体系的稳定与发展。理解商品价格波动的来源和影响,并采取合适的风险管理策略,对于各类市场主体来说都至关重要。无论是通过合同锁定价格、利用衍生工具对冲风险,还是政府政策的有效调控,都能够在一定程度上降低商品价格波动带来的风险,从而保障经济的稳定运行。

# 第 5 章
# 交易对手风险

在金融市场的复杂网络中,交易对手风险(counterparty risk,CR)始终如同一把悬顶之剑,时刻提醒着人们金融契约的脆弱性。2008 年全球金融危机中,雷曼兄弟的轰然倒塌引发连锁反应,使得交易对手风险从理论模型中的抽象概念,骤然成为摧毁市场的现实力量。这一事件深刻揭示了现代金融体系的致命软肋——当交易对手无法履行承诺时,即使是精心设计的衍生品合约,也可能瞬间沦为系统性风险的导火索。随着数字经济时代的到来,交易对手风险的内涵正在发生深刻演变。传统金融体系中,交易对手风险主要集中于信用评级、抵押品管理和中央对手方(central counterparty,CCP)清算机制等领域;而在区块链和去中心化金融构建的新生态中,智能合约的自动执行虽然降低了人为违约的可能性,却引入了代码漏洞、预言机操纵、流动性挤兑等新型风险。2022 年 LUNA 崩盘和 FTX 爆雷等事件表明,无论是中心化还是去中心化架构,都无法完全消除交易对手风险,只是以不同形式将其重新分配。

本章将系统剖析交易对手风险的理论基础、历史演变及管理框架,重点探讨数字经济背景下风险形态的嬗变。从经典的信用价值调整(credit valuation adjustment,CVA)模型,到区块链时代的超额抵押和闪电贷攻击防御,金融工程正在多维度重构交易对手风险管理体系。但核心问题始终存在:在一个信任机制不断被技术解构与重建的时代,我们究竟是在真正化解风险,还是在创造更复杂的风险转嫁链条?对这一问题的思考,不仅关乎金融机构的稳健经营,更决定着未来金融生态的可持续发展路径。

## 5.1  交易对手风险的内涵

交易对手风险是指由交易一方不遵守合同条款所带来的风险。对方的财务困境、信用状况恶化,以及市场极端波动等多种因素,导致交易对手无法履行合约义务,从而产生交易对手风险。交易可能涉及现金的交割或者实物资产的转移,因此,交易对手风险可能对交易双方产生重大影响。

在期货市场中,交易对手风险是一个至关重要的考量因素。为了降低这种风险,投资者和交易参与者需要充分了解交易对手的信用评级、财务状况,以及市场整体稳定性等信息,以便更好地评估潜在风险并采取相应的措施。同时,金融机构也需要对交易对手风险进行追踪管理,并将交易对手风险纳入整个机构的风险管理系统。设立保证金制度、建立严格的信用评级和监管机制、提供清算和结算服务等措施,可以进一步降低交易对手风险对市场的影响。

### 5.1.1  交易对手风险的基本定义

如上所述,交易一方不遵守合同条款会给交易带来风险。交易对手风险涉及现金交割或实物资产转移,可能导致交易另一方遭受经济损失。从更广泛的角度来看,交易对手风险不仅包括单纯的信用风险(即对方不付款的风险),还可能包括信用风险和衍生品头寸风险(即对方不交货的风险)结合的风险。在期货市场中,交易对手风险尤为显著,因为期货交易涉及远期合约的履行,而交易对手的履约能力受到多种因素的影响。

具体来说,交易对手风险的内涵包括 4 个方面。首先是信用状况恶化。交易对手的信用评级下降或财务状况恶化,可能导致其无法按时履行合约义务。其次是市场波动。市场的极端波动可能影响交易对手的履约能力。例如,在利率大幅变动的情况下,交易对手的资金成本可能上升,进而影响其还款能力。再次是操作失误与违规行为。交易对手操作失误,如误报交易指令,或交易对手的违规行为,如违反交易所规则进行交易,都可能给另一方带来损失。最后是流动性风险。交割风险涉及的流动性风险是指交易对手虽然最终履约,但不是在合约约定的时间内履约。未能按时收回资金的交易方必须弥补这个资金缺口。

　　为了管理交易对手风险,金融机构和投资者通常会采取一系列措施,如进行严格的交易对手信用评估、设定信用额度、要求交易对手提供担保或保证金、精心规划合同条款、实时监控交易对手的风险状况、采用风险分散策略等。这些措施有助于减少交易过程中的不确定性,保护交易双方的利益。

　　交易对手风险是信用风险的一种表现形式,但相比一般的信用风险,某些特定交易(如信用衍生产品交易)中的交易对手风险可能较小,因为其交易对手通常为资本充足、违约概率较低的商业银行或投资银行。

## 5.1.2　交易对手风险的具体表现

　　交易对手风险主要有以下 3 种表现形式。

　　(1) 交割风险。交割风险是指在期货合约的交割环节中,交易对手未能按时、按质量或按数量交付商品或资产,导致接收方无法获得预期的交割物资或资产,从而遭受损失。这种风险通常会在期货合约到期时显现,在期货市场的交割方式涉及实物交割时尤为突出。

　　例如,在农产品期货交易中,卖方可能因自然灾害(如旱灾、洪水、台风等)而无法按期收获或运输农产品,从而无法按时履行交割责任和义务。这会直接影响买方的生产计划,可能导致原材料短缺、生产停滞,甚至增加额外的采购成本。此外,若交割物品的质量不符合合约规定,买方可能会面临产品不合格的风险,进而影响其最终产品的生产质量或市场销售。

　　交割风险还可能出现在其他类型的期货交易中。例如,在金属期货或能源期货交易中,卖方可能因为供应链中断(如运输问题、库存不足、生产停滞等)而无法按时交付期货合约规定的商品。这不仅会影响市场的正常运行,也可能引发合约违约,造成市场信任危机。因此,为了减少交割风险,交易所通常要求卖方提供相应的交割保证金,并通过清算机构进行监管,确保交割过程的顺利进行。

　　(2) 财务风险。财务风险是指交易对手因财务状况恶化或经营困难而无法按时履行合约中的财务责任,进而影响交易的正常进行。财务困境可能导致交易对手无法按时支付合约规定的款项,如保证金、交易费用等,这对交易双方的资金流动和交易结果都会带来严重影响。

　　在期货市场中,交易对手可能因为经营不善、财务不稳或市场状况变化(如利率上升、汇率波动等)而面临资金链断裂困境,从而无法支付保证金或履行其他财务责任。这种财务困境可能表现为资金短缺、债务违约、现金流问题等,导致交易无法正常进行。例如,若交易对手未能支付所需的保证金,交易所会自动平仓以防止市场暴露于更大的风险中,但这也可能导致投资者失去潜在收益,并加剧市场的不稳定性。

财务风险的影响还可能扩展到市场流动性和信用风险。例如,一家企业的财务问题可能会导致其股票或债券价值下跌,从而影响其他投资者的利益。如果交易对手的财务风险未能及时识别或管理,可能会引发连锁反应,导致更多的投资者面临信用风险。

为了有效防范财务风险,市场参与者通常会采取信用评估、定期审计等措施,密切监控交易对手的财务状况,并设置适当的财务保障条款,如保证金、担保人、违约责任等。此外,交易所及清算机构通常会要求交易对手提供财务担保或强制执行保证金制度,以确保市场中的交易能够稳定进行。

(3)操作与违规风险。操作与违规风险是指由交易对手在交易过程中操作失误或违反交易规则而引起的风险。操作失误通常是由人为错误、技术故障、信息不对称等因素造成的,而违规行为则涉及交易对手故意违背市场规则或法律法规的行为。无论是操作失误还是违规行为,都可能导致市场的不公正交易,从而损害其他市场参与者的利益。

在期货交易中,操作失误可能表现为误报交易指令、错误的合约选择、错误的买卖方向等。例如,交易员可能在系统中输入错误的交易数量或价格,导致实际交易结果与预期不符。又例如,交易对手未能及时调整仓位或进行止损操作,导致损失扩大。在现代金融市场中,操作失误还可能由系统故障或技术问题引发,例如交易系统的延迟或故障可能导致某些交易无法按时执行或无法及时撤单。

交易对手的违规行为可能包括操纵市场、内幕交易、虚假报告等。这些行为严重破坏了市场的公平性和透明度,导致其他市场参与者处于不利地位。例如,交易对手可能故意在市场中进行价格操控,抬高或压低期货价格,导致市场波动性上升,其他投资者则受到不公平的交易条件影响。虚假报告也可能影响投资者的决策,误导市场对某一资产的真实价值的评估。

违规行为不仅会导致交易对手自身承担法律责任,还可能引发监管机构对整个市场的调查与处罚,从而影响市场的稳定性和参与者的信任度。为了防范操作与违规风险,市场通常设有严格的合规监管制度,并要求所有交易方遵守明确的交易规则。此外,交易所和金融机构还会通过技术手段(如算法监控、风险预警系统等)实时监控交易活动,确保交易过程的合规性。

综上所述,交割风险、财务风险、操作与违规风险是期货交易中常见且关键的风险因素。它们可能通过多种方式对市场参与者产生影响,因此需要交易方和监管机构共同采取多种有效的风险管理措施。这些措施包括但不限于严格的交割机制、财务监控、信用评估、合规监管、技术防范等,旨在确保期货市场的稳定性与公平性,减少潜在风险对投资者和市场的冲击。

## 5.1.3　交易对手风险的影响因素

信用评级是指信用评级机构对影响经济主体或者债务融资工具的信用风险因素进行分析,就债务人的偿债能力和偿债意愿作出综合评价,并通过预先定义的信用等级符号进行表示。

信用评级的方法主要包括定性分析方法和定量分析方法。定性分析方法是指依靠专家的判断和经验,对债务人的行业前景、市场竞争力、管理层素质、财务状况、治理结构等各项因素进行主观评估。这种方法能够全面、深入地分析债务人的信用风险,但受主观因素影响较大,需要评级机构具备丰富的经验和专业知识。定量分析方法是指通过建立数学模型,运用财务数据(如资产负债率、流动比率、利润率等)进行计算和分析,得出信用评级结果。这种方法具有客观性、可比性、可验证性等优点,能够较为准确地反映债务人的信用风险水平。然而,定量分析方法也存在局限性,如数据获取难、模型适用性不足等。

此外,信用评级的方法还包括模糊分析法、综合评判法、人工神经网络法等,信用评级模型包括标准普尔、穆迪、惠誉等评级机构的特定评级模型。

从受评主体类型的角度来看,信用评级可分为主体信用评级和债券信用评级两种。其中,主体信用评级又可分为主权信用评级和企业信用评级。主体信用评级(简称"主体评级")是以企业或经济主体为对象进行的信用评级,包括对多边机构、国家主权、地方政府、金融企业、非金融企业等各类经济主体的评级,主要关注受评主体的经营风险与财务风险。债券信用评级(简称"债项评级")是以上述各类经济主体发行的有价债券为对象进行的信用评级,例如政府债券、企业债券、中期票据、资产支持证券、理财产品等,从有价债券的自身属性(如偿付顺序、有效期限、抵质押品的数量与质量等）、发行人的主体信用情况等方面综合分析发行人的违约风险。

信用评级的标准通常包括行业风险、企业规模、盈利能力、偿债能力等多个方面。评级机构会根据这些因素对企业或个人进行综合评估，确定其信用等级。同时，不同国家和地区的信用评级机构可能采用不同的评级符号来表示信用等级。例如，我国企业信用评级分为"A、B、C、D"四个等级，每个等级又进行了划分，包括 AAA、AA、A、BBB、BB、B、CCC、CC、C 等多个级别。信用评级较高的交易对手通常意味着较低的违约风险。投资者可以通过专业的信用评级机构获取交易对手的信用信息。

信用评级在金融市场中起到非常重要的作用。信用评级有助于企业防范商业风险，为现代企业制度的建设提供良好的条件。信用评级可以为投资者提供公正、客观的信息，帮助其优化投资选择，实现投资安全性，取得可靠收益，从而起到保护投资者利益的作用；信用评级还可以作为资本市场管理部门审查决策的依据，把发行主体限制在偿债能力较强、信用程度较高的企业范围内，保持资本市场的秩序稳定。

总之，信用评级作为金融市场中的重要工具，对于评估借款人或发行人的信用风险、维护市场秩序以及促进经济发展具有重要意义。

影响交易对手风险的因素还有财务状况。在财务状况中，交易对手的资产负债表、盈利能力、现金流等状况是影响其履约能力的重要因素。资产负债表体现企业的资产、负债和所有者权益状况，负债过高或资产结构不合理可能影响交易对手的履约能力。盈利能力是通过利润表等指标反映的，盈利能力较弱的交易对手可能面临更大的违约风险。现金流是企业运营的重要支撑，若现金流不足或不稳定，交易对手可能无法按时履行合约。财务比率，如流动比率、速动比率、负债权益比率等，能够反映企业的偿债能力、运营效率和财务稳定性，从而影响交易对手风险。交易对手的过往信用记录是评估其履约意愿的重要参考，有违约历史的交易对手风险较高。此外，财务困境、破产风险、欺诈行为或市场极端波动导致的财务问题，都可能影响交易对手的履约能力，从而增加交易对手风险。因此，在进行交易前，应对交易对手的财务状况进行全面评估，以降低潜在风险。

市场稳定性也是影响交易对手风险的重要因素。在市场极度动荡时，交易对手面临的压力增大，违约风险也随之上升。

市场稳定性对交易对手风险的影响主要体现在 3 个方面。第一,影响交易对手的履约能力。在市场较为稳定的情况下,经济环境通常较为有利,企业的运营和盈利能力相对较强。这有助于交易对手保持良好的财务状况,从而降低违约风险。相反,当市场出现大幅波动时,经济环境的不确定性增加,企业的运营和盈利能力可能受到冲击。这可能导致交易对手的财务状况恶化,从而增加其违约风险。第二,影响交易对手的信心和预期。在市场稳定的情况下,投资者和交易对手对未来的市场预期通常较为一致和稳定。这有助于增强交易双方的信心,降低因预期不一致而产生的风险。当市场出现剧烈波动时,投资者和交易对手可能产生恐慌情绪,导致市场信心崩溃。在这种情况下,交易对手可能因担心未来市场走势而选择违约或推迟交易,从而增加交易对手风险。第三,影响交易对手的决策和行为。在市场稳定的情况下,交易对手更可能进行理性的交易决策,遵守合同条款,从而降低违约风险。而在市场不稳定时,交易对手可能受到市场情绪的影响,作出非理性的交易决策,例如,为了规避风险而过度抛售资产,或为了获取利润而冒险进行高风险交易。这些行为都可能增加交易对手风险。

综上所述,市场稳定性对交易对手风险具有重要影响。为了降低交易对手风险,投资者和交易对手应密切关注市场动态,加强风险管理,制定合理的交易策略,并在必要时采取适当的避险措施。

## 5.1.4　交易对手风险的管理措施

交易对手风险管理的有效措施包括 4 个方面。

第一,实行保证金制度。保证金制度,又称押金制度,是一种担保债务履行的预收款项制度。保证金制度是指在金融交易中,投资者按照规定标准缴纳一定比例的资金作为担保,以确保交易的顺利进行,并在一定程度上控制交易风险。这笔预先缴纳的资金就是保证金。在期货交易中,交易者必须按照其所买卖期货合约价格的一定比例(通常为 5%~10%)缴纳资金,作为其履行期货合约的财力担保,然后才能参与期货合约的买卖。

保证金制度的实施,降低了期货交易成本,使交易者用较少数额的保证金就可从事全额的远期贸易,发挥了期货交易的资金杠杆作用,促进了套期保值功能的发挥。而且,保证金为期货合约的履行提供财力担保,保证所有账户的每一笔交易和每一个头寸都具有与其面临的风险相适应的资金,交易中发生的盈亏不断得到相应的处理,从而杜绝了负债现象。保证金是交易所控制投机规模的重要手段。投机者和投机活动是期货市场的润滑剂,但过度的投机会加大市场风险,不利于期货市场的稳健运行。当投机过度时,可通过提高保证金的办法,增加入市成本,以抑制投机行为,控制交易的规模和风险。反之,当期货市场低迷、交易规模过小时,可通过适量降低保证金来吸引更多的市场参与者,活跃交易气氛。

保证金分为结算准备金和交易保证金。结算准备金是指会员为了交易结算在交易所专用结算账户中预先准备的资金,是未被占用的保证金。交易保证金是指会员在交易所专用结算账户中确保合约履行的资金,是已被合约占用的保证金。此外,根据具体应用场景的不同,保证金还可以分为会员保证金、客户保证金等。

保证金制度允许交易者以较少的资金控制较大价值的合约,即所谓的杠杆效应。杠杆虽然可以放大盈利,但同时也放大了亏损的可能性。因此,保证金制度在提高资金使用效率的同时,也增加了交易风险。

保证金制度在不同市场中的差异主要体现在杠杆比例、追加保证金要求和强制平仓机制上。这些差异直接影响交易者的风险承受能力和市场参与度,同时也反映了不同市场对风险管理的不同侧重点。例如,在中国期货市场中,保证金比例通常较高,这有助于防止过度杠杆化带来的系统性风险。美国期货市场的保证金比例较低,允许交易者使用更高的杠杆。欧洲期货市场则采取了更为平衡的策略。综上所述,保证金制度是金融交易中一种重要的担保方式,有助于确保交易的顺利进行并维护市场的稳定性。然而,交易者在利用保证金制度进行交易时,也需要充分认识到其潜在的风险,并采取相应的风险管理措施。

第二,建立严格的信用评级和监管机制,对交易对手的信用状况进行评估和监督。这有助于提前识别潜在风险,并采取相应措施进行防范。信用评级对交易对手风险管理的重要作用主要体现在 3 个方面。首先,揭示信用风险,即信用评级机构通过对交易对手进行客观、专业的评估,将其信用风险以直观、简单的符号表示出来,从而减少了投资者与交易对手之间的信息不对称。这有助于投资者快速识别交易对手的信用风险水平,为投资决策提供依据。其次,降低交易风险,即信用评级结果可以作为投资者选择交易对手的重要参考,帮助投资者避免与高信用风险主体进行交易,从而降低交易风险。同时,信用评级还能促使交易对手加强自身信用管理,提高履约能力。最后,提高市场效率,即信用评级能够引导资金合理流动,使资金更多地流向信用状况良好的交易对手,优化资源配置。这有助于提高金融市场的整体效率,促进市场健康发展。

监管机制对交易对手风险管理的重要作用主要体现在几个方面。首先,维护市场秩序,即对交易行为的监管可以确保所有市场参与者都遵守相同的规则并执行统一的标准,防止欺诈、操纵市场等违规行为的发生,维护市场的公平、公正和透明。其次,保护投资者权益,即监管机制要求交易对手及时、准确、完整地披露相关信息,使投资者能够在同等的信息基础上作出决策。这有助于保护投资者的合法权益,避免因信息不对称而造成损失。最后,促进市场稳定,即通过对交易对手的监管和评估,投资者可以及时发现并处置潜在风险点,防止风险扩散和传染。这有助于维护金融市场的稳定和健康发展。

信用评级和监管机制共同作用于交易对手风险的管理和控制。一方面,信用评级为投资者提供了识别交易对手信用风险的工具;另一方面,监管机制确保了市场规则的遵守和风险的有效管理。两者的有机结合可以显著降低交易对手风险,提高金融市场的整体安全性和稳定性。

综上所述,信用评级和监管机制在交易对手风险管理中具有不可替代的作用。它们共同为投资者提供了一个安全、公平、高效的交易环境。

第三,清算与结算。交易所提供清算与结算服务,确保交易的顺利完成。这可以减少交易过程中的不确定性并降低风险。清算与结算服务在交易对手风险防范中发挥着至关重要的作用,主要体现在三个方面。首先,明确交易双方的权利和义务,即清算过程能够清晰地界定买方和卖方在交易中的责任,包括交付资金和资产的时间、方式、数量等,从而避免混乱和争议,这是防范交易对手风险的基础。其次,提高交易效率,即清算系统可以快速处理大量的交易指令,对交易进行匹配和结算,减少人工操作的时间和可能产生的错误,确保资金和资产能够迅速流转,降低因交易延迟或错误而产生的风险。最后,实时监控和风险评估,即清算机构能够对交易进行实时监控和风险评估,及时发现异常交易和潜在的风险点。例如,当一方出现资金不足或信用问题时,清算机构能够迅速采取措施,防止风险进一步扩散。

第四,严格监管和确保要求合规。清算机构通常遵循一系列的法律法规和行业标准,保证清算操作的合法性和规范性,这有助于维护市场的公平和秩序,减少不法行为带来的风险。结算是清算的后续环节,结算服务确保交易双方按照清算结果实际交割资金和资产,从而完成整个交易过程。在结算过程中,采用先进的支付系统和安全措施可以确保资金的安全、准确和及时到账,进一步降低交易对手风险。

总体而言,清算与结算可降低信用风险,即清算与结算服务通过明确的交易规则、高效的交易处理以及实时的风险监控,降低交易双方的信用风险。特别是中央对手方清算机制,可以进一步减少双边交易中的信息不对称和信用风险问题。清算与结算还可提供安全保障,即清算与结算机构通常具备完善的风险控制体系和先进的技术手段,如利用加密技术、大数据分析等,对交易数据进行保护和分析,防止数据泄露和欺诈行为,为交易提供安全保障。此外,清算与结算还可增强市场稳定性,即清算与结算服务通过确保交易的顺利进行和资金的安全流转,维护金融市场的稳定和健康发展。特别是在市场出现波动或风险事件时,清算与结算机构能够迅速采取措施,防止风险的扩散和传染。

## 5.2 交易对手风险的量化

### 5.2.1 交易对手风险的计算及其复杂性

交易对手风险是金融市场中一个至关重要的概念,指的是在交易过程中,由于交易对手未能履行合同义务(例如违约、支付失败等)而可能给交易方带来的潜在损失。交易对手风险的计算是一个高度复杂的过程,涉及多个变量和不同的方法,必须综合考虑各类因素,以确保风险的准确评估和有效管理。以下是几个关键概念和计算方法的详细阐述。

(1)信用价值调整。信用价值调整是指在考虑交易对手的信用风险时进行的定价调整。信用价值调整是交易对手风险管理的重要工具,它尤其在金融衍生品市场中被广泛应用。在信用价值调整的计算中,交易双方必须将交易对手的违约风险纳入定价模型,确保在合约的定价过程中充分反映出可能的信用损失。简化后的信用价值调整计算公式为:$CVA = EE \times PD$。其中,EE(expected exposure,预期风险敞口)指在交易对手违约时,交易方可能面临的潜在暴露金额,通常是未来敞口的现值。PD(probability of default,违约概率)指交易对手在某一时间段内违约的概率,通常由信用评级机构基于交易对手的财务状况、行业背景、市场环境等多方面因素评估得出。信用价值调整的计算不仅是为了量化潜在的信用损失,还是为了帮助交易方识别和评估交易中潜在的信用风险,从而在风险管理策略中进行有效的对冲与补偿。例如,当交易对手的信用状况恶化时,信用价值调整值会随之上升,从而促使交易方采取更为谨慎的措施,如增加保证金、要求更多的担保等。

(2)违约风险敞口(exposure at default,EAD)。违约风险敞口是指交易对手违约时,交易方可能遭受的潜在损失,也叫作违约暴露。在计算违约暴露时,需要考虑交易合约的具体特征,如合约类型、交易量、保证金要求、市场波动性等。违约暴露不仅是一个静态数值,还可能随着市场条件的变化而波动,因此需要根据市场的动态变化进行实时调整。对于不同类型的交易,违约暴露的计算方法也有所不同。例如,在场外衍生品交易中,违约暴露可能涉及重置成本、潜在风险敞口、抵押品的价值等多个因素。在此类交易中,交易对手提供的担保物、交易的标的资产、期权的时间价值等都可能影响违约暴露的计算结果。在一些情况下,衍生品合约可能包含复杂的杠杆效应,这也会加深违约暴露的程度。违约暴露的精确计算对于金融机构而言至关重要,因为它帮助机构了解在最坏的情况下可能面临的损失,从而为设定资本要求和采取风险管理措施提供依据。

(3)错向风险(wrong-way risk)与正向风险(right-way risk)。在金融市场中,错向风险和正向风险是两个描述信用风险与市场风险之间关系的概念。错向风险表示市场风险与信用风险的叠加效应不利。具体而言,当交易对手的违约概率与本方的违约风险敞口同向变化时,即市场状况恶化时,交易对手的违约概率增加,而本方的风险敞口也随之增大,这种情况被称为错向风险。在这种情况下,交易对手的违约风险会与市场的不利波动相互叠加,导致信用价值调整值的显著上升,从而加剧金融风险的集中爆发。例如,在经济衰退或市场大幅波动时,市场风险加剧可能导致交易对手的信用状况进一步恶化,交易对手违约的可能性增大,而交易对手的资产价值可能会下降,从而增加了风险暴露。因此,在错向风险的情况下,交易方面临的损失更加严重。与错向风险相反,正向风险表示市场风险与信用风险的叠加效应是有利的。具体来说,当市场风险和信用风险呈反向变化时,例如市场状况好转时,交易对手的信用状况也随之改善,违约概率下降,风险敞口减少。在这种情况下,交易对手的风险暴露反而得到缓解,信用价值调整值也随之降低。例如,在经济繁荣时期,市场资产价格上涨,交易对手的财务状况也得到改善,其违约概率降低,风险暴露也减少。因此,正向风险通常会减少金融市场中的信用风险。

### 5.2.2　影响交易对手风险计算的其他因素

交易对手风险的计算是一个多维度、多因素的复杂过程,不仅涉及基础的信用风险评估工具,如信用价值调整、违约暴露、错向风险和正向风险,还必须综合考虑多种因素,这些因素与市场环境、合约细节以及交易对手的具体情况紧密相关。以下是一些对交易对手风险计算具有重要影响的其他因素。

(1)信用评级与财务状况。信用评级是衡量交易对手违约风险的核心指标之一。它是由独立的信用评级机构(如标准普尔、穆迪、惠誉等)根据交易对手的财务状况、经营能力、市场环境等多方面因素评定的。信用评级较高的企业通常具备更强的偿债能力,因此违约概率较低;信用评级较低的交易对手则存在较大的违约风险。交易对手的财务状况是评估其履约能力的另一个重要指标。通过分析资产负债表、现金流量表、损益表等财务报表,可以判断其短期和长期的偿债能力。具体而言,有以下4个方面。第一,盈利能力,如毛利率、净利润率、资本回报率等指标反映了企业的盈利能力。盈利能力强的公司通常有更强的现金流,可以有效应对可能的市场波动。第二,现金流量,这一指标是判断公司是否具备足够资金来履行义务的关键。稳定的经营现金流通常意味着公司能够按时支付到期款项,而负现金流则可能提示公司未来在履约方面存在困难。第三,负债水平,较高的负债比率可能表明公司负担沉重,特别是在资本结构不合理时,负债压力可能导致其难以按期履约。第四,流动比率和速动比率,这两个比率能够反映企业短期偿债能力。较高的流动比率表明企业有足够的流动资产来应对短期负债,降低了违约风险。信用评级和财务状况的综合分析为交易对手风险计算提供了强有力的支持,使得交易方能够准确评估违约可能性,并采取相应的风险对冲措施。

(2)市场整体稳定性。市场的整体稳定性对交易对手的履约能力有着深远影响。金融市场动荡、经济衰退、政治风险等因素可能导致市场环境的不确定性加大,从而影响交易对手的信用状况。以下4个方面是市场稳定性对交易对手风险的具体影响。第一,宏观经济环境。全球经济增长放缓、通货膨胀压力上升、失业率高等经济疲软迹象可能导致交易对手收入下降、财务状况恶化,甚至无法履行合约义务。尤其在经济衰退期,许多企业可能面临现金流问题,违约的概率相应增加。第二,金融市场波动。资本市场的不稳定,特别是股票、债券、商品等市场的剧烈波动,可能影响交易对手的融资成本和财务状况。当市场波动性增加时,交易对手的融资渠道可能被收紧,偿债能力下降。第三,利率变动。利率的变动对债务人尤其重要。高利率环境下,债务人的融资成本将上升,偿债压力加大,从而增加违约风险。第四,政治风险。政治环境的不稳定,如政府更替、政策变化、战争或社会动荡,都会影响企业的经营环境和财务健康。例如,一国政府实施新的贸易壁垒或对外资进行限制,会影响跨国公司履行合约的能力,增加交易对手的违约风险。因此,在计算交易对手风险时,市场的整体稳定性需要被充分考虑,尤其是在全球经济一体化的背景下,国际市场的风险因素也应当被纳入评估。

（3）交易条款和条件。交易条款和条件是决定交易对手风险大小的一个重要因素。合约的具体条款不仅影响双方的权利义务,还决定了风险暴露的程度。以下是一些关键条款对交易对手风险计算的影响。第一,合约期限。合约的期限直接影响交易对手风险的暴露时间。长期合约往往伴随着较高的风险,因为随着时间的推移,交易对手的财务状况可能发生变化,导致其履约风险增大。尤其是当市场环境或交易对手的经营状况发生剧烈变化时,较长的合约期限可能加大违约风险。第二,保证金要求。在衍生品市场中,保证金是防止违约的重要工具。较高的保证金要求可以有效降低交易对手的违约风险,因为它要求交易双方在合约履行过程中维持一定的资金储备。如果交易对手未能维持足够的保证金,可能会被强制平仓,从而减少交易对手的信用暴露。第三,交割方式。交割方式包括现金交割和实物交割。在实物交割的情况下,交割过程中涉及的商品或资产的流动性、储存、交割成本等问题可能增加交易对手履约的难度。而现金交割相对简便,因为只需要进行资金结算,降低了交易对手因交割问题产生的违约风险。第四,提前终止条款。一些合约包含提前终止条款,允许一方在一定条件下提前终止合约。这种条款为交易双方提供了灵活性,但也可能在某些情况下导致违约风险加大。例如,交易对手若能轻易解除合约,就可能会不履行义务。第五,违约条款。合约中的违约条款对于确定违约后果及处理机制至关重要。明确的违约条款可以确保在违约发生时,交易方能够采取迅速且有效的法律手段追偿损失,减少可能的损失。在不同的市场环境下,交易对手的信用状况可能会受到突发事件的影响,因此在评估交易对手风险时,合约的条款和条件对风险的管理起到至关重要的作用。

（4）其他因素。第一,行业特性。某些行业的风险可能较高。例如,高科技行业、能源行业、房地产行业等受市场需求波动、原材料价格变化等因素的影响较大,其相关企业的财务稳定性也可能随之波动,从而影响其履约能力。第二,历史履约记录。交易对手的历史履约记录是评估其信用风险的一个重要依据。如果交易对手在过去的交易中经常出现违约或未按时履约的情况,那么其未来的违约概率通常较高。第三,担保与抵押品。在许多交易中,交易双方可能会要求对方提供担保或抵押品。这些担保和抵押品的质量、流动性和价值也会影响交易对手的风险评估。如果担保物的价值较高且易于变现,那么交易对手违约的风险会相应降低。

## 5.2.3　风险管理和应对措施

(1) 风险管理和应对措施的多维度发展。在金融机构中,交易对手风险的管理不仅仅依赖于单一的手段,而是一个多层次、多维度的过程。首先,严格的准入制度是管理交易对手风险的第一道防线。金融机构通常会根据交易对手的信用评级、财务状况、经营历史、行业背景等因素,对其进行全面的评估。这一过程不仅要求对交易对手的背景进行严格筛查,还需要设立详细的风险接受标准。例如,对于信用评级较低或财务状况不稳定的交易对手,机构可能会采取更加严格的交易限制,甚至拒绝与其开展交易,以避免潜在的违约风险。此外,金融机构还会持续监测交易对手的信用状况,及时发现其信用质量的变化。在长期的交易过程中,交易对手的信用状况可能因市场环境、公司经营状况或外部风险因素(如政治经济动荡、自然灾害等)而发生波动。因此,持续跟踪和动态评估交易对手的信用风险,能够帮助金融机构及时采取应对措施。常见的监测方式包括定期更新交易对手的信用评级、分析其最新的财务报告和经营数据,以及密切关注市场和行业的变化趋势。

(2) 风险缓释手段的多样化应用。除了严格的准入制度和持续的信用监测,金融机构还会采取风险缓释手段来降低交易对手风险。最常见的缓释手段包括使用信用衍生品和抵押品。信用衍生品,如信用违约掉期,能够有效转移信用风险。某一金融机构通过与其他金融机构签订合约,将交易对手可能违约的风险转嫁给第三方。对于某些高风险交易,金融机构还可能要求交易对手提供一定价值的抵押品,以确保在交易对手违约时,能够通过处置抵押品来减少损失。此外,金融机构还可以通过其他方式减少风险暴露,例如风险分散。通过与多个信用状况良好的交易对手进行分散交易,金融机构可以有效分摊风险,从而降低单一交易对手违约的可能性对整体财务的冲击。在某些情况下,金融机构还可以通过资产证券化等金融工具,将风险进行再分配和转移,进一步减少交易对手违约的潜在影响。

(3)风险管理工具的创新与应用。随着金融市场的不断发展,风险管理工具也在持续创新和完善。传统的信用风险模型已经不能完全应对现代市场的复杂性和动态变化,因此,金融机构不断引入新的技术工具和模型。例如,大数据分析和机器学习技术的应用,使得机构能够通过分析海量的交易数据和市场信息,提前发现潜在的风险信号。同时,量化模型的发展使得金融机构可以通过对不同风险因素的建模,精确评估交易对手风险,并为风险管理决策提供科学依据。资产负债表管理也是金融机构应对交易对手风险的重要手段之一。通过对资产负债表的结构进行优化,金融机构能够更好地管理资本的配置和流动性风险,确保在面对交易对手违约时,能够保持足够的资本储备和流动性,以应对可能的财务压力。此外,市场风险对冲也是管理交易对手风险的有效策略之一,通过在不同市场之间进行对冲交易,金融机构能够减少因市场波动或交易对手违约所带来的潜在损失。

(4)新的监管要求与风险管理体系的提升。随着金融市场的不断演变,全球范围内的监管机构也在不断强化对金融机构的风险管理要求。例如,巴塞尔协议Ⅲ等国际监管标准要求金融机构增加资本缓冲、提高风险资本比率,并加强对系统性风险的管理。这些新的监管要求迫使金融机构进一步完善其风险管理体系,提升风险识别和应对能力。为了满足这些监管要求,金融机构需要更加注重风险模型的准确性和透明度,定期进行压力测试和情景分析,评估在极端市场条件下可能出现的风险敞口。同时,随着金融科技的快速发展,金融机构有了更多的工具和资源来应对交易对手风险。例如,基于区块链技术的智能合约可以为交易提供更高的透明度和安全性,减少交易对手风险。同时,金融科技的进步使得金融机构可以更加高效地进行风险识别和管理,提高整个金融市场的稳定性。

# 第 6 章
# 多重价值调整理论

    在金融衍生品的定价与风险管理中,传统模型往往基于理想化的市场假设,忽略了交易成本、流动性约束、信用风险等一系列现实摩擦。2008 年全球金融危机后,这些曾被边缘化的"非核心因素"被证明足以摧毁整个定价体系,迫使学界与业界重新审视衍生品估值框架的完整性。多重价值调整理论(X valuation adjustment,XVA①)的兴起,标志着衍生品定价从"单一无风险价格"向"多维全景式估值"的范式转变——每一笔衍生品交易的公允价格,不再仅由标的资产走势决定,而是由信用价值调整、债务价值调整(debt valuation adjustment,DVA)、资金价值调整(funding valuation adjustment,FVA)、资本价值调整(capital valuation adjustment,KVA)等共同作用。随着数字经济的深入发展,多重价值调整理论的应用场景与计算逻辑正面临新的挑战与机遇。一方面,算法交易与高频流动性的普及改变了市场摩擦的形态,使得传统多重价值调整理论的静态估算难以捕捉微观结构的动态变化;另一方面,去中心化金融通过智能合约自动执行交易,理论上消除了对手方信用风险,却催生了保证金价值调整(margin valuation adjustment,MVA)等新型调整维度。更深刻的是,大数据与机器学习技术正在重构多重价值调整理论的计算范式——实时风险指标监控、基于神经网络的非线性调整因子、区块链上的透明化多重价值调整理论账簿等创新,或将彻底改变这一领域的实践生态。

    从经典的风险中性定价"裂缝修补",到数字时代的全生命周期动态调整,本章将系统梳理多重价值调整理论的发展脉络与技术架构。我们试图探讨:当定价模型不得不纳入越来越多曾被视为"次要因素"的调整项时,这是否意味着金

---

① 这里的 X 是一个统称,当描述具体的某一个价值调整时,由具体字母表示。比如 CVA 表示信用价值调整,DVA 表示债务价值调整,FVA 表示资金价值调整,等等。

融工程正在逼近其理论能力的边界？抑或，这恰恰揭示了衍生品定价从"优雅的简化的模型"走向"拥抱复杂性的真实世界"的必然进化？对这一问题的回答，不仅关乎金融机构的损益表，更映射着整个金融体系对"风险本质"认知的深化。

# 6.1　信用价值调整

　　随着国际上场外金融衍生品交易市场的迅速发展，我国也建立了场外衍生品市场，债券远期、外汇远期、外汇掉期、利率互换、交叉利率互换等衍生品已有交易，并且规模不断扩大。中国证券业协会的场外业务开展情况报告数据显示，2022 年 1 月，场外金融衍生品交易新增初始名义本金 6 124.49 亿元；同年 1 月底，场外金融衍生品存续未了结初始名义本金合计 20 756.78 亿元（中国证券业协会，2022）。数据表明，场外衍生品在我国金融领域中已经占据了非常重要的地位。随着场外衍生品的不断创新、交易规模的不断扩大，信用风险、交易资金融资费用、保证金成本等一系列问题涌现出来。系统地研究这些问题，进而提高金融机构的风险管理水平，已经变得十分迫切。

　　在有效交易期内，信用风险是交易商与其交易对手之间产生的双向风险。交易双方中的任意一方由于各种原因未履行合约，从而导致交易双方遭受损失的可能性，即双边信用风险。交易双方都可能面临一定的信用风险。交易双方存在的信息不对称性，以及场外交易的分散性，导致信用风险随着时间和标的资产价格的变化而随机、无规律地变化。于是，与传统的信用风险相比，衍生品合约的信用风险更为复杂，也更加难以考察及预测，因此，这种风险管理更具挑战性。按风险类别划分的场外衍生品未偿名义金额如图 6.1 所示，从图 6.1 可看出，2000 年至 2007 年，场外衍生品交易的未偿名义金额增长了 7 倍左右，这是由于市场使用场外衍生品作为定制的对冲工具和投资方法。为了降低衍生品的信用风险，对一些场外衍生品进行集中清算的趋势也不断上升。但是，集中清算仍要求场外衍生品达到一定程度的标准化和流动性，不能过于复杂。这意味着，许多场外衍生品可能永远都不适合集中清算。因此，在后金融危机时代，深刻理解与合理评估衍生品合约的信用风险更显得尤为重要。

　　2008 年全球金融危机以来，交易对手信用风险已成为金融机构面临的主要

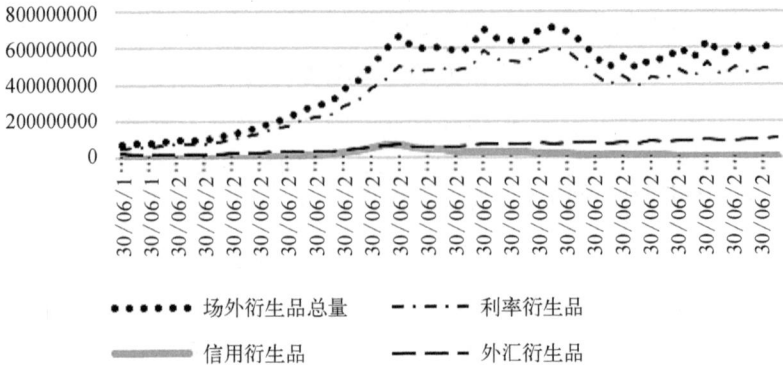

图 6.1　按风险类别划分的场外衍生品未偿名义金额

风险之一。此外,这场危机也暴露出金融机构在准确识别和精确度量金融风险方面的许多缺陷和漏洞。事实上,这场危机表明,在极度动荡的经济环境中,任何金融机构在面对交易对手信用风险时均不可掉以轻心,这是因为交易对手信用风险管理不善会造成损失,这些损失可能威胁金融机构的生存,甚至对整体经济造成巨大冲击。因此,必须针对危机所暴露出的交易对手信用风险管理缺陷和漏洞而采取相应举措。从交易商的角度来说,交易对手信用风险管理的具体举措,就是在报价中引入信用价值调整。

信用价值调整是针对交易对手信用风险,对衍生品合约或者衍生品组合的无违约风险价值进行的调整。因此,大量交易商致力于构建更为合理的信用价值调整模型来进行交易对手信用风险管理。

# 6.2　债务价值调整

在衍生品市场中,交易对手风险的管理对于定价而言至关重要,尤其在场外衍生品交易中,必须充分考虑信用风险的影响。正如 Hull(2018)所指出的,除了交易对手的信用风险外,还需要关注交易方本身的信用状况,特别是在双边衍生生品合约(如掉期)中。因此,债务价值调整被引入,以反映交易商自身的信用风险,并与交易对手的信用风险共同作用于衍生品的定价过程。

## 6.2.1　债务价值调整的定义

债务价值调整是指在金融衍生品定价过程中,考虑交易商自身违约风险对合约价值的影响。具体来说,债务价值调整是在交易商违约可能性发生变化时,对衍生品合约价值进行的相应调整。它反映了市场对交易商信用风险的认知及这种认知对合约的影响,尤其是在场外衍生品交易中,交易商自身的信用状况对合约的价值具有重要影响。

债务价值调整的核心理念是将交易商的信用风险纳入衍生品定价中。传统上,衍生品的定价主要考虑交易对手的信用风险,而忽视了交易商本身的信用风险。然而,随着金融市场的复杂化,交易商的信用风险对衍生品合约的价值影响越来越显著。为了实现更加公平的定价,债务价值调整应运而生,旨在反映交易商违约的潜在影响。

## 6.2.2　债务价值调整的计算

债务价值调整的计算与信用价值调整相似,但侧重点不同。信用价值调整主要针对交易对手的违约风险进行调整,而债务价值调整则专注于交易商自身的违约风险。在债务价值调整的计算过程中,通常需要考虑以下因素:① 交易商的违约概率,这是计算债务价值调整的核心因素,表示交易商违约的可能性,通常由信用评级和市场预期来决定,而违约暴露指的是交易商违约时,交易方可能面临的潜在损失,通常需要考虑交易的杠杆效应和合约的剩余期限等因素;② 贴现因子,即在计算债务价值调整时,需要根据市场利率或贴现率对未来潜在损失进行现值折算。综合以上因素,债务价值调整能够体现交易商违约可能性对衍生品合约价值的影响。

## 6.2.3　债务价值调整的作用与影响

(1) 影响衍生品定价。债务价值调整直接影响衍生品定价,因为它调整了因交易商违约带来的潜在损失。当交易商的信用状况恶化时,债务价值调整值增加,衍生品的价值相应减少。

（2）提升风险管理水平。债务价值调整帮助市场参与者在定价和风险管理中更加全面地考虑交易商的信用风险，从而避免过于偏重交易对手风险而忽视自身风险的情况。

（3）提高市场透明度与公平性。债务价值调整的引入有助于提高市场的透明度，使衍生品定价更加真实地反映交易商的信用状况。理解债务价值调整的内涵，可以帮助投资者作出更为理性的投资决策。

## 6.2.4 债务价值调整与信用价值调整的相对关系

信用价值调整和债务价值调整是针对场外衍生品合约定价进行的两种调整机制，二者均旨在反映信用风险对合约的影响，但它们关注的风险来源有所不同。信用价值调整主要关注交易对手的违约风险，而债务价值调整则专注于交易商自身的违约风险。在实际交易中，交易商必须同时考虑这两方面的风险，因为这两种风险共同决定了衍生品的最终价格。具体而言，信用价值调整和债务价值调整之间具有对称性：交易商的信用价值调整相当于交易对手的债务价值调整，而交易商的债务价值调整则等同于交易对手的信用价值调整。

尽管债务价值调整在衍生品定价中具有重要意义，但其实际应用仍面临一些挑战。首先，交易商通常没有足够的激励去进行债务价值调整，因为这涉及其自身的违约风险，可能导致衍生品合约价格的上升。其次，市场条件的不断变化要求债务价值调整的计算必须实时更新，以确保衍生品定价能够准确反映交易商的信用状况。债务价值调整作为一种反映交易商违约风险的定价调整机制，已经成为现代衍生品定价中不可或缺的一部分。它与信用价值调整共同作用，帮助市场参与者更全面地评估衍生品合约的风险。根据 2012 年的《国际财务报告准则》(International Financial Reporting Standards，IFRS)，金融机构在给场外衍生品定价时，必须同时考虑信用价值调整和债务价值调整。这种综合性调整被称为双边信用价值调整(bilateral credit valuation adjustment，BCVA)。双边信用价值调整旨在确保场外衍生品合约的公允价值能够全面反映双方的信用风险，既考虑交易对手违约可能性对合约价值的影响，也考虑交易商违约可能性对合约的影响。这种双重调整机制有助于提高衍生品定价的准确性，并更好地反映市场风险。

## 6.2.5　双重价值调整的挑战与应用

信用价值调整在实际应用中已被广泛采用,金融机构通常会根据交易对手的信用风险进行调整。然而,债务价值调整在实践中面临一定挑战,主要原因是交易商通常缺乏足够的激励去进行债务价值调整。由于债务价值调整涉及交易商自身的违约风险,通常不会对其短期交易产生直接影响,交易商在进行信用价值调整时,更倾向于关注交易对手的违约风险,而忽视自身风险。然而,从公平定价和市场透明度的角度来看,交易商的违约风险同样应纳入衍生品定价框架。忽视债务价值调整可能导致衍生品价格失真,无法真实反映市场中的所有信用风险。因此,越来越多的金融机构和市场参与者开始认识到,信用价值调整与债务价值调整必须同时进行,只有这样才能为衍生品定价提供全面的风险评估。

目前,同时根据交易对手和交易商的违约风险调整衍生品价格的做法在金融市场中逐渐普及。通过这种双重调整机制,市场参与者能够更准确地评估交易对手和交易商的违约风险,并据此调整交易价格。信用价值调整与债务价值调整作为对称的概念,在衍生品定价中的作用越来越受到重视。两者的相对关系不仅强化了衍生品市场的风险管理能力,也提高了市场透明度和定价的公平性。

总而言之,信用价值调整与债务价值调整在场外衍生品市场中的结合,是现代衍生品定价和风险管理的重要进展。通过双边信用价值调整,市场参与者能够更全面地评估交易对手和交易商的违约风险,从而实现更加准确和公平的衍生品定价。随着市场对信用风险认知的深化,信用价值调整和债务价值调整的同时应用将成为金融机构和市场参与者风险管理的常规做法。

# 6.3　资金价值调整

整体而言,多重价值调整是用于定价、风险管理或会计目的,涵盖与衍生工具或衍生工具组合相关的不同类型价值调整的集合术语。在多重价值调整这个集合术语中,除信用价值调整与债务价值调整外,还有资金价值调整和保证金价值调整等。其中,资金价值调整是由于交易周期中的场外衍生工具融资成本(定价时使用的基准利率高于无风险利率)而产生的价值调整。保证金价值调整则是由于衍生品合约附加初始保证金融资成本而产生的价值调整。二者都是基于融资成本而对衍生品合约进行的价值调整。

之所以要重视资金价值调整,是因为金融危机后衍生品交易方在货币市场上的资金成本与无风险利率之间出现较大偏离,货币市场上的一系列变化意味着针对衍生品合约中的交易资金融资成本问题需要进行价值调整。2008年全球金融危机之前,银行通常以伦敦银行同业拆借利率作为基准利率①相互自由借贷,3个月的伦敦银行同业拆借利率(London interbank offered rate, LIBOR)与国债间的利差小于50个基点,伦敦银行同业拆借利率(LIBOR)与隔夜指数掉期(overnight index swap, OIS)间的利差也在10个基点左右。因此,交易资金的融资成本几乎可以忽略不计。但危机后,3个月的伦敦银行同业拆借利率与国债间的利差高于100个基点,伦敦银行同业拆借利率与隔夜指数掉期之间的利差甚至高达364个基点。在衍生品交易过程中,抵押赎买以及风险规避都需要资金,但是伦敦银行同业拆借利率与国债或者隔夜指数掉期之间的利差都增大,使得交易双方的融资成本不一样。如果衍生品交易者面临的资金成本不再是无风险资金成本,那么基于无风险利率计算的衍生品价值就不再适用于这种情况下的衍生品交易,因此,需要在此基础上进行价值调整。交易资金融资成本导致了衍生品合约价值的又一调整,即资金价值调整。

资金价值调整是对衍生品合约价值中交易资金融资成本或费用的价值调整,旨在反映交易商在合约有效生命周期内由交易资金产生的平均融资成本。交易商通常的做法就是将这些交易资金融资成本的现值进行估值并计入衍生品合约的报价中,而不是将成本分摊到衍生工具的整个生命周期中。银行或其他金融机构在对衍生品定价时,已经将资金成本或对冲交易中的资金成本作为衍生品估值过程中的重要成本计入衍生品的价格中。因此,在这样的背景下,应该对衍生品价格进行资金价值调整。除资金价值调整外,在多重价值调整理论中还有一个关于融资成本的调整是保证金价值调整。

---

① 在市场经济的条件下,基准利率是指通过市场机制形成的无风险利率。

## 6.4　保证金价值调整

保证金价值调整旨在量化初始保证金(initial margin，IM)和一些流动性缓冲要求(其他超额担保)的交存成本。随着《非中央对手清算衍生品保证金要求》[①]的推出，初始保证金要求已成为场外衍生品市场中常见的交易特征。大多数情况下，初始保证金不允许进行再抵押。因此，用作初始保证金的这部分资金需要一定的融资成本或交存成本，并且融资成本的大小直接影响金融市场的交易流动性及风险。因此，对初始保证金融资成本进行估值成为保证金管理中必不可少的程序。与此同时，巴塞尔银行监管委员会在《巴塞尔银行监管委员会第261号文件》(简称 BCBS-261，以下同理)中提出，所有重要的场外衍生品交易必须在 2019 年之前过账初始保证金，这就导致衍生品交易也存在初始保证金的融资成本问题。交易商的通常做法就是，将初始保证金涉及的融资成本通过衍生品定价转移到客户方，这就导致了衍生品合约价值的保证金价值调整。

为了更好地理解保证金价值调整与资金价值调整的由来及区别，我们考虑这样一种具体情况[②]：假设银行 $B_1$ 与银行 $B_2$ 之间签订一个利率互换交易合同，并且银行 $B_1$ 与其交易对手 C 进行对冲交易。

如图 6.2 所示，银行 $B_1$ 从银行 $B_2$ 收入 2.0% 的固定利率，对其交易对手 C 支出 1.75% 的固定利率。若银行 $B_1$ 与银行 $B_2$ 之间的交易是通过中央对手方结算的，则两者均需要支付初始保证金和追加保证金。假设交易对手 C 非中央对手方会员，那么银行 $B_1$ 与其交易对手 C 之间的交易是通过双边模式结算的，并且结算过程中不需要支付任何保证金。由此可以发现，

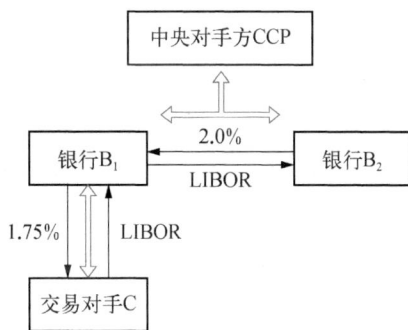

图 6.2　利率互换

[①]　2015 年 3 月，巴塞尔银行监管委员会和国际证监会组织(International Organization of Securities Commissions，IOSCO)在《非中央对手清算衍生品保证金要求》报告中公布了相关规定。
[②]　实际交易中，出现资金成本的情况不限于此。针对具体的交易，其他因素也可能导致出现融资费用或成本。

这两种不同的结算方式对于融资会产生不同的影响。在交易的期限内，中央对手方也许会要求银行 $B_1$ 支付更多的附加初始保证金。如果银行 $B_1$ 支付保证金的资金成本高于中央对手方对初始保证金支付的利息，那么银行 $B_1$ 会因为缴纳保证金而产生净融资成本。针对这一成本对衍生品价格进行的调整即为保证金价值调整，这一成本会降低银行 $B_1$ 与其交易对手 C 之间交易的价值。除了初始保证金之外，中央对手方的追加保证金要求也会使得银行 $B_1$ 产生融资需求[①]：若银行 $B_1$ 与交易对手 C 之间的交易为其带来的价值为正，而与银行 $B_2$ 之间的交易为其带来的价值为负，此时银行 $B_1$ 为满足追加保证金要求需要向中央对手方缴纳保证金，那么银行 $B_1$ 会由此出现资金需求并对外进行融资，这样就会出现资金成本问题，即需要资金价值调整。

总体来说，多重价值调整量化了衍生品合约价值中嵌入的交易双方信用风险、交易资金融资成本、初始保证金融资成本等组成部分的价值。其中，信用价值调整和债务价值调整是对合约中双方的交易对手信用风险的量化，分别反映衍生品交易双方违约的可能性。资金价值调整和保证金价值调整是针对衍生品合约中关于融资成本的价值调整，旨在反映交易周期内交易资金与附加初始保证金产生的融资成本。在衍生品市场开始新交易时，交易商通常会将多重价值调整（信用价值调整、债务价值调整、资金价值调整、保证金价值调整等）计入衍生品合约的价格中。这里的价格指的是衍生品合约的经济价值（economic value, EV）[②]，显然，衍生品合约的经济价值（价格）并不等于其无违约风险价值（no-default value, NDV, 简记为 $V$）。为了与合约的无违约风险价值（$V$）对应，Burgard 和 Kjaer(2013)将衍生品对银行（卖方）而言的经济价值记为 $V^*$。Hull 和 White(2012)直接称之为报价（reported value），也有些文献称之为总价值或风险价值，本书中我们简称其为"价值"。也就是说，衍生品合约的价值既包含了其无违约风险价值，又涵盖了交易合约信用风险、交易资金融资成本、保证金融资成本等组成部分的价值（本书暂时没有考虑监管资本、税收等因素，因此相关

---

① 为了解释资金价值调整与保证金价值调整的区别，本书介绍了一种便于理解的情况。还存在另外一种情况，即银行与交易对手的交易价值为负，与另一个银行之间的交易价值为正，这时银行会收到超值追加保证金（从中央对手方处获得），这其实是资金盈余，也就是说这种情况下融资价值调整的值为正。

② 经济价值是金融系统中金融工具未来的现金流（包括本金和实际利息）折现至当前时点的价值。经济价值也可以是某人愿意为一件商品或服务支付的最高价格或金额。因此，对于作为卖方的交易商（这里具体指银行）而言，衍生品合约的经济价值相当于报价。

背景未作介绍）。

在金融市场中，想要对风险进行有效管理，就必须对金融衍生工具进行合理估值，能否确定衍生工具的公平价格关乎金融市场能否稳健运行，公平合理的价格为实体经济提供强有力的支撑。在场外衍生品快速发展的当下，为适应不同客户需求，金融机构设计了各式各样的衍生品合约，使得场外交易的衍生品越来越复杂。多重价值调整模型对衍生品合约价值中嵌入的交易双方信用风险、交易资金融资成本、初始保证金融资成本等组成部分进行量化并估值。运用多重价值调整模型，我们可以对经典衍生品定价模型所得出的价格作出修正，即实现多重价值调整（Abbate，2015；Gregory，2015；Hull，2018）。因此，多重价值调整模型是对衍生品合约定价的有效补充，更是对交易对手风险的有效管理。准确解释和刻画这种衍生品合约的多重价值调整，对衍生品合约定价与风险管理具有重要的理论意义和实践意义。

# 第 7 章
# 多重价值调整模型理论

自 2008 年全球金融危机以来,银行引入一系列的多重价值调整模型,以量化交易对手风险的成本和融资影响。多重价值调整代表了衍生品管理范式的转变,多重价值调整的研究表明市场效率存在提升的空间。在衍生品市场开展新交易时,交易商(dealer)通常会将多重价值调整纳入衍生品合约的价值中。因此,多重价值调整模型理论研究的重要性不言而喻。

## 7.1 信用价值调整与债务价值调整的理论发展

信用价值调整和债务价值调整是关于衍生品合约中的一方对另一方违约风险及由此导致的损失量的估值,即关于衍生品合约的交易双方信用风险的研究。

早期关于交易对手信用风险的研究主要是以获悉衍生工具潜在违约风险为目的而进行的研究。Sorensen 和 Bollier(1994)在互换的违约风险模型中,考虑了互换双方的信用状况以及收益率曲线的形状和波动性。这是首次考虑包含交易对手违约风险影响的利率互换定价研究,为建立相对公平的互换价格提供了重要支撑。1995 年,Longstaff 和 Schwartz(1995)通过拓展 Black 和 Cox(1976)的模型,开发了一种较为简单的估值法以评估包含违约风险和利率风险在内的公司债务,并运用该方法推导出固定利率和浮动利率债务的封闭式估值表达式。该模型为后期公司债务证券的定价及对冲策略的设计提供新的研究思路。随着衍生品市场规模的不断扩张,衍生工具在金融活动中的应用越来越广泛。为了降低衍生工具的潜在违约风险,Duffie 和 Huang(1996)在折现因子中引入交易双方的违约风险作为风险调整因子,提出一个评估合同双方违约索赔(如远期和掉期)价值的模型。两位学者在模型中涵盖交易双方信用风险的基础上,研究利

率互换的定价问题,为后续研究奠定了坚实的基础。Huge 和 Lando(1999)基于
信用评级模型,研究多个代理违约的可违约证券定价问题。对于违约事件的
研究,主流方法主要有简约模型方法(reduced form approach)和结构化方法
(structural approach)。简约模型方法是将违约视为一个由外生原因决定的不
可预测事件,通过风险系数刻画并分析建模,最后得出衍生品交易违约的概率。
如 Jarrow 和 Turnbull(1995)及 Duffie 和 Singleton(1999)均是通过该方法研究
衍生品交易的违约问题的。为了研究公司的违约甚至倒闭对经济造成的冲击,
Jarrow 和 Yu(2001)在考虑交易对手违约强度的情况下,推广现有的简约模型。
研究表明,公司之间存在相关违约,不仅是由于它们暴露于共有风险因素中,还
由于公司特定风险,即"交易对手风险"。并且研究还发现,交易对手风险对可违
约债券和信用衍生品定价具有一定的影响。结构化方法则是通过公司结构变量
指标的变化来描述违约问题的,当资产价值低于预先设定值时,公司在到期时无
法结算衍生品,则发生违约。对于结构化方法的运用,大多研究集中在衍生品定
价理论上,如 Merton(1976)运用该方法研究公司衍生品定价问题,构建 Merton
(默顿)模型。随后,大量学者对此进行了扩展(Cox,Ingersoll,and Ross,1985;
Arvanitis,Gregory,and Laurent,1999;Hurd and Kuznetsov,2007)。

信用违约事件频发,导致违约风险定价(pricing default risk)研究不断涌现
(Chance,1990;Cook and Spellman,1991;Cooper and Mello,1991;Jarrow
and Turnbull,1995;Duffie and Singleton,1999)。Madan 和 Unal(2002)梳理
了有关违约风险定价的文献的发展脉络,详细介绍了包括期权理论模型和风险
率模型在内的模型要点和特点,并对其进行相关评述。文献中提及多种模型,如
与公司资产支持动态相关的期权理论模型,以及与现有信用利差、信用评级和资
产价值相关的风险率模型等。大部分模型研究都集中在零息票债券定价方面,
且大多数债权交易都是零息票债券。这项研究结果为之后的研究指明了方向,
也为模型的改进提供了思路。

Hsu、Saá-Requejo 和 Santa-Clara(2003)根据公司违约的结构模型,假设当
企业的持续价值低于破产重组后的价值时企业出现违约行为,以研究公司债务
定价问题。这种违约特征使得该模型比现有的结构模型更易于处理和计算。该
模型可以与无违约利率模型进行结合并应用于公司债券定价的相关研究。与此
同时,Saá-Requejo 和 Santa-Clara(2004)为解决违约风险债券的定价问题提供了
一种新方案:当捕获问题偿付能力的状态变量首次低于某一水平时,违约事件

将被重新建模,而违约情况下债券的收益是证券价值的一个固定分数,具有相同的承诺收益,但不存在违约风险。该研究表明,模型在不同利率风险之间的相互作用下,以及在违约风险和利率风险之间的相互作用下非常容易处理,在特殊情况下,公司债券价格具有封闭形式解。与同期提出的其他模型相比,该模型可以产生更合理的违约收益率利差和远期利差的期限结构。之后,Bielecki 和 Rutkowski 通过数学建模,弥合了关于信用风险数学理论与金融实践之间的差距,同时给出信贷风险建模的结构化方法和简约模型方法,并且详细地研究不同评级等级违约期限结构的各种无套利模型(Bielecki and Rutkowski,2004)。

随着对违约事件的深入研究,Brigo 和 Masetti(2005)在违约事件与利率相互独立的假设下,研究了掉期的交易对手风险问题。在此基础上,Brigo(2008)将交易对手风险与其他市场风险结合起来进行分析,进一步扩展了对利率回报的研究,超越了简单的掉期投资组合。该研究采用了具有跳跃风险的随机强度模型来刻画违约事件,并假设违约事件与利率之间存在相关性。在考虑利率支付所涉及的交易对手风险时,研究发现,利率与违约之间的相关性对衍生品价格产生了显著影响,且在计算衍生品的无违约风险价格时,应当减去一个正向调整值,以考虑交易对手风险的相关影响。一些基础的数值示例显示,当接收方支付的相关性降低时,交易对手风险的调整量会减小,而支付方支付的调整则相应增加。此外,研究还表明,随着违约概率的增加,相关性对衍生品价格的影响逐渐减小。该研究为信用价值调整概念的提出提供了坚实的理论基础,也为后续在交易对手风险管理领域的研究提供了重要的理论支持。

从理论上来说,对于衍生品交易对手风险的理解和研究还处于起步阶段。对于未结算的衍生品交易,巴塞尔银行监管委员会认为,在交易日开始时交易对手风险便存在,特别是交易对手信用风险。在交易对手风险的研究方面,Picoult(2004)通过将交易对手风险敞口和经济资本与贷款进行对比分析,在识别、衡量和分配资本方面确定交易对手风险敞口方向与范围。同时,Picoult(2004)还介绍了几种计算交易对手风险经济资本的方法。Cherubini 和 Lunge(2007)通过复制投资组合的方法评估和对冲衍生品交易对手风险。研究表明,线性合约①中的交易对手风险可由一系列脆弱期权表示,这些期权包括多头头寸的看涨期权和短头寸的看跌期权。复制投资组合的设计初衷之一,在于支持抵押

---

① 线性合约是一类标的资产、合约、保证金与盈亏均以报价资产进行计算的衍生品合约。

品交换机制(collateral exchange),从而有效缓释交易对手信用风险。不同的定价示例说明,每种抵押品或者或有抵押品都可以大幅降低交易对手风险,并且两者都可以代表市场上与公司交易对手进行衍生品交易的竞争工具。与之前的研究不同,Alavian 等学者就担保与非担保两种交易关系和交易对手价值调整(counterparty valuation adjustment)展开研究(Alavian et al., 2008)。该交易对手价值调整值是通过将不可违约的投资组合分解为一组二元状态,并通过进一步求解而得出的,这些状态包括投资组合价值状态(正或负)、违约状态(违约或无违约)和收回状态(收回或不收回金额)。人们普遍认为大宗商品期货和远期价格在一些简化假设下,原则上定价是一致的,其中较为关键的假设之一是不存在交易对手风险。由于保证金的存在,期货几乎没有交易对手风险。但是,当与经纪人或外部清算所交易时,或当嵌入掉期等其他合同时,远期可能承担交易对手的全部违约风险。Brigo、Chourdakis 和 Bakkar(2009)重点研究能源商品期货,通过使用一个混合商品信贷模型,评估定价公式中交易对手风险的影响,包括违约概率的总体影响以及信贷价差波动、商品波动和信贷商品相关性的细微影响,并通过一个基于石油掉期的案例研究来说明交易对手风险的准确估值取决于波动率和相关性。

在同一时期,信用价值调整与债务价值调整的概念逐渐在业内确立。巴塞尔协议Ⅱ将交易对手信用风险定义为:交易对手可能在交易最终结算之前违约的风险。如果违约方在违约时是交易中另一方的债务人,则非违约方将遭受经济损失。单方面交易对手风险仅考虑其中一方违约的情况,由此产生的对交易无违约风险价值的调整,由未考虑违约的一方计算,也叫作单边信用价值调整(unilateral credit valuation adjustment,UCVA)。信用价值调整通常由一级银行根据交易对手信用风险的评估计算,并在金融合约的定价中体现。它反映的是交易对手违约风险的估值调整,属于金融合约定价的一部分,而非银行直接收取的费用。信用价值调整值通常通过对潜在违约概率、违约损失等因素进行建模得出,交易商根据信用价值调整值在衍生品价格中进行相应的调整。在 2007 年信贷危机之前,交易对手信用风险通过银行内部的信用风险职能部门设定传统信用限额进行管理。尽管巴塞尔协议Ⅰ框架已经出台,但资本管理被视为一项后台职责。在对衍生品合约或者衍生品组合定价时,金融机构并未计算信用价值调整。美国国际集团(American International Group,AIG)事件表明,当时所使用的模型显然没有适当地解决一部分被称为交易对手信用风险的信贷风险问题。

信贷危机从根本上改变了全球金融市场参与者看待信贷风险的方式,无抵押交易的双方都需要考虑其他违约的风险,并进行定价(Kenyon and Stamm,2012)。

此后,越来越多的学者致力于研究信用价值调整的计算模型。Brigo、Pallavicini 和 Papatheodorou(2010)讨论双边违约风险下交易对手风险调整的一般无套利价值框架,并介绍利率投资组合的双边交易对手信用价值调整的方法和公式,还研究证明了信用风险价值调整的对称性,即双边信用价值调整。Pykhtin 和 Rosen(2010)将交易对手的信用价值调整分配到构成投资组合的各个交易中,使得交易对手信用价值调整的计算问题简化为在交易对手违约的情况下,计算交易对交易对手水平预期风险敞口(expected exposure,EE)的贡献值。并且,两位学者在有抵押和无抵押两种情况下,提出一种计算交易对手条件预期风险敞口贡献值的方法,并推导出在贸易值正态分布的假设下预期风险敞口贡献的闭式表达式。与之前研究的计算方法不同,Hull 和 White(2012)提出一个简单的信用价值调整模型,该模型假设交易对手的风险率与蒙特卡罗模拟中生成或能够生成其值的相关变量之间存在关系,并将错向风险和正向风险纳入模拟中,以计算信用价值调整。

另外,关于信用价值调整的研究,还有一些学者针对具体的衍生品进行分析。Hunter(2012)提出一个基于多维跳跃扩散过程的结构违约模型,以度量信用违约掉期的信用价值调整。其采用了新的方法来解决相应的边值问题,然后利用市场数据进行分析。结果表明,在现实假设下,与非风险交易对手出售的信用违约掉期相比,信用价值调整大大降低了风险交易对手出售的信用违约掉期的价值,并确定对信用价值调整影响最大的因素是违约相关性和利差波动性。该模型将信用价值调整假设为衍生工具,以研究涵盖跳跃风险的信用价值调整问题。不足的是,该模型仅考虑单一的信用价值调整,未考虑其他价值调整,不能完全反映出跳跃风险对价值调整的整体影响。Bo 和 Capponi(2014)推导出用于参考渐进大量实体的信用违约掉期投资组合的双边交易对手价值调整表达式,并通过数值分析证明,交易对手信用价值调整对组合信贷风险波动以及共同跳跃过程的强度高度敏感。此外,Hellander(2015)研究了场外普通利率掉期交易对手信用风险的定价问题。信用价值调整是交易对手信用风险管理中的一个重要定价组成部分,棘轮(cliquet)期权是一种受欢迎的波动性产品,可防范下行风险和显著的上行潜力。基于两者的优势,Feng、Wang 和 Zhang(2019)研究了随机波动率模型下棘轮期权的信用价值调整。

巴塞尔协议Ⅲ给出了计量信用价值调整的标准法,这里的标准法是一种基本原则而非计算公式。信用价值调整的计算需要基于市场隐含的违约概率、预期损失、风险暴露等重要参数。但巴塞尔协议Ⅲ中提倡的标准信用价值调整计算方法忽略了客户违约概率和违约风险之间的潜在依赖关系,这可能对经销商不利或有利(错向或正向风险)。基于此,Boenkost 和 Schmidt(2014)同时考虑了交易对手违约风险和违约概率,提出了一种计算信用价值调整的公式,并据此收取信用价值调整费用。这一方法将信用衍生工具的价格作为假设,旨在保护交易商免受交易对手违约风险的影响。Yang、Fabozzi 和 Bianchi(2015)提出一种计算双边信用价值调整的有效方法,该方法首先定义了交易对手信用敞口随违约概率增加而增加的错向风险,以处理担保交易中交易对手的错向风险,然后在总市场风险敞口因子和金融机构违约质量之间建立一个三变量高斯 Copula 模型。该模型不仅扩展了有序情景下 Copula 模型的应用边界,还将双边信用价值调整定价和错向风险联系在一起。这与当前的监管要求非常接近,有助于提升金融机构的风险管理水平。期权对冲有助于大幅减少(通常减半)实际错向风险中的信用价值调整。Kao(2016)基于 Black-Scholes 模型,构建了一个用于评估场外交易利率上限期权和下限期权信用价值调整的结构定价模型,该模型通过允许在期权行使后付款,改进了脆弱欧式期权的现有结构定价模型。Lee(2019)提出一个受交易对手信用风险影响的衍生品定价通用模型(同时考虑单边和双边类型的信用风险)。Lee 的研究表明,在大多数情况下,含有信用风险的衍生工具应按照美式(而不是欧式)建模。Lee 强调,可违约衍生工具的市场价值实际上是一种风险价值,而不是无风险价值。Lee 还提出了一种用于对可违约衍生品进行定价的实用方法,并在投资组合层面计算其信用价值调整。Antonelli、Ramponi 和 Scarlatti(2021)在错向风险存在的情况下,设置违约强度,以研究欧式期权的信用价值调整问题。即使在经历了十几年的金融危机之后,以合理和易处理的方法解决信用价值调整问题仍然具有挑战性。因此,学者们不断尝试提出各种方法,以深入研究交易对手信用风险问题。

## 7.2 衍生品合约的资金价值调整

信贷和主权债务危机从根本上改变了全球金融市场参与者看待信贷风险的

方式。同时,随着金融危机的袭来,市场反应迅速,不同期限的合约基差、3个月的伦敦银行同业拆借利率和隔夜指数掉期之间的利差迅速扩大。这意味着衍生品交易中的融资成本问题同样需要价值调整。于是,资金价值调整的相关研究在近年来成为一个焦点。2012年,Hull和White在《风险》(*Risk*)杂志上发表了一篇关于资金价值调整的文章,该研究震撼了投资银行的量化界。这是因为自2008年以来,银行的衍生品交易融资成本显著增加,衍生工具交易商一直在计算这一成本,并将其纳入衍生工具的价值中。理论家(即Hull和White以及持相同观点的学者)反对这种做法,因为"它可以创造套利机会",并且资金价值调整与双边信用价值调整中的债务价值调整存在重复计算。因此,他们坚持认为,在为衍生品定价时不应再考虑融资成本,采用双边信用价值调整对银行资产负债表进行估值已经涵盖了融资成本(或融资风险)。但是,业界的实际交易商则强烈回应,提出在对交易合约进行估值时,必须考虑实际融资成本,交易中的融资成本是双边信用价值调整计算的理想假设中未完全捕捉到的一项重要成本,而资金价值调整是对衍生品合约价值的又一调整,旨在反映交易商的平均融资成本。过去几年,衍生品交易商对于是否要进行所谓的资金价值调整并未形成一个一致的结论。

尽管如此,学者们在学术上关于资金价值调整的研究从未间断。Kenyon和Stamm(2012)详细地介绍资金价值调整在许多方面的不对称性。由于每个交易商的"背景"不同,一个交易商的融资成本不太可能与其他交易对手的融资成本相同。此外,危机改变了人们对银行和政府的看法——它们不再被视为无风险交易对手。传统上,衍生品的估值是孤立的,因此,作为衍生工具头寸一部分的资产负债表未包含在估值中。然而,最近许多研究对估值的各个方面进行修订,以在调整中纳入资产负债表的某些要素。例如,债务价值调整将持有衍生工具的银行的违约风险纳入其中,资金价值调整将交易中出现的融资成本纳入其中。在实务界,交易商已经将融资成本作为重要因素融入衍生品定价模型中。但是,Hull和White(2014)认为交易商使用衍生品定价模型,一是为了计算衍生工具账簿的公允价值,二是用于会计目的。交易商使用它们选择交易,以提高管理层衡量衍生工具组合的盈利能力。鉴于衍生工具组合的业绩通常是以一种方式衡量的,因此不大可能开发出一个同时满足这两个目的的单一模型。交易商希望在价值中计入资金价值调整,以反映他们收取的融资成本,但这可能会导致价格与公允价值不同。因此,Hull和White(2014)认为,如果进行资金价值调整,最佳实操是使用两种模型，一种用于确定盈亏和平衡交易价格，另一种用于对冲和按市价计价。

现有文献中的资金价值调整模型还存在一些问题，比如，流动资产和非流动资产的资金价值调整是相同的，即使资产可以在几天内无折扣清算，资金价值调整也意味着整个期限内的融资成本包含在资产价值中。在伦敦证券交易所，如果融资期限不足以覆盖资产在伦敦证券交易所整个融资周期内的资金需求，则银行需要清算资产。于是，Nauta(2015)假设随机持续时间的流动性压力事件(liquidity stress event，LSE)为泊松过程，通过一个简单模型研究流动性风险对资产价值的影响。结果表明，该模型产生了资金价值调整和流动性利差，当资产完全流动时，两者都会消失。除资产的流动性问题影响融资成本外，目前，市场上仍然存在一些关于资金价值调整的困惑，如资金价值调整具体到底是什么？交易报价和财务报告是否应将资金价值调整纳入公平市价的定义中？针对这些疑惑，Lu(2015)试图解释：① 资金价值调整旨在反映衍生工具合同的资金成本或收益；② 如果将资金价值调整纳入市价，应如何将其包含在所报告的公平市价中；③ 这些处理背后的原因。随后，基于公允价值会计和国际掉期与衍生工具协会(International Swap and Derivatives Association，ISDA)准则，Lou(2015)介绍衍生工具的资金价值调整和信用价值调整，在新推导的期权偏微分方程(partial differential equation，PDE)中将衍生工具的应收部分与交易对手曲线贴现，应付部分与自有融资曲线贴现。其通过在负债曲线上贴现无风险价格和信贷利差的乘积来精确定义多重价值调整，并将多重价值调整分为违约风险部分和融资部分，这一处理方式与简单票据的公允价值处理方式一致，符合通常对债券信用利差的理解。

关于资金价值调整计算方面的研究，Li 和 Wu(2016)就资金价值调整提出双边复制策略，在假设中允许发行人和买方分别复制衍生工具的收益和发行人违约造成的损失，同时考虑双方复制投资组合中产生的融资成本。该策略能够导出衍生工具经济价值的偏微分方程(partial differential equation，PDE)并进行求解，最后将衍生工具的经济价值分解为衍生工具的无违约风险价值、双边信用价值调整和资金价值调整。该研究表明由于交易方的融资需求和融资成本不同，同一份交易合约对两个交易方的经济价值是不同的，并且双方可能必须承担一些融资成本才能达成协议。如果购买衍生资产的溢价也得到资助，那么对于买方来说，该交易实际上暗含两个交易：借贷和购买。该交易的资金价值调整可以通过分别评估暗含的这两个交易的资金价值调整来实现。此外，Nauta（2017）在弹性融资假设下基于对融资成本、违约风险和流动性风险的思考，提出了一个新的价值分析方式，以研究作为资产负债表一部分的衍生工具的估值问题。弹性融资假设表明，融资成本反映资产的质量，资产构成的任何变化都会立即反映在融资成本中。研究结果显示，融资成本不应该影响衍生品合约的价值，即应该对衍生品合约的无违约风险价值进行资金价值调整。此外，Nauta（2017）还建立了一种新的流动性风险定价模型，该模型强调，用于贴现非流动资产现金流的流动性利差应以资产的清算价值①（liquidation value，LV）与持有资产的机构需要清算其资产的概率表示。Andersen、Duffie 和 Song（2019）认为交易商的资金价值调整是其股东的债务悬置（overhang）成本。交易商在报价时会根据公允价值进行资金价值调整，从而将股东的利益最大化。除了理论界对资金价值调整的研究之外，Smith（2017）通过调研发现，在过去几年中，几家作为利率衍生品主要做市商的大型银行在其财务报表中计入了资金价值调整。此外，Smith（2017）还发现信用价值调整与资金价值调整是相互关联的，虽然抵押品减少了交易对手违约时的潜在损失，从而降低了信用价值调整的价值，但抵押品可能会给过账带来额外的融资成本。

## 7.3　衍生品合约的保证金价值调整及其他价值调整

　　信用价值调整、债务价值调整及资金价值调整现在是交易商们对衍生品合约价值进行的常见价值调整，以考虑信用风险和融资成本。除此之外，初始保证金要求导致衍生品价值的又一调整，即保证金价值调整。初始保证金要求日益成为衍生品市场的一个常见特征。中央对手方（CCP）要求为通过其清算的衍生工具投资组合过账初始保证金。此外，巴塞尔银行监管委员会在 BCBS - 261 中提出，所有重要的场外衍生品交易必须在 2019 年之前过账初始保证金。通常，初始保证金的融资成本会通过衍生品定价转移到客户方，这就导致衍生品合约价值的保证金价值调整。

---

①　清算价值指公司解散或注销时，资产经过清算后每股代表的实际价值。理论上，清算价值等于清算时的账面价值，但由于公司的大多数资产只以低价出售，再扣除清算费用，实际上清算价值往往低于账面价值。

由于以往保证金融资成本的计算表达式是关于预期初始利润曲线的积分形式，如果使用蛮力计算，那么计算成本就会过高。[①] 复制法的广泛应用，给予初始保证金的融资成本问题新的研究思路。Burgard 和 Kjaer(2013)在研究中，以半复制法研究信用价值调整与融资价值调整。两位学者基于该方法在同一框架下研究价值调整问题。随后 Green 和 Kenyon(2015)扩展了 Burgard 和 Kjaer (2013)的半复制框架，以涵盖初始保证金的融资成本，从而推导出保证金价值调整计算公式。Lou(2015)将负债侧定价理论扩展为外部确定的初始边际曲线或内生的 Delta 近似初始边际曲线。在前一种情况下，保证金价值调整被定义为负债方贴现的预期保证金概况；而在后一种情况下，Lou 推导出一个扩展偏微分方程，并通过有限差分法求解全部公允价值，其估值调整可分解为统一的信用价值调整、资金价值调整和保证金价值调整。

目前，与初始保证金相关的保证金价值调整已经是市场上一个备受关注的话题。除此之外，监管制度的变化和监管资本要求的增加导致许多银行将监管资本成本纳入衍生品定价中。Green 和 Kenyon(2014)初步讨论了资本价值调整，认为有必要将资本要求不断提高带来的成本以资本价值调整的形式纳入衍生品合约价值中。随后，一些学者对资本价值调整的计算及资本价值调整的管理等问题进行了研究(Kenyon and Kenyon, 2015；Lou, 2015；Brigo, Francischello, and Pallavicini, 2017；Jain, Karlsson, and Kandhai, 2019)。鉴于监管资本要求的提高，银行内部日益达成共识，认为有必要以资本价值调整的形式充分反映资本要求不断提高对其衍生品业务的影响。[②]

## 7.4 统一框架下衍生品合约的多重价值调整

全球金融危机爆发后，监管部门试图提高交易透明度，从而降低此前未受监

[①] 在计算保证金融资成本之前要获取初始保证金的值，而初始保证金通常通过基于历史的风险价值 (value at risk，VaR)模型或条件风险价值(conditional value at risk，CVaR)模型生成，其中 VaR 或 CVaR 的计算涉及在险中性蒙特卡罗模拟。因此，通过这类方法计算保证金融资成本较为烦琐，计算成本高。

[②] 资本价值调整是因监管制度变化和资本要求增加而出现的新的价值调整，不同于本书其他价值调整，资本价值调整是由客观外部政策因素导致的，而本书暂时未考虑政策因素。因此，本书暂时未详细梳理资本价值调整的具体内容。

管的场外金融衍生品市场的系统性风险。由此而产生的法规要求市场参与者在继续交易之前未清算的衍生品时，仍须遵守强制性中央清算和保证金要求。基于此，商品期货交易委员会(Commodity Futures Trading Commission，CFTC)等监管机构重新提出一些规则，这些规则将为某些非"金融实体"的商业终端用户(金融机构)提供豁免权。金融机构实施金融衍生品策略是为了"对冲或缓解商业风险"，交易场外衍生品合约的豁免金融机构将不受强制性中央清算和保证金要求的约束，也不受竞争性交易执行的约束。由于不再需要遵守这些通常代价高昂的规定，许多商业终端用户(金融机构)对此持支持态度。鉴于此，银行的对策是对无抵押交易收取更高的资本费用，把交易对手信用风险的成本纳入向商业终端用户报价的衍生品合约的价格中。许多银行采用统一的计算框架，在该框架下将融资成本和流动性风险纳入无抵押衍生品合约的风险中性价格中。如今，使用信用价值调整已成为解释交易对手违约风险的市场标准，尽管有关融资成本的资金价值调整的讨论和研究仍在进行中，但由于信贷和融资风险密切相关，在统一的框架下评估这两种因素已成为最近的一个研究趋势。一般而言，任意的金融衍生工具都可通过基础资产和现金进行复制，在这一操作过程中，金融机构可能会使用回购协议和保证金，但是这会产生融资成本。Wu 和 Li (2015)将这种复制定价与预期定价相结合，在同一框架下推导出衍生品合约价值的偏微分方程，并将其分解为衍生品的无风险价值、信用价值调整和资金价值调整。同一年，Abbate(2015)先概述交易对手信用风险、自身信用风险和融资成本对无抵押金融衍生品合约定价的影响，然后研究信用价值调整、债务价值调整和资金价值调整，并将这些价值调整统称为多重价值调整。在金融工程研究方向中，Lu(2015)侧重于应用衍生工具价值的新标准来考虑交易对手风险的定价和风险管理，以及多重价值调整(即信用价值调整、债务价值调整及资金价值调整)。Lu 通过考察衍生品交易业务各个方面的实际情况，解释这些价值调整(信用价值调整、债务价值调整及资金价值调整)及其影响，重点以透明的方式提供完整的情况，以便清楚地解释这些价值调整对衍生品定价、交易和风险管理而言的重要性。

在随后的研究中，学者们将保证金价值调整、资本价值调整等其他价值调整纳入考虑范围内，发现在统一框架下评估所有的价值调整更为合理，于是大量关于多重价值调整的研究涌现出来。Bichuch、Capponi 和 Sturm(2015a)提出了一种用于计算欧式期权多重价值调整的新研究框架。该框架考虑了融资成本、交易对手信用风险和抵押问题,并基于无套利理论推导出了与期权中多头和空头头寸的复制投资组合相关的非线性倒向随机微分方程。这一推导为买方和卖方的多重价值调整提供了定义,并进一步确定了无套利区间。当借贷利率一致时,该框架为多重价值调整的唯一确定价格(以交易债权价格的百分比表示)及相应的复制策略提供了一个明确的表达式。接着,Bichuch、Capponi 和 Sturm (2015b)研究与非线性倒向随机微分方程相关的半线性偏微分方程,该非线性倒向随机微分方程描述买方和卖方的多重价值调整,考虑了融资、回购和抵押品利率的不对称,以及交易对手信用风险导致的合同提前终止。他们先证明粘性解的存在性和唯一性,然后证明其正则性,以及偏微分方程唯一经典解的存在性,并通过唯一性结果进行数值实验。该研究解释了融资成本、回购利率和交易对手信用风险如何决定多重价值调整。Brigo、Buescu 和 Rutkowski(2017)采用整体方法计算场外(衍生品)索赔价值(OTC claim value),而不是强制性进行个别价值调整(信用价值调整、债务价值调整、资金价值调整及资本价值调整)。其根据半线性偏微分方程和正倒向随机微分方程推导的价值包含了信贷和融资流动性风险及其相互作用。Bonner 和 Campanelli(2016)在离散时间设置的期权假设下,提出多重价值调整定价方法,特别侧重于与融资利差和交易对手信用风险相关的风险价值调整,并将其应用于二叉树模型。多重价值调整是一种新的计量方法,它在对衍生品定价时考虑多种重大财务因素。Zhou(2017)回顾以往关于不同融资成本下欧式期权定价的研究,研究结论有助于计算模型中不同借贷利率下美式期权的无套利价格。然后,Zhou(2017)基于无套利模型分析探讨了融资成本和交易对手信用风险对美式期权定价的影响,并建立了另一个具有交易对手信用风险的模型,结合这两个模型来评估美式期权的多重价值调整。其在基准模型中考虑通过抵押品保护期权投资者免受违约影响,而且通过设计数值实验证明了多重价值调整与融资利率、债券收益率、期数等参数之间存在显著相关性。

自 2008 年全球金融危机以来,银行开始引入一系列多重价值调整指标来量化交易对手风险的成本及其资本和融资影响。这种行为与或有债权市场中完整的经济体系[①]不一致。Albanese、Caenazzo 和 Crépey(2016)为银行在不完全市场中的衍生品组合管理提出一种数学形式,特别强调为留存收益寻找最佳策略

① 　在或有债权市场中,交易者以公平价值结算的交易,其资产和抵押品成本都与投资策略无关。

的问题,以确保可持续的股息政策(dividend policy)[1]。随后,Albanese、Caenazzo和Crépey(2017)将2016年研究中的多重价值调整理论框架应用于参与双边贸易的银行投资组合场景。在交易对手风险的公允价值基础上,银行向其客户收取所谓的抵销负债和资本成本,以解释该风险的不完整性。银行违约时,股东向债权人转移剩余储备信贷资本会引发单边信用价值调整,这符合监管要求,即资本不应因银行信贷利差的恶化而减少。在该研究中,由于未来持有超额资本并无任何实际收益,变动保证金融资成本呈现非对称性。可替代资本作为变动保证金的资金来源,使得资金价值调整显著减少。研究者引入专业的初始保证金贷款计划,该计划可大幅降低初始保证金的融资成本,并且将资本价值调整定义为风险溢价,即以一定的最低利率偿还股东的风险资本成本。Bichuch、Capponi和Sturm(2018)进一步探究多重价值调整问题。投资者在与其交易对手交易信用违约掉期投资组合时,可通过持有可违约债券来对冲信用风险。投资者虽然不知道交易对手债券的确切回报率,但知道它在一个不确定的区间内,由此研究者推导出信用违约掉期投资组合的多重价值调整过程的上界和下界,并证明上界和下界可以作为非线性常微分方程的解来恢复。

　　金融危机后,人们普遍认识到交易对手违约风险会对经济造成严重后果。基于此,Tanaka(2019)提供相关多重价值调整的理论解释,对衍生证券的定价方法进行修正:目前衍生证券的价格涵盖了所谓的多重价值调整,即风险中性价格加上多重价值调整。Tsuchiya(2019)认为交易的分散性和不同监管环境的整合正在增加另一层复杂性,其还简要说明了金融机构的设置能够为后续讨论多重价值调整提供合理依据。Albanese、Chataigner和Crépey(2020)从增量贸易层面的财富保护和财富转移角度重新审视了Albanese、Caenazzo和Crépey(2016)的研究,探讨了在银行资产负债表层面制定的资本成本的多重价值调整方法。Albanese、Chataigner和Crépey(2020)认为,多重价值调整反映了由于交易对手风险不完全导致的财富转移,且在没有新交易发生的保守限制条件下,多重价值调整的包容性交易策略能够为股东达到设定的障碍率。多重价值调整代表了衍生品定价与风险管理范式的转变,从对冲到资产负债表优化,多重价值调整问题已经成为金融数学中一个新的重要课题。

---

[1] 　股息政策,又称股利政策,指公司股东大会或董事会对一切与股利相关的事项所采取的较具原则性的做法,是针对公司是否发放股利、发放多少股利、何时发放股利等问题的方针和策略,其核心是公司收益在分配与留存用于再投资之间的选择问题。

　　Sekine 和 Tanaka(2020)对多重价值调整问题进行了研究和分析,首先回顾了在逐步扩大的滤波中倒向随机微分方程的基本性质,然后尝试使用此类倒向随机微分方程解决可违约场外衍生证券的定价和对冲问题,推导出了一个明确的充分条件,以确保衍生证券的买卖双方都不存在套利机会。此外,他们还提出一个明确的定价公式,其中多重价值调整被解释为理论公平价格的近似修正项。Zhu 等学者(2021)提倡应用多重价值调整方法评估信用价值调整、债务价值调整及资金价值调整,以管理金融或场外衍生品的风险和定价。他们通过数据交叉引用,针对信用价值调整、债务价值调整、资金价值调整及资本价值调整的不同风险情景,制定并测试基础公式,为多重价值调整的实际工业应用提供了实用建议。与传统的融资风险、信用风险和违约风险分别核算的金融市场风险管理相比,该研究提出的方法是在一个全面的框架内监控多种类型的风险,从金融运营的角度来看,这种方法更为切实有效。在 2008 年全球金融危机和欧洲主权债务危机之后,为了评估交易对手风险和场外衍生品交易相关财务费用,进行更全面的多重价值调整已成为不可或缺的环节。最显著的指标包括信用价值调整、债务价值调整、资金价值调整及保证金价值调整。正如 Hull(2018)所指出的,多重价值调整的研究在衍生品市场已经非常重要,是对衍生品价值进行合理估值和风险管理的关键因素,多重价值调整模型更是衍生品市场中能够有效防范交易对手风险的重要方法。

# 第 8 章

# 跳跃风险与跳跃扩散模型

金融市场的价格运动从来不是温和的连续过程,而是充斥着意料之外的断裂与突变——1987 年的黑色星期一、2010 年的闪电崩盘等,这些极端事件无不提醒我们:传统的连续扩散模型(如几何布朗运动)所描绘的平滑世界,仅仅是现实的一种理想化近似。跳跃风险(jump risk)的客观存在,迫使金融学界发展出更为复杂的建模工具,以捕捉市场动态中那些突然、剧烈且往往不可预测的离散变化。跳跃扩散(jump diffusion,JD)模型正是这一探索的产物,它将布朗运动的连续路径与泊松过程的离散跳跃相结合,为理解市场极端波动提供了关键的理论框架。在数字经济时代,跳跃风险的形态与影响正变得更加复杂而微妙。高频算法交易的普及使得市场流动性呈现"瞬时蒸发"的新特征,社交媒体与信息爆炸则加速了市场情绪的传染性跳跃,而加密货币市场近乎常态化的暴涨暴跌,更是对传统跳跃模型参数稳定性的直接挑战。与此同时,深度学习与强化学习等新型算法,正在为跳跃过程的识别与预测开辟全新路径——从基于 Lévy(莱维)过程进行非参数建模,到利用新闻情绪数据实时校准跳跃强度,金融工程与计算科学的交叉融合,正在重新定义我们对市场断裂行为的认知边界。

从经典跳跃扩散模型,到包含随机跳跃强度与路径依赖的现代扩展,本章将系统梳理跳跃风险的理论基础与建模演进。我们尤其关注数字经济背景下跳跃风险的"基因突变":当市场结构被算法重构、信息传播以光速完成、流动性由智能合约程序化提供时,那些曾经罕见的"黑天鹅"事件,是否正在演变为"新常态"?对这一问题的探讨,不仅关乎衍生品定价与风险管理的技术精度,更触及金融理论的核心命题——我们究竟是在用更精妙的模型逼近市场真相,还是在用更复杂的参数掩盖认知的局限?

## 8.1  跳跃风险

### 8.1.1  跳跃风险的定义

跳跃风险是金融市场中的一种特殊风险类型,指资产价格或收益率在极短时间内发生剧烈波动的现象。这种波动通常突如其来,无法提前预测,且其波动幅度通常远超常规的市场波动,表现出明显的非线性特征。跳跃风险不仅是市场风险的一种极端表现形式,还可能对投资者和金融市场整体产生深远的影响。其成因复杂多样,包括重大新闻事件、政策调整、市场流动性变化、投资者行为等。

### 8.1.2  跳跃风险的特征

跳跃风险指的是金融市场中资产价格或收益率在短时间内出现的异常且极端的波动。这种波动通常具有以下 4 个显著特征。

(1) 突发性(suddenness)。跳跃风险的突发性意味着市场可能在毫无预兆的情况下经历剧烈的波动。通常,这种波动会在短时间内集中发生,投资者无法事先预见或做好准备。例如,突如其来的政治危机、自然灾害或其他重大新闻事件(如企业财务丑闻、疫情暴发等)都可能迅速引发市场波动。跳跃风险通常不依赖于市场的渐进变化,它更像是突发性的大幅度波动。因此,投资者往往在风险发生时处于不利的境地,无法迅速采取有效的应对措施。

(2) 高强度性(high intensity)。跳跃风险的高强度性表现为波动幅度远超正常的市场波动水平。这种波动不仅在时间上是短暂的,而且在幅度上极为剧烈,可能导致资产价格在极短的时间内发生大幅跳跃。例如,某一资产价格可能在几分钟内跳升或跳水超过 10%,远超市场常见的波动水平。高强度的价格波动往往伴随着情绪化的市场反应,如投资者恐慌、市场流动性瞬间枯竭等,这使得风险对投资者的影响更加直接和剧烈。

(3) 非线性(nonlinearity)。跳跃风险的非线性特征意味着其发生和演变过程不遵循线性规律,即市场的波动并非简单按比例或预定规律发生。非线性特征使得跳跃风险的变化极为复杂,难以用传统的线性模型来描述。资产价格的剧烈波动可能是一系列复杂因素交织作用的结果,而不是简单的价格变动。这种非线性表现为:小的变化可能引发巨大的市场反应,或者大规模的事件可能未必引起预期的价格波动。

(4)不可预测性(unpredictability)。跳跃风险的不可预测性是指其受多种内外部因素的影响,且这些因素之间的交互作用非常复杂,使得风险的发生、波动幅度以及持续时间无法精确预测。虽然市场的某些基本面因素,如公司财报或政策调整,可以为市场提供一定的预期,但突发性事件往往是无法预见的。例如,突如其来的政治动荡、市场情绪波动或技术性故障都可能引发价格的大幅跳跃。而且这些波动的程度往往超出市场预期。

## 8.1.3　跳跃风险的成因

跳跃风险的成因是多方面的,通常由4种因素共同作用。第一,重大新闻事件,如政治事件、自然灾害、突发疫情等,这些事件通常具有不可预测性,并且能够迅速对市场产生重大冲击。例如,国际局势变化、自然灾害等突发事件往往会直接影响资产的价格波动。第二,政府政策调整,如货币政策、财政政策的突然调整,会对市场预期产生深刻影响。市场在应对这些突发变化时,可能会出现剧烈的波动,进而引发跳跃风险。第三,市场流动性变化,当市场流动性突然增加或减少时,资产的买卖变得更加困难或容易,从而加大了价格波动的幅度。第四,投资者行为,如投资者的情绪波动,特别是恐慌情绪,或者投资者的过度反应、过度交易等行为,也可能导致市场发生剧烈波动,从而引发跳跃风险。

## 8.1.4　跳跃风险的影响

跳跃风险对市场和投资者的影响是多方面的,具体表现为5个方面。第一,市场稳定性。跳跃风险通常伴随资产价格的大幅波动,这种波动往往破坏市场的稳定性。市场的剧烈波动容易引发投资者的恐慌情绪,削弱市场信心,进而影响金融市场的正常运作。第二,投资者信心。跳跃风险的发生通常带来较大的短期损失,这使得投资者对市场的信心受到严重冲击。当投资者遭遇重大损失时,他们往往会对市场持悲观态度,减少投资活动,从而导致市场活跃度下降。

第三,系统性风险。由于跳跃风险的突发性和高强度性,跳跃风险一旦发生,可能引发连锁反应,导致整个市场出现危机。跳跃风险的扩散性使得它具有较强的传染性,可能演变成系统性风险,影响整个金融体系的稳定。第四,资产定价失真。跳跃风险会导致资产价格的大幅波动,进而影响市场的资源配置效率。在恐慌性抛售中,资产价格可能远低于其内在价值,造成价格失真,从而影响市场的正常定价机制。第五,监管政策的调整。跳跃风险的发生可能促使监管机构加强对金融市场的监管。为了应对这种风险,监管部门可能会出台更加严格的政策,或通过市场干预措施稳定市场情绪。同时,监管部门还会加强投资者教育,提高其风险意识。

## 8.1.5　跳跃风险的应对措施

面对跳跃风险,金融机构和投资者应采取积极的应对措施,以降低其潜在的损失。

(1)多样化投资。金融机构和投资者可以通过资产配置的多样化,分散单一资产或行业所带来的风险。多样化可以帮助投资者降低单一资产价格剧烈波动的影响,从而减少跳跃风险的损失。

(2)建立风险管理策略。投资者应根据自身的风险承受能力,制定明确的风险管理策略,包括设定止损点、选择适当的衍生品对冲风险、购买保险等。通过这些策略,投资者可以有效应对跳跃风险带来的波动。

(3)加强市场动态监控。投资者和金融机构需要密切关注市场的动态变化,尤其是重大新闻事件或政策变动可能带来的市场波动。通过实时监控市场信息,金融机构和投资者可以及时作出应对反应,减少跳跃风险的影响。

(4)利用统计学方法量化分析。通过建立数学模型,如随机过程模型、极值理论模型等,投资者可以对跳跃风险进行量化分析,预测其发生概率及可能的波动幅度。这为作出风险管理决策提供了理论支持。

(5)增强风险意识。投资者应保持理性投资,避免情绪化决策,还应提高对市场波动的认知和应对能力,特别是在面临突发事件时,应保持冷静,合理分配投资组合,减少损失。

跳跃风险是金融市场中一种极端且难以预测的风险,其发生往往伴随着剧烈的价格波动,可能对市场稳定性、投资者信心、系统性风险等方面产生深远影响。其成因涉及重大新闻事件、政府政策调整、市场流动性变化、投资者行为等多种因素。面对跳跃风险,金融机构和投资者应采取有效的风险管理措施,如多样化投资、建立风险管理策略、加强市场动态监控、增强风险意识等。通过这些措施,投资者和金融机构可以有效降低跳跃风险带来的损失,确保市场的稳定运行。

## 8.2 跳跃扩散模型的研究现状

跳跃风险在金融市场中是指资产价格在短时间内发生剧烈变化的现象,通常由突发性事件、宏观经济波动或市场情绪波动引起。这类风险的存在使得投资者和金融机构面临巨大的不确定性,因为跳跃风险往往超出了传统市场模型的预测范围,给资产定价、风险管理和投资决策带来了挑战。因此,准确地分析、预测并有效应对跳跃风险,对于确保市场稳定和投资回报至关重要。

在应对跳跃风险方面,投资者和金融机构可采取多种策略。例如,多样化投资可以有效分散风险,减少单一资产的价格波动带来的损失。此外,建立风险管理策略,如设置止损和风险限额,也有助于控制跳跃风险的负面影响。此外,投资者和金融机构应密切监控市场动态,关注宏观经济和政治事件的变化,及时调整投资组合和风险管理措施,以应对市场可能出现的跳跃波动。

学术界对跳跃风险的研究也取得了显著进展,提出了多种分析技术和模型。传统的资产定价模型假设市场价格变动是连续的,但跳跃风险的存在表明,市场价格的变化可能会呈现非连续性。因此,研究者引入了随机过程模型、风险价值(VaR)方法、极值理论等工具来更好地刻画资产价格的跳跃特征。例如,风险价值方法能够量化投资者和金融机构在给定时间区间内可能遭遇的最大损失,而极值理论则着重研究极端市场波动的发生概率和影响。通过这些方法,学术界得以更深入地理解跳跃风险的性质,并为市场参与者提供更为精确的风险预警。

### 8.2.1 跳跃扩散模型的相关研究

资产价格的跳跃行为是影响金融市场不确定性的关键因素之一。资产价格的急剧波动通常是由于突发性信息或重大事件的影响,这些事件往往会导致市场价格的非连续变化,打破了传统的连续模型。因此,为了更好地描述资产价格的跳跃行为,学者们提出了跳跃扩散模型,该模型融合了布朗运动和泊松过程,用以模拟资产价格在布朗运动背景下的突然跳跃。

Merton(1976)首次描述了跳跃扩散过程,奠定了跳跃扩散模型的构建基础。该模型不仅能更好地捕捉资产价格的跳跃行为,还能提高期权定价的精度,特别是在面对突发事件时。例如,股票期权的价格会随股票价格的跳跃而波动,因此,研究股票价格的跳跃行为对于期权定价和风险管理至关重要。

跳跃扩散模型的进一步扩展在实务界和学术界都产生了广泛影响。例如,Kijima 和 Suzuki(2001)及 Zhou(2001)通过对市场数据的实证分析,验证了跳跃扩散模型能够有效解释市场中的跳跃现象。此后,学者们对模型进行了不同形式的扩展,如 Kou 和 Wang(2004)提出了非对称对数双指数跳跃扩散模型,Cai(2009)提出了超指数跳跃扩散模型,等等。这些扩展使得跳跃扩散模型在更复杂的市场环境中得到应用,并能够更精确地描述资产价格的变化。

研究还表明,跳跃行为不仅仅是影响资产价格波动的一个因素,还能对市场的整体稳定性产生重要影响。Eraker、Johannes 和 Polson(2003)认为,研究资产价格波动中的跳跃行为对于理解市场的波动特征至关重要。Eraker(2004)通过对期权和股票市场数据的实证分析,证明了跳跃扩散模型在拟合期权定价和资产收益数据时的良好表现。

## 8.2.2　跳跃风险在金融危机中的影响

2008 年全球金融危机暴露了金融市场在面对极端风险尤其是金融资产价格的剧烈跳跃时的脆弱性。跳跃风险作为金融市场中的极端事件,其信息融入过程的瞬时性和高强度性使得市场参与者在应对风险时面临巨大的挑战。学者们再次将跳跃扩散模型应用于金融危机后的资产定价与风险管理研究中,以更好地理解市场的波动性。例如,俞金平和李胜宏(2008)将跳跃扩散模型应用于资产证券化定价中,并推导出了风险资产债券的定价公式。唐齐鸣和黄苒(2010)则通过应用跳跃扩散模型研究市场信息和公司价值的变化,分析了市场中带跳的资产价值变化,并识别了公司的信用风险和违约概率。张金锁、金浩和邹绍辉(2015)则运用跳跃扩散模型对石油价格的动态变化进行了拟合,揭示了石油价格具有明显的跳跃特征,并分析了其长期趋势。

### 8.2.3　跳跃扩散模型的实务应用

跳跃扩散模型不仅在理论研究中取得了显著成果,在实务界的应用也日益广泛。例如,Andersen、Fusari 和 Todorov(2017)研究了短期标准普尔 500 指数期权,提出了一种较为直接的方法来分析波动性和跳跃风险对期权定价的影响。他们发现,波动率期限结构以及波动率和跳跃强度的变化,对期权定价具有显著影响。龚旭和林伯强(2018)则通过研究原油期货市场的跳跃风险,证明了跳跃风险与市场结构突变的存在,并提出将这两个因素纳入异质自回归(heterogeneous autoregression,HAR)模型能够提高对原油期货波动预测的精度。

此外,跳跃扩散模型在其他领域的应用也得到了广泛关注。例如,它被应用于市场竞争结构中的专利价值评估、资产配置、集中风险理论、博弈论等多个领域。许多学者围绕这些问题进行了大量的研究,为金融市场的风险管理和投资决策提供了理论支持。

### 8.2.4　新闻事件与跳跃风险

近年来,学者们还研究了新闻事件与跳跃风险之间的关系。Jeon、Mccurdy 和 Zhao(2022)利用文本分析方法研究了与 9 000 多家公司相关的 2 100 万条新闻文章,发现股票收益率的跳跃与新闻流量频率和内容有显著关联,且新闻事件的影响在过去几十年中有所加剧。研究表明,新闻事件,尤其是媒体能见度较高的新闻事件,对跳跃风险的影响更为显著。Lee、Wang 和 Schwert(2019)则进一步研究了货币市场中的跳跃风险定价,发现市场负跳的变化对货币回报有较大的影响。

跳跃风险是金融市场中一种极其重要且常见的风险类型,其存在对资产定价、风险管理以及投资决策产生了深远影响。学术界和实务界在研究跳跃风险时,已经发展出多种理论和模型,如跳跃扩散模型、VaR 方法、极值理论等,这些工具在理解和应对跳跃风险方面发挥了重要作用。随着金融市场的不断变化和发展,跳跃风险的研究将持续深化,帮助投资者和金融机构更好地应对可能出现的市场突发事件和风险。因此,准确识别和应对跳跃风险,对于提高金融市场的效率和稳定性具有重要意义。

# 第 9 章
# 波动率风险与随机波动率模型

　　金融市场的波动率从来不是一个静态的数字,而是一个充满生命力的动态过程——它时而蛰伏,时而躁动,如同市场情绪的晴雨表,记录着投资者集体心理的每一次震颤。1987 年股灾后,期权市场隐含波动率的"波动微笑"现象,彻底动摇了传统金融模型中波动率为常数的天真假设;而 2008 年全球金融危机期间波动率指数(volatility index,VIX,又称"恐慌指数")的飙升,则生动展现了波动率本身如何成为最危险的风险源之一。随机波动率(stochastic volatility,SV)模型的诞生与发展,正是对这种市场本质特征的回应,它赋予波动率以独立的随机过程,使金融模型得以更真实地刻画市场风险的时变特性与集群效应。在算法主导的数字金融时代,波动率风险展现出前所未有的复杂维度。高频交易与机器学习策略的广泛应用,使得波动率的微观结构呈现"碎片化"与"闪电式突变"的新特征;加密货币市场惊人的波动幅度,则挑战着传统模型的参数边界;而社交媒体与另类数据的爆炸式增长,更催生出基于新闻情绪、网络搜索的新型波动率预测范式。与此同时,深度学习与强化学习技术正在重塑随机波动率模型的构建方式——从基于神经网络的非参数波动率曲面建模,到利用强化学习动态优化对冲策略,传统金融理论与人工智能的深度融合,正在开创波动率风险管理的新纪元。

　　本章将系统梳理随机波动率理论的发展脉络。我们特别关注数字金融生态对波动率风险的重构:当市场由算法与人类共同驱动,当信息以光速传播并放大,当去中心化金融打破传统的流动性池的边界,波动率是否正在从一种需要管理的风险,转变为可以直接交易的新型资产类别? 这一问题的答案,或许预示着金融工程的下一个范式革命——在波动中寻找秩序,在混沌中发现规律,这永远是金融建模最深刻的悖论与魅力。

## 9.1 波动率风险

### 9.1.1 波动率风险概述

波动率风险是金融市场中一种不可忽视的风险类型,它指的是资产价格波动率的变化不确定性对期权、期货等衍生品价值的影响。波动率是指资产价格在一定时间内的波动幅度,是衡量市场风险的一个重要指标。资产价格波动率较高的市场,意味着投资者可能面临更大的风险,因为资产价格的不确定性加大了投资收益的波动幅度。相对而言,波动率较低的市场往往意味着较为平稳的价格走势,风险相对较小。

在期权等衍生品市场中,波动率不仅是影响期权定价的关键因素,也是期权市场定价的核心变量之一。根据期权定价模型,尤其是 Black-Scholes 模型,波动率被视为一个假设参数,决定着期权的理论价值。波动率的变化通常直接影响期权的内在价值。当市场出现大幅波动时,期权的潜在收益空间会变大,投资者对未来价格变化的预期也会更为激烈,因此期权的价格通常会上升。这使得波动率风险成为投资者在交易衍生品时必须关注的重要因素之一。

### 9.1.2 波动率风险的管理策略

为了有效管理波动率风险,投资者通常会采取多种策略,以减少波动率变化带来的潜在损失和提高投资组合的稳健性。一种常见的应对方法是使用期权等金融工具进行对冲。通过购买看涨期权或看跌期权,投资者可以在市场波动剧烈时保障自己的投资免受不利价格变化的影响。另一种常见的应对方法是使用跨式期权策略,即同时买入同一标的资产的看涨期权和看跌期权。这种方法能够使得投资者在价格大幅波动时,无论市场上涨还是下跌,都能获得一定的收益。

除此之外,分散投资也是降低波动率风险的有效手段。通过将资金分散到不同类型的资产、行业或地区,投资者可以降低单一市场波动对投资组合的影响。那些操作规模较大的机构投资者,例如保险公司等,通常会采取更加保守的波动率参数设定,避免过度依赖市场波动的潜在收益。这些机构通常还会设立稳健型的投资账户,并持续监控投资组合的波动率,确保其波动处于可控范围内。此外,动态调整投资策略也是一种常见的风险管理方法。投资者可以根据市场的实际波动情况和未来波动率的预期,及时调整投资组合的结构和风险敞口。例如,当预计市场波动加剧时,投资者可能会增加期权等衍生品的配置,以对冲潜在的波动率风险;而当市场趋于稳定时,则可以减少衍生品的投资比重,降低市场波动对投资组合的影响。

综上所述,波动率风险的管理不仅需要通过对冲工具来降低风险敞口,还需要通过投资组合的分散化和动态调整来进一步优化投资策略,确保投资者在面对市场波动时能够保持相对稳健的收益表现。

## 9.2　随机波动率模型的相关研究

### 9.2.1　经济全球化与金融创新加剧市场波动

随着经济全球化的不断深入和金融创新的加速,金融市场的波动性呈现出日益复杂化的特征。金融市场中的不确定性和随机性,尤其是资产价格波动率,是投资者和经济学者长期关注的重点。波动率作为衡量金融资产价格风险的重要指标,已经成为金融市场中不可或缺的工具。传统的波动率模型假设波动率为常数,但在现实市场中,波动率通常表现出显著的动态特征,尤其是在市场剧烈波动时。这种波动率的不确定性被称为"波动率风险",它对期权定价和衍生品风险管理产生了深远影响。

为了应对波动率风险,学者们提出了各种随机波动率模型,用以描述波动率动态变化的特性。随机波动率模型在金融衍生品的定价和风险对冲中得到了广泛应用,尤其是在期权定价领域。与经典的 Black-Scholes 模型假设波动率为常数不同,随机波动率模型放宽了这一假设,允许波动率随时间变化,从而更好地适应了实际市场的价格波动。

### 9.2.2　随机波动率模型的理论发展与应用

随机波动率模型源自经典的 Black-Scholes 模型。Black-Scholes 模型假设波动率为一个固定的常数,但这一假设未能捕捉到金融市场中波动率的动态特性。特别是在实际市场中,资产价格的回报波动并不恒定,随着时间的推移,波动率可能会发生剧烈的变化。这一缺陷导致了基于 Black-Scholes 模型的期权定价和对冲策略无法有效应对实际市场的波动性变化。因此,许多学者引入了随机波动率模型,试图弥补这一不足。

最早提出随机波动率模型的学者之一是 Heston(1993),他基于平方根过程提出了一个连续时间的随机波动率模型。通过大量的实证研究,Heston(赫斯顿)模型被证明能够比 Black-Scholes 模型更准确地描述实际市场中的期权定价。在 Heston 模型中,波动率不再是常数,而是一个随时间变化的随机变量,这使得模型能够捕捉到市场中的波动性聚集效应和随机波动现象。Taylor(1986)进一步提出了基于收益率序列自回归的随机波动率模型,该模型在描述波动率动态变化方面具有显著优势。Scott(1987)和 Wiggins(1987)通过实证研究表明,随机波动率模型在欧式期权定价中更能贴合市场数据,从而为期权定价理论提供了更为精确的工具。

随着随机分析理论的不断发展,随机波动率模型逐渐受到越来越多学者的青睐,并得到了进一步的拓展。例如,Hull 和 White(1987)提出了对数随机波动率模型(Hull-White 模型),该模型引入了对数变换,使得波动率的分布更加符合实际市场的特点。Stein 和 Stein(1991)则提出了 Stein-Stein 随机波动率模型,该模型通过引入均值回归的机制,描述了波动率的长期均衡特征。此外,Alan(2000)将随机波动率模型扩展为 3/2 随机波动率模型,使得模型能够更好地反映波动率的跳跃特性。

近年来,随机波动率模型研究取得了显著进展。例如,Xiao、Yin 和 School(2015)结合最优控制理论和对数效用函数,提出了基于 Heston 模型的期权定价方法。Da 和 Martini(2016)则提出了 α-超几何随机波动率模型,该模型能够有效捕捉波动率的异方差性,并在期权定价和风险管理中表现出优越性。Catania(2022)进一步提出了一种新的随机波动率模型,假设在不同的时间滞后下,冲击与波动率方程之间存在相关结构。这一模型的创新之处在于能够更好地模拟金融时间序列中的杠杆效应和传播效应,进一步增强了其在复杂市场环境中的适应性。

### 9.2.3　随机波动率模型的实际应用与挑战

由于随机波动率模型能够更加准确地描述市场中的价格波动特性,它在衍生品定价、风险管理和市场预测中得到了广泛应用。Heston 模型特别受到市场参与者的青睐，许多学者和金融机构将其应用于实际的期权定价中。例如，Wu 和 Chen(2005)通过 Heston 模型证明了欧式看涨期权价格与标的资产价格变动中的漂移项之间的独立性，并结合随机利率构建了外汇期权和欧式债券期权的定价模型。魏宇和余怒涛(2007)通过实证分析发现，随机波动率模型在沪深 300 股指期货的预测中表现出良好的精度。

随着金融市场的进一步发展，随机波动率模型在期权定价、资产管理和金融风险管理中的应用不断深化。例如，李亚茹、孙蓉和刘震(2018)基于随机波动率模型设计了一个"基于现货市场的价格指数保险＋对冲部分风险的场外看跌期权＋场内期货"的农产品期货价格保险产品，并进行定价。杨璐、朱怀念和张成科(2020)研究了 Heston 模型下的两个投资者之间的随机微分投资组合博弈问题，为投资者在复杂市场环境中的决策提供了理论支持。

然而，尽管随机波动率模型在定价和风险管理中效果显著，但在实践中，模型的校准和数值求解仍面临一定的挑战。特别是在期权定价中，随机波动率模型的优化过程涉及大量的高精度积分计算，这对计算能力提出了较高要求。Daněk 和 Pospíšil(2020)对这些数值问题进行了深入分析，并提出了一种快速的区域切换算法，显著提高了计算效率，为模型在实际金融问题中的应用提供了更加可行的技术支持。

总之，随机波动率模型不仅为衍生品定价提供了更为精确的工具，也为投资者和市场参与者提供了有效的风险管理手段。随着金融市场的不断发展和数学金融理论的深入研究，随机波动率模型将在更多领域得到应用，并面临更多的挑战和机遇。

## 9.3　带跳的随机波动率模型的相关研究

### 9.3.1　衍生品定价与波动率、跳跃风险

衍生品定价的研究经历了长期的发展，其中最具影响力的成果之一是 Black 和 Scholes(1973)提出的期权定价模型。该模型假设资产价格遵循布朗运动，并且波动率为常数，从而为衍生品定价提供了理论基础。然而，随着市场的不断发

展,学者们发现该模型未能准确反映市场中的实际情况,特别是未能准确反映资产价格变化的跳跃性特征以及波动率的时变性。因此,国内外学者通过引入新的数学工具,对 Black-Scholes 模型进行了扩展和改进,试图更好地描述金融市场的动态特征。例如,Merton(1976)提出的跳跃扩散模型通过引入跳跃项,克服了传统 Black-Scholes 模型未能考虑资产价格不连续性的不足。Heston(1993)则提出了随机波动率模型,该模型假设波动率服从均值回归的随机过程,能够更好地捕捉到市场中波动率的时变特征。然而,这两种模型各有优缺点。跳跃扩散模型能够有效刻画重大事件对资产价格的冲击,但无法充分描述市场中波动率的变化。而随机波动率模型虽然能够较好地解释波动率的时变性,但却不能及时反映重大突发事件对价格的影响。

## 9.3.2　组合模型的提出与发展

为了克服单一模型的局限性,学者们开始尝试将跳跃扩散模型与随机波动率模型相结合,以期更全面地描述资产价格的变化过程。Bates(1996)验证了将这两类模型结合起来的效果,发现组合模型能够有效地反映市场中的跳跃特征和波动率的时变性,从而更精确地描述资产价格的运动。Bakshi、Cao 和 Chen(1997)首次提出了收益率带跳的随机波动率(jump-stochastic volatility,J-SV)模型,并通过实证分析表明,在期权定价中加入跳跃行为与随机波动率能够更好地解释市场现象。

此外,Bates(2000)对 S&P500 指数期权价格进行了研究,发现市场在崩盘后的分布呈现负偏态,表明随机波动率模型与跳跃扩散模型的组合可以更好地适应这种极端市场状态。其他学者,如 Duffie、Pan 和 Singleton(2000),也进一步发展了这一思路,在随机波动率模型中引入跳跃项,提出了仿射跳跃扩散模型(affine jump-diffusion model),该模型能够同时考虑资产价格和波动率的跳跃行为。

Kou、Yu 和 Zhong(2017)则提出了一个简单的仿射跳跃扩散模型,该模型结合了随机波动率和双指数跳跃回报。研究表明,这一模型能够很好地适用于标准普尔 500 指数和纳斯达克 100 指数的日回报率,特别是在市场危机期间,其表现优于现有的其他模型。通过模拟资产价格的双跳跃行为,该模型更有效地捕捉了市场中的大幅波动,并能够准确反映"肥尾"现象,这对于衍生品定价和风险管理具有重要的实际意义。

### 9.3.3　跳跃风险与波动率风险对衍生品定价的影响

随着带跳的随机波动率模型的不断推广,越来越多的实证研究开始分析跳跃风险和波动率风险在实际市场中的重要性。例如,Eraker、Johannes 和 Polson (2003)指出,资产价格的跳跃行为对市场波动幅度的影响至关重要,因此,研究资产波动中的跳跃特征是必要且重要的。Eraker(2004)进一步强调,20 世纪股市的剧烈波动,尤其是市场的突发崩盘事件,对传统经济和统计模型提出了巨大挑战,要求在定价模型中充分考虑跳跃风险。

Barbedo 和 Lemgruber(2009)则认为,跳跃风险在信用违约分析中同样至关重要,因为跳跃行为能够反映经济政策和金融结构的突然变动对资产价值的影响。学者们通过对这些跳跃行为的深入分析,发现加入跳跃风险后,模型能够更准确地反映经济结构突变或政策发布对资产价值的影响。

国内学者也对跳跃行为展开了广泛探讨。陈国进和王占海(2010)发现,A股市场的波动行为相较于美国市场具有更长的滞后性,这显示出跳跃和波动率的异质性特征。陈浪南和孙坚强(2010)通过实证分析表明,股票市场中资产价格的跳跃行为与条件波动率之间存在直接的回馈效应,进一步验证了跳跃风险对市场定价的重要影响。

### 9.3.4　多重价值调整理论的结合与扩展

基于上述研究成果,现有文献主要集中在多重价值调整理论体系中的信用价值调整、债务价值调整等方面,尤其是与衍生品交易中的信用风险和融资成本相关的调整。然而,在这些研究中,资产价格跳跃风险和波动率风险的影响往往未被充分纳入,导致多重价值调整理论在实际应用中存在局限性。

近年来,随着市场对场外衍生品交易的监管日益严格,特别是 BCBS‒261提出的"过账初始保证金"要求,与保证金价值调整有关的研究逐渐增多。学者们开始意识到,在多重价值调整中,跳跃风险与波动率风险不仅会影响衍生品的定价,还会对交易双方的信用风险、交易资金融资成本、初始保证金融资成本等方面产生深远的影响。然而,现有的多重价值调整理论主要集中于信用风险和交易成本管理方面,很少涉及资产价格跳跃风险与波动率风险对这些因素的联合影响。

因此,学者们将资产价格的跳跃风险和波动率风险引入多重价值调整理论体系中,研究这些风险因素如何共同影响衍生品合约的信用风险、交易成本和初始保证金融资成本的估值。通过对多重价值调整理论框架的拓展,本书不仅能丰富现有的多重价值调整理论,还能为衍生品市场的风险管理提供更加精确的工具。

现有关于衍生品定价与风险管理的研究已经涵盖了资产价格的跳跃行为和波动率风险,但对于这两者如何联合影响衍生品合约的多重价值调整尚缺乏系统性的研究。本书尝试将跳跃风险与波动率风险纳入多重价值调整理论框架中,探索其对信用风险、融资成本、保证金融资成本等方面的影响。随着衍生品市场和风险管理理论的不断发展,未来的研究可以进一步完善这一框架,结合更多实证数据,优化衍生品定价与风险管理模型,以应对日益复杂的市场环境和突发事件对资产价格的影响。

# 第 10 章
# 基于跳跃扩散模型的多重价值调整研究

    金融衍生品的定价艺术,本质上是一场与市场不确定性的精密博弈。2008年全球金融危机犹如一面棱镜,将传统定价模型中被忽视的风险维度——交易对手信用风险、资金成本、资本约束等——以极具破坏性的方式折射出来,催生了多重价值调整这一革命性框架。然而,当前沿的多重价值调整理论遭遇现实市场中频繁发生的价格跳跃时,一个深刻的矛盾便浮出水面:建立在连续扩散假设基础上的多重价值调整方法,能否经受住市场断裂风险的考验? 本章研究的正是这一金融工程领域的"断裂带",通过将跳跃扩散过程系统性地嵌入多重价值调整框架,构建更适应真实市场恶劣环境的定价与风控体系。数字金融时代的市场特征,使得这项研究的紧迫性越发凸显。高频交易引发的闪电崩盘、加密货币的极端波动、地缘政治冲击导致的资产价格跳跃,这些现象都在挑战传统多重价值调整模型的边界。特别值得注意的是,去中心化金融中智能合约的自动清算机制,本质上创造了一种新型的"数字化跳跃风险"——当抵押品价格发生离散下跌时,链上清算会立即触发非线性价格变动。在此背景下,本章创新性地将 Lévy 过程、霍克斯过程等现代跳跃建模工具与多重价值调整各调整项进行耦合:在信用价值调整中引入违约强度的跳跃特征,在资金价值调整中捕捉流动性突然枯竭的离散风险,在保证金价值调整中建模保证金追缴的突变效应。这种多维度的融合,不仅拓展了理论边界,更为机构应对"黑天鹅"频发的市场环境提供了实用工具。

    本研究的技术突破在于建立了跳跃风险与多重价值调整各组成部分的传导方程,揭示了市场断裂如何通过交易对手风险、资金流动性、资本成本等多重渠道产生放大效应。通过数值模拟与加密货币衍生品市场的实证检验,我们发现:忽略跳跃特征会系统性低估多重价值调整幅度,在压力情景下误差可达 40% 以上。这一发现对金融机构的风险管理实践具有深远启示——在算法主导、黑天鹅常态化的新金融生态中，只有同时捕捉连续扩散与离散跳跃的双重风险，才能真正实现"全景式"的衍生品估值与风控。随着华尔街的多重价值调整办公桌与硅谷的量化算法不断融合，本章构建的理论框架或许正在描绘未来10年金融工程演进的重要方向。

## 10.1　基本假设

在金融市场中，资产价格变化通常是一个连续的扩散过程。但是，在某些突发情况下，资产价格在连续的变化过程中会出现大规模的异常现象，即除了剧烈波动之外，还会产生"跳跃"行为。资产价格的这种"跳跃"行为，通常指由突发信息发布或融入引起的对资产价格变化或波动过程的冲击现象，这些突发信息包括技术革新、自然灾害、重要政策或公告的发布、某些宏观经济波动等。任何突发（或重大）信息都可能是资产价格产生"跳跃"行为的诱因。例如，1992年上海证券交易所对所有上市股票采取自由竞价方式并取消限幅交易制度，结果当日上证指数的涨幅高达110.7%；1995年证监会暂停国债期货交易，导致沪深两市的A股指数分别上涨32.12%和31.29%；1997年亚洲金融危机爆发，导致全球股市大幅震荡；2008年，受到美国雷曼兄弟银行申请破产保护消息的刺激，全球大部分股市连续跳水。这些经济现象表明，资产价格在连续波动过程中存在突变或跳跃特征。而且，金融统计数据显示，Black-Scholes模型与实际金融市场数据存在系统偏差。因此，许多学者提出各种方法对模型进行扩展和修正以刻画资产价格变化，Merton跳跃扩散模型便是其中之一。Merton跳跃扩散模型能够将资产价格的波动性及市场风险的冲击性纳入考虑范围，较合理地解释了突发信息对资产价格产生的巨大影响。当金融市场上没有新的重要信息到达时，资产价格的常态演化过程是一个连续波动过程，通常由布朗运动进行刻画；当有新的重要信息到达时，新信息会对资产价格变化产生刺激，并使其出现不连续的跳跃，这类价格跳跃行为通常由泊松跳跃过程进行描述。

在实际金融市场中，资产价格是其相关衍生品合约价值的主要影响因素之一。经济中的寻常变化会导致资产价格波动，自然也会影响其衍生品的经济价值及交易商对衍生品的报价；经济中的异常变化（如政策发布、重大灾害、人为投机等）会导致资产价格产生跳跃行为，并进一步对相关衍生品价值造成一定的冲击,即资产价格的跳跃风险会影响其衍生品合约的价值。特别是当新的重要信息融入市场时,由于信用风险上升以及交易融资成本增加,交易商对衍生品合约的报价会不同程度地提高,进而导致交易商在衍生品合约价值评估与风险管理方面出现偏差不合理问题。因此,建立涵盖资产价格跳跃风险的多重价值调整模型对评估衍生品的合理价值极为重要。多重价值调整模型是对衍生品合约价值中嵌入的交易双方信用风险、交易资金融资成本、初始保证金融资成本等组成部分的量化和估值。如若多重价值调整模型包含跳跃风险,那么,对衍生品合约中嵌入的交易双方信用风险、交易资金融资成本、初始保证金融资成本等组成部分的量化和估值将更为精确且合理。目前,在同一个框架下将资产价格跳跃风险与多重价值调整理论结合起来的研究还较为匮乏。Burgard 和 Kjaer(2011,2013)及 Green(2016)通过布朗运动描述资产价格的变化过程,以研究衍生品合约的多重价值调整问题。鉴于此,本书结合跳跃扩散模型推导出的多重价值调整模型,能更好地对衍生品合约价值中嵌入的交易双方信用风险、交易资金融资成本、初始保证金融资成本等组成部分进行合理估值,同时也是对多重价值调整理论研究的有效补充。因此,本书进行了如下创新:一方面,将资产价格跳跃风险纳入衍生品合约的多重价值调整理论体系中,在资产价格变化过程服从跳跃扩散模型的假设下,推导出涵盖跳跃风险的多重价值调整模型;另一方面,以在跳跃扩散模型的假设下推导出多重价值调整模型为基础,通过对比布朗运动假设下的多重价值调整模型,分析资产价格跳跃风险对衍生品合约价值中交易双方信用风险、交易资金融资成本、初始保证金融资成本等估值构成要素的影响。

另外,需要特别说明的是,在所有的衍生品定价中,期权定价的研究最为广泛。因为与其他衍生品相比,期权易于定价,许多衍生品可分解或者表现为若干期权的组合形式,各种衍生品的定价原理相同,可以通过期权定价方法推导出一般衍生品的定价模型。所以,本书衍生品合约的价值计算过程也同样在 Black-Scholes 模型框架下进行。并且,本书反复出现的主题是双方之间的场外衍生品合约,这里的双方指定为银行和交易对手,且存在违约倾向。

## 10.2　衍生品合约的价值

在概率空间 $(\Omega, F, P)$ 上,考虑一个由不同类型的风险资产(基础资产,如债券、股票、金融衍生工具等)构成的金融市场,风险资产的价格变化过程均是关于时间 $t$ 的函数。假设一个银行与其交易对手(比如银行客户)进行一笔衍生品交易,双方被认为存在违约倾向,但双方同时违约的概率为零。[①] 并且假设衍生品合约价值为 $V^* = V^*(t, S_t, J_B, J_C)$,这里 $S_t$ 表示不受银行或者交易对手违约影响的标的资产价格,$J_B$ 和 $J_C$ 分别表示银行和交易对手的相互独立的违约示性函数。由于跳跃扩散在跳跃之间(若只发生一次跳跃,则指的是跳跃点)的表现与在扩散过程中的表现相同,只需在扩散项之外加入有限个跳跃变化项 (Shreve,2004;Back,2005;Björk,2009)。因此,结合伊藤(Ito)引理(Mao,1994,1997),合约价值的微分形式为(Burgard and Kjaer,2011,2013;Green,2016):

$$dV^* = \frac{\partial V^*}{\partial t} dt + \frac{\partial V^*}{\partial S} dS + \frac{1}{2} \sigma^2 S^2 \frac{\partial^2 V^*}{\partial S^2} dt + \Delta V_B^* dJ_B + \Delta V_C^* dJ_C$$

$$(10.1)$$

这里 $\Delta V_B^* = g_B - V^*$,$\Delta V_C^* = g_C - V^*$,分别表示银行与其交易对手双方各自发生违约时的损益。必须强调的是,这里合约价值微分形式中的跳跃部分,指的是交易双方的违约事件,而不是资产价格的跳跃行为。如果交易双方中的任意一方发生违约,那么对于非违约方来说,合约仍存在回收价值。借鉴 Crépey、Bielecki 和 Brigo(2014)提供的关于清算现金流的程式化的理论范式,当银行或者其交易对手发生违约时,有:

$$V^*(t, S, 1, 0) = g_B(V, C) \tag{10.2}$$

$$V^*(t, S, 0, 1) = g_C(V, C) \tag{10.3}$$

其中,$g_B(V, C) = [V(t, S) - C(t, S)]^+ + R_B[V(t, S) - C(t, S)]^- + C(t, S)$,为银行违约时的清算现金流,$R_B$ 表示银行的违约回收率,代表银行发生违约后可收回余款的程度。$C(t, S)$ 表示资产的相关未定权益收益。$V(t, S) = M(t, S)$,这里 $M(t, S)$ 表示衍生品合约的盯市价值(mark-to-market value)或模型计价(mark-to-model),即当银行或交易对手违约时,该交易合约的平仓或索赔数额,通常由衍生品合约的盯市价值决定。若合约不存在稳定的市场价格,则按模型计价。可以说,对于交易对手而言,$g_B(V, C)$ 是银行

---

① 本书的研究范围不局限于期权,泛指衍生产品投资组合。所以这里交易双方均存在违约倾向。

发生违约时衍生品合约的剩余价值。$g_C(V, C) = R_C[V(t, S) - C(t, S)]^+ - [V(t, S) - C(t, S)]^- + C(t, S)$，为交易对手违约时的清算现金流。$R_C$ 表示交易对手的违约回收率，代表交易对手违约后可收回余款的程度。同样对于银行而言，$g_C(V, C)$ 为交易对手违约时衍生品合约的剩余价值。

## 10.3　资产的价格动态方程

经典的 Black-Scholes 模型把标的资产的价格变化过程假设为布朗运动，即资产价格变化是一个连续过程。但是，在实际的金融市场中，资产价格的变化过程是不连续的且存在跳跃现象。在模型中引入描述跳跃风险的项，以解释实际市场中资产价格的跳跃现象，能够更合理地刻画资产价格的变化过程。Merton (1976)针对资产价格波动中的跳跃现象提出了著名的跳跃扩散模型。在衍生品定价领域，特别是奇异期权定价方面，众多学者也对该模型进行拓展研究。本书的主要目的是将资产价格跳跃风险纳入衍生品合约的多重价值调整模型中，因此，本书根据 Merton(1976)和 Zhou(2001)的定价模型，通过布朗运动与泊松过程共同刻画资产价格过程。假设资产价格 $S_t$ 满足如下的随机微分方程：

$$dS_t = (\mu - \lambda \upsilon)S_t dt + \sigma S_t dW_t + (\vartheta - 1)S_t dJ_t \tag{10.4}$$

这里的 $\mu$ 表示资产的期望收益率，是预期股利收益率和预期资本利得收益率之和，$\sigma$ 表示资产价格未出现跳跃现象时的波动率。$W_t$ 表示布朗运动，$J_t$ 表示资产价格在交易周期 $[0, T]$ 内的跳跃次数且服从参数为常数 $\lambda$ 的泊松过程，以刻画跳跃特征。$\vartheta$ 表示资产价格的跳跃幅度，且服从均值为 $a_s$、方差为 $b_s^2$ 的对数正态分布，即 $\ln \vartheta \sim N(a_s, b_s^2)$，$\upsilon = E(\vartheta - 1)$。此外，$W_t$、$\vartheta$ 与 $J_t$ 相互独立。

当资产价格变化过程服从跳跃扩散模型时，投资组合中会加入一定份额关于资产的未定权益作为风险补偿。未定权益指的是任意一切未确定的权益，金融领域中指一切金融衍生证券及金融工具，常见的有远期合约、期货、互换、期权等。期权是最为典型且常见的一种未定权益，本书以期权为例，为获得未定权益的微分形式，先给出广义伊藤引理。

广义伊藤引理(Shreve，2004)设 $X(t)$ 是跳跃扩散过程，并且设函数 $f(x)$ 具有连续的一阶导数 $f'(x)$ 和二阶导数 $f''(x)$，则：

$$f(X(t)) = f(X(0)) + \int_0^t f'(X(s))\mathrm{d}X^c(s) = \frac{1}{2}\int_0^t f''(X(s))\mathrm{d}X^c(s)\mathrm{d}X^c(s) +$$

$$\sum_{0 < s \leqslant t} f(X(s)) - f(X(s^-)) \tag{10.5}$$

需注意,由于含有关于跳跃求和的项,广义伊藤引理并非总是可以写成微分形式。因此,根据广义伊藤引理,可得未定权益收益(期权价格)$C(t, S)$ 的微分形式如下:

$$\mathrm{d}C(t, S) = \frac{\partial C}{\partial t}\mathrm{d}t + (\mu - \lambda\nu)S\frac{\partial C}{\partial S}\mathrm{d}t + \frac{1}{2}\sigma^2 S^2 \frac{\partial^2 C}{\partial S^2}\mathrm{d}t +$$

$$\sigma S\frac{\partial C}{\partial S}\mathrm{d}W + \lambda E(C(t, S\vartheta) - C(t, S))\mathrm{d}N \tag{10.6}$$

其中,$N(t)$ 为资产价格的更新过程。[①]

通常,对冲投资组合中的债券假设为无风险债券。但是,本书假设交易双方存在违约倾向,因此假设银行和交易对手发行的不同等级的债券也存在风险,且债券价格满足的动态方程如下:

$$\begin{cases} \mathrm{d}P_1 = r_1 P_1 \mathrm{d}t - (1 - R_1)P_1\mathrm{d}J_B \\ \mathrm{d}P_2 = r_2 P_2 \mathrm{d}t - (1 - R_2)P_2\mathrm{d}J_B \\ \mathrm{d}P_C = r_C P_C \mathrm{d}t - (1 - R_C)P_C\mathrm{d}J_C \end{cases} \tag{10.7}$$

这里的 $P_1$ 和 $P_2$ 表示银行发行的不同等级的债券价格,收益率分别为 $r_1$ 和 $r_2$,$R_1$ 和 $R_2$ 分别为债券 $P_1$ 和债券 $P_2$ 的回收率,且满足方程 $r_1 - r = (1 - R_1)\lambda_B$,$r_2 - r = (1 - R_2)\lambda_B$,$r$ 为无风险利率,$\lambda_B$ 为银行的债券利差,代表银行发生违约的危险率。$P_C$ 表示交易对手的债券价格,其收益率和回收率分别为 $r_C$ 和 $R_C$,且满足 $r_C - q_C = (1 - R_C)\lambda_C$,$q_C$ 表示债券 $P_C$ 的借款利率,$\lambda_C$ 为交易对手的债券利差,代表交易对手的危险率。

需要说明的是,这里不同于现有相关文献研究中对交易对手债券价格动态方程的设定,交易对手债券的回收率设定为零,即 $\mathrm{d}P_C = r_C P_C \mathrm{d}t - P_C\mathrm{d}J_C$。在实际运行中,债券回收率与违约事件有直接关系,且不同类型的债券,其回收率

---

① 更新过程:设 $\{X_n, n = 1, 2, \cdots\}$ 是一串独立同分布的非负随机变量,分布函数 $F(x)$。令 $T_n = \sum_{i=1}^n X_i$,$n \geqslant 1$,$T_0 = 0$。把由 $N(t) = \sup\{n: T_n \leqslant t\}$ 定义的计数过程称为更新过程。

差异较大。据穆迪统计,公司债券在 1982 年至 2014 年间的平均回收率为 20% 到 60% 之间,因此,本书将交易对手债券的回收率设为常数 $R_C$ 较为合理。

## 10.4　跳跃扩散模型下衍生品合约的多重价值调整

　　在前面几节的基本假设前提下,本节根据复制法,首先,构建对冲投资组合策略,推导出衍生品合约价值满足的偏微分方程;其次,根据衍生品合约无违约风险价值的偏微分方程,推导出多重价值调整满足的偏微分方程;最后,利用 Feynman-Kac 公式(Oksendal,2003),推导出在资产价格变化过程服从跳跃扩散模型的假设下,衍生品合约的多重价值调整模型。

　　根据复制法,构建一个满足条件 $\varPi + V^* = 0$ 的对冲投资组合 $\varPi$。 首先,在对冲投资组合中包含资产 $S_t$,且资产的价格变化过程满足方程 10.4。其次,本书是从银行(交易商)的角度去考虑对冲投资策略的,加入银行自身发行的债券以对冲交易商自身的信用风险。因此,在对冲投资组合中包含了银行自身发行的债券,且是不同等级不同回收率 $(R_1 \neq R_2)$ 的债券 $P_1$ 和债券 $P_2$,以减少衍生工具的资产负债表影响。此外,为了防止交易对手违约对银行自身造成较大的经济损失,银行可以通过回购协议做空交易对手债券。回购协议中最为常见的方式之一是:证券的卖出与购回采用相同价格,协议到期时,以约定的收益率在本金外再支付费用。银行也可以直接向交易对手"借入"一定数额的债券,以作为隐性担保,因此对冲投资组合中包含了交易对手的债券 $P_C$。 需要说明的是,本书不同于 Burgard 和 Kjaer(2013)的研究,Burgard 和 Kjaer 直接在对冲投资组合中加入了衍生品交易的抵押资产 $X(t)$,且满足 $\mathrm{d}X(t) = r_X X \mathrm{d}t$,$r_X$ 为常数抵押利率。由于本章探究的是在跳跃扩散模型下衍生品合约多重价值调整问题,以及资产价格跳跃风险对多重价值调整的影响,于是将原对冲投资组合中抵押资产 $X(t)$ 这一项假设为关于资产的期权 $C(t,S)$,并通过对应投资份额的设定,以刻画资产价格的跳跃风险。衍生品合约为无担保交易,没有抵押品或抵押金,而资产价格又存在跳跃风险,因此,在投资组合中加入资产相关的未定权益(期权)$C(t,S)$ 也可作为策略保护。最后,对冲投资组合中包含资产及债券的现金流账户 $\beta_S$ 和 $\beta_C$。 基于此,对冲投资组合 $\varPi$ 的具体形式如下:

$$\Pi(t) = \alpha_S S(t) + \alpha_1 P_1(t) + \alpha_2 P_2(t) + \alpha_C P_C(t) + \\ \beta_C(t) + \beta_S(t) + \alpha_X C(t, S) \tag{10.8}$$

其中，$\{\delta_S, \alpha_1, \alpha_2, \alpha_C, \alpha_X\}$ 表示投资于相应资产的份额，也称为投资策略，简写为 $\Pi_t$，即：

$$\Pi_t = \alpha_S S + \alpha_1 P_1 + \alpha_2 P_2 + \alpha_C P_C + \beta_C + \beta_S + \alpha_X C_t \tag{10.9}$$

在连续时间的情况下，对冲投资组合的微分形式如下：

$$\mathrm{d}\Pi_t = \alpha_S \mathrm{d}S_t + \alpha_1 \mathrm{d}P_1 + \alpha_2 \mathrm{d}P_2 + \alpha_C \mathrm{d}P_C + \mathrm{d}\beta_C + \mathrm{d}\beta_S + \alpha_X \mathrm{d}C_t \tag{10.10}$$

其中，对冲投资组合中的对应现金流账户 $\beta_C$ 满足的动态方程为：

$$\mathrm{d}\beta_C = -\alpha_C q_C P_C \mathrm{d}t \tag{10.11}$$

其中，$q_C$ 表示交易对手债券的借款利率，由于银行是"借入"的交易对手债券，因此会产生 $\alpha_C q_C P_C \mathrm{d}t$ 的融资成本。

资产价格 $S_t$ 及其期权 $C(t, S)$ 对应的现金流账户 $\beta_S$ 满足的动态方程为：

$$\mathrm{d}\beta_S = [\alpha_{S1}(r_S - q_S)S + \alpha_{S2} r_O C]\mathrm{d}t \tag{10.12}$$

其中，$\alpha_{S1}$ 表示衍生品价值随资产价格变动的敏感度参数；$\alpha_{S2} = \alpha_S - \alpha_{S1}$（$\alpha_S$ 是对冲投资组合中的资产总数量），$\alpha_{S2}$ 表示衍生品价值与期权价格对资产价格变动的敏感度参数。$r_S$ 表示股利收益率，因此，$\alpha_{S1} r_S S \mathrm{d}t$ 是资产收益利息收入，$q_S$ 表示资产抵押利率或回购利率，银行以该抵押利率或者回购利率借入这些资产，所以 $\alpha_{S1} q_S S \mathrm{d}t$ 是融资成本。$r_O$ 表示与资产期权收益相关的利率，$\alpha_{S2} r_O C$ 为行权时的收益。

为了探究涵盖资产价格跳跃风险的多重价值调整问题，在资产价格变化过程服从跳跃扩散模型的前提下，笔者对衍生品合约的价值变化过程进行分析。在引理 10.1 中，笔者结合衍生品合约的价值变化过程和对冲投资组合的微分形式，推导出合约价值满足的偏微分方程。

**引理 10.1** 在资产价格变化过程服从跳跃扩散模型的假设下，衍生品合约的价值 $V^* = V^*(t, S_t, J_B, J_C)$ 满足如下偏微分方程：

$$\begin{cases} \partial_t V^* + \mathrm{A}_t V^* - (r + \lambda_B + \lambda_C)V^* = rC - \lambda_C g_C - \lambda_B g_B + \lambda_B \varepsilon_h \\ V^*(T, S) = H(S) \end{cases}$$

$$\tag{10.13}$$

下面展示证明过程。根据方程 10.1 给出的衍生品合约价值的微分形式及方程 10.10 给出的对冲投资组合的微分形式,可得:

$$
\begin{aligned}
\mathrm{d}(V^* + \Pi) &= \mathrm{d}V^* + \mathrm{d}\Pi \\
&= \frac{\partial V^*}{\partial t}\mathrm{d}t + \frac{\partial V^*}{\partial S}\mathrm{d}S + \frac{1}{2}\sigma^2 S^2 \frac{\partial^2 V^*}{\partial S^2}\mathrm{d}t + \Delta V_B^* \mathrm{d}J_B + \Delta V_C^* \mathrm{d}J_C + \\
&\quad \alpha_S \mathrm{d}S + \alpha_1 \mathrm{d}P_1 + \alpha_2 \mathrm{d}P_2 + \alpha_C \mathrm{d}P_C + \mathrm{d}\beta_C + \mathrm{d}\beta_S + \alpha_X \mathrm{d}C
\end{aligned}
$$

根据对冲投资组合 $\Pi$ 满足条件 $V^* + \Pi = 0$,并代入相关资产的动态方程,进一步整理,可得:

$$
\begin{aligned}
\mathrm{d}(V^* + \Pi) &= [\partial_t V^* + A_t V^* + (\Delta V_B^* - \varepsilon_h)\lambda_B + (-V^* - \alpha_X C)r + \lambda_C \Delta V_C^*]\mathrm{d}t + \\
&\quad \varepsilon_h \mathrm{d}J_B \\
&= [\partial_t V^* + A_t V^* + (g_B - V^*)\lambda_B - \varepsilon_h \lambda_B + \lambda_C(g_C - V^*) + (-V^* - \\
&\quad \alpha_X C)r]\mathrm{d}t + \varepsilon_h \mathrm{d}J_B \\
&= [\partial_t V^* + A_t V^* - (r + \lambda_B + \lambda_C)V^* + \lambda_B g_B + \lambda_C g_C - \alpha_X r C - \\
&\quad \varepsilon_h \lambda_B]\mathrm{d}t + \varepsilon_h \mathrm{d}J_B
\end{aligned}
$$

其中,$\varepsilon_h \equiv g_B + P_D + \alpha_X C$,$P_D = \alpha_1 R_1 P_1 + \alpha_2 R_2 P_2$,$g_B$ 是银行发生违约时衍生品合约的剩余价值(见方程 10.2)。抛物算子为 $A_t = \frac{1}{2}\sigma^2 S^2 \frac{\partial^2}{\partial S^2} + rS\frac{\partial}{\partial S}$。

由上式可知,当银行未违约($J_B = 0$)时,衍生品合约与对冲投资组合同时交易时可达到无风险状态。而当银行违约($J_B = 1$)时,$\varepsilon_h$ 为银行作为债券发行方且持有自发债券组合(债券 $P_1$ 和债券 $P_2$)的损益,这里的 $g_B$ 是银行违约时衍生品合约平仓的剩余价值。$P_D$ 为债券 $P_1$ 和债券 $P_2$ 在银行违约后的剩余价值。

由于银行采取的对冲策略是自融资形式,因此漂移项为零,即:

$$
\partial_t V^* + A_t V^* - (r + \lambda_B + \lambda_C)V^* + \lambda_B g_B + \lambda_C g_C - \alpha_X r_C - \varepsilon_h \lambda_B = 0
$$

假设该衍生品合约在时间 $T$ 点的最终收益函数为 $H(S)$,仅依赖于资产价格,即在 $T$ 时刻的合约价值为:

$$
V^*(T, S) = H(S)
$$

因此,衍生品合约的价值 $V^*$ 满足如下偏微分方程:

$$
\begin{cases}
\partial_t V^* + A_t V^* - (r + \lambda_B + \lambda_C) V^* + \lambda_B g_B + \lambda_C g_C - \alpha_X r C - \varepsilon_h \lambda_B = 0 \\
V^*(T, S) = H(S)
\end{cases}
$$

证毕。

仅靠双边交易本身并不能提供任何成本转移的经济方式,除非一方扮演做市商的角色。本文假设银行是做市商,因此,银行会将其交易中的信用风险、交易资金融资成本、初始保证金融资成本等组成部分的估值计入合约的经济价值(以下简称"价值")中。对银行而言,任意衍生品合约的价值 $V^*$,对应存在一个无违约风险价值 $V$,那么:

$$
V^* = V + U \tag{10.14}
$$

这里的 $U$ 表示衍生品合约的多重价值调整,多重价值调整 $U$ 涵盖了交易双方的信用风险、交易周期中交易资金产生的融资成本、初始保证金融资成本等组成部分的价值。

**定理 10.1** 在资产价格变化过程服从跳跃扩散模型的假设下,衍生品合约的多重价值调整 $U$ 满足如下的偏微分方程:

$$
\begin{cases}
\partial_t U + A_t U - (r + \lambda_B + \lambda_C) U = \alpha_X r C - \lambda_C (g_C - V) - \lambda_B (g_B - V) + \lambda_B \varepsilon_h \\
U(T, S) = 0
\end{cases}
$$

$$\tag{10.15}$$

且多重价值调整模型 $U$ 为:

$$
U(t, S) = E\left[ \int_t^T e^{-\int_t^s (r + \lambda_B + \lambda_C) \mathrm{d}\tau} \left[ \alpha_X r C - \lambda_C (g_C - V) - \lambda_B (g_B - V) + \lambda_B \varepsilon_h \right] \mathrm{d}\omega \right]
$$

$$\tag{10.16}$$

下面展示证明过程。根据引理 10.1 的结论:

$$
\begin{cases}
\partial_t V^* + A_t V^* - (r + \lambda_B + \lambda_C) V^* = \alpha_X r C - \lambda_B g_B - \lambda_C g_C + \varepsilon_h \lambda_B \\
V^*(T, S) = H(S)
\end{cases}
$$

再根据该合约的无违约风险价值 $V$ 满足标准 Black-Scholes 偏微分方程:

$$
\begin{cases}
\partial_t V + A_t V - r V = 0 \\
V(T, S) = H(S)
\end{cases}
$$

再结合方程 10.14,得出多重价值调整 $U$ 满足偏微分方程:

$$\begin{cases} \partial_t U + \mathrm{A}_t U - (r + \lambda_B + \lambda_C) U = \alpha_X rC - \lambda_C (g_C - V) - \lambda_B (g_B - V) + \lambda_B \varepsilon_h \\ U(T,\, S) = 0 \end{cases}$$

根据 Feynman-Kac 公式,可得衍生品合约的多重价值调整模型 $U(t,\, S)$ 为:

$$U(t,\, S) = E\left[\int_t^T \mathrm{e}^{-\int_t^s (r + \lambda_B + \lambda_C)\mathrm{d}\tau} \left[\alpha_X rC - \lambda_C (g_C - V) - \lambda_B (g_B - V) + \lambda_B \varepsilon_h\right] \mathrm{d}\omega\right]$$

证毕。

定理 10.1 给出了涵盖跳跃风险的多重价值调整模型。衍生品合约的多重价值调整模型可以弥补 Black-Scholes 模型的一些缺陷,以描述定价模型未能剥离出的风险,即衍生品合约价值中嵌入的交易双方信用风险、交易资金融资成本、初始保证金融资成本等组成部分的价值。上述定理的结论基于跳跃扩散模型下推导出的关于衍生品合约的多重价值调整模型,将资产价格的跳跃风险纳入多重价值调整理论体系中。因此,跳跃扩散模型假设下的多重价值调整模型 $U(t,\, S)$ 分解出的信用价值调整模型、债务价值调整模型、资金价值调整模型及保证金价值调整模型均涵盖了资产价格的跳跃风险。因此,跳跃风险下的多重价值调整模型更符合金融市场的数据特征,对衍生品合约价值中嵌入的交易双方信用风险、交易资金融资成本、初始保证金融资成本等组成部分的估值具有更强的解释能力。

首先,衍生品合约价值中嵌入的交易对手信用风险的信用价值调整模型具体如下:

$$CVA = -E_t\left[\int_t^T \lambda_C(\omega) \mathrm{e}^{-\int_t^s (r + \lambda_B + \lambda_C)\mathrm{d}\tau} (g_C(\omega) - V(\omega)) \mathrm{d}\omega\right] \qquad (10.17)$$

信用价值调整模型的估计值是关于交易对手发生违约时的衍生品合约剩余价值与合约无风险价值之差及交易对手债券利差的积分的期望值,是银行所估计的由于交易对手违约引起的预期费用现值。本质上,信用价值调整是银行对交易对手信用风险的市场价格的估值。可以说,信用价值调整赋予了交易对手信用风险一个具体的数值。与之对应的是,银行自身违约可能给自己带来的预期收益价值贴现值(Crépey,2015),即债务价值调整,具体如下:

$$DVA = E_t\left[\int_t^T \lambda_B(\omega) \mathrm{e}^{-\int_t^s (r + \lambda_B + \lambda_C)\mathrm{d}\tau} (V(\omega) - g_B(\omega)) \mathrm{d}\omega\right] \qquad (10.18)$$

从交易对手的角度来看,债务价值调整就是信用价值调整。债务价值调整模型的估计值是关于银行发生违约时衍生品合约的剩余价值与交易合约无违约风险价值之差及银行债券利差的积分的期望值。债务价值调整反映了由于银行自身违约而给交易对手带来的损失。虽然银行在实际运营中是不会违约的,但会计准则要求其报告的合约价值反映其债务价值调整。信用价值调整模型和债务价值调整模型都是为了衡量交易双方都面临的交易对手风险。因此,交易对手未偿付衍生品合约的账面价值计算应为其无违约风险价值(V)减去信用价值调整,再加上债务价值调整。

资金价值调整是针对交易周期中由于交易资金产生融资成本而对衍生品合约价值进行的调整。资金价值调整一般分为融资收益和融资成本两方面。但是,对于资金价值调整中的融资收益部分与债务价值调整之间是否存在双重计算这一问题,目前学界存在争议。因此,本书主要讨论资金费用调整(funding cost adjustment,FCA)。具体如下:

$$FVA = FCA = -E_t\left[\int_t^T \lambda_B(\omega)e^{-\int_t^s(r+\lambda_B+\lambda_C)d\tau}(-\varepsilon_h(\omega))d\omega\right] \quad (10.19)$$

这里的资金价值调整模型,是关于银行债券利差与不同融资策略的对冲缺口损益($\varepsilon_h$)积分的期望值。资金价值调整的计算需考虑融资成本、流动性等风险因素。我们可以把交易资金产生融资成本理解为银行违约时融资公司的预期损失。尽管目前对于衍生品合约是否进行资金价值调整的争议仍存在,但是对于资金价值调整的计算十分重要。银行或其他金融机构在对衍生品合约价值进行评估时,已经将融资成本或对冲交易中的融资成本计入衍生品合约价值中。因此,衍生品合约的价值应该是其无违约风险价值(V)减去信用价值调整,然后加上债务价值调整,再减去资金价值调整。

对于一份未清算的衍生品合约,不管是清算委托书,还是双边担保品规则,都会要求进行大量的初始保证金过账。高保证金要求主要是为了提高抵抗违约损失的能力,但是,同时会产生相应的融资成本。保证金价值调整模型正是对于衍生品合约价值中关于初始保证金融资成本的估值。具体如下:

$$MVA = -E_t\left[\int_t^T \alpha_X e^{-\int_t^s(r+\lambda_B+\lambda_C)d\tau}(-rC(\omega,S))d\omega\right] \quad (10.20)$$

这里的保证金价值调整模型是关于投资组合中未定权益[①]收益积分的预期

---

[①] 本书以资产期权作为投资组合中的未定权益,在针对具体的交易合约时,也可选取其他未定权益,进而会使得初始保证金价值调整有所不同,但不影响本书研究结论。

值。在衍生品市场中,交易商通常会将各类风险对冲成本(包括初始保证金要求以及因流动性等因素产生的超额抵押成本)进行量化,并通过衍生品定价机制将这些成本转移至客户方。这种定价策略确保了交易商能够覆盖其风险管理过程中产生的全部预期成本。同样,银行也会通过计算保证金价值调整值,将这个成本计入衍生品价格中以转移到交易对手一方。因此,衍生品合约的价值应该是其无违约风险价值($V$)减去信用价值调整,再加上债务价值调整,最后减去资金价值调整及保证金价值调整。

下面,笔者通过简单的数值例子初步分析,在资产价格变化过程设定为跳跃扩散模型的假设下,多重价值调整模型对衍生品合约价值中嵌入的交易双方信用风险、交易资金融资成本、初始保证金融资成本等组成部分的估值。

多重价值调整模型所涉及的参数主要有三类。一是与经典的期权定价模型相关的参数,即参照大多数文献的设定,在合理范围内取值。关于数值实验中的参数设置问题,现有文献已建立基准设置(Deng,2007;Zhang and Sun,2017)。二是与不同市场参与者所发行的不同债券相关的参数。例如银行发行的不同等级债券 $P_1$ 和 $P_2$,其利率与回收率成反比,利率高的债券回收率低,即当 $r_1 > r_2$ 时,$R_1 < R_2$,反之亦然。债券违约回收率为发生违约后通过破产程序或止赎权等收回的金额比,据穆迪统计,1982 年至 2014 年,按加权平均计算,公司平均回收率大约介于 17.10%~52.40%之间。因此,为了便于计算,实验中假设 $R_C =$ 40%。 由于债券 $P_1$ 和 $P_2$ 是不同等级,假设债券 $P_1$ 是优先级,其债券回收率高于其他类型,如果按照规模加权计算,有担保的优先级债券回收率为 59.5%,在 2014 年高达 76.5%,为了便于计算,假设 $R_1 = 60\%$。 设债券 $P_2$ 是高级次级债券,违约回收率低于无担保优先级债券的回收率(金融危机后降至 34%以下,2010 年后基本维持在 46%左右),设 $R_2 = 40\%$。 只要交易合约中的债券是不同等级,根据约束条件 $r_1 - r = (1 - R_1)\lambda_B$,$r_2 - r = (1 - R_2)\lambda_B$,经计算,银行的债券利差 $\lambda_B$ 的取值范围基本介于 0.01~0.03 之间,并且,根据公开资料,银行的利差普遍在 2%左右,所以假设 $\lambda_B = 0.020$。 同理,交易对手的违约头寸的有效利差 $\lambda_C$ 受到债券 $P_C$ 的收益率和借款利率的约束,根据约束条件 $\lambda_C(1 - R_C) = r_C - q_C$,$\lambda_C$ 也介于 0.01~0.03 之间,因此,假设 $\lambda_C = 0.020$。 三是与现金流账户相关的参数。由于交易对手的债券利差受其债券的收益率和借款利率约束,因此,假设银行可以以一个较低的借款利率(如基准利率)向交易对手借入债券,取 $q_C = 0.040$。 又据穆迪统计,公司债券在 1982 年至 2014 年间的平均回

收率在 20%～60% 之间，因此，本章将交易对手债券的回收率 $R_C$ 设为 40%。那么根据约束条件 $\lambda_C(1-R_C)=r_C-q_C$，有 $r_C=0.052$。

由于本章主要是考察资产价格变化特征对衍生品合约多重价值调整的影响，没有针对具体的衍生品类型以及市场，因此暂时未考虑参数估计问题，只针对简单的参数设定并通过 R 软件进行数值实验。在后续研究中，将对衍生品市场中具体合约类型进行研究，届时会对参数估计问题进行深入研究。下面，根据相关参数设定，给出一个简单的数值例子。

**例 10.1** 考虑一份 1 年到期、标的资产为股票的衍生品合约。

实验中，我们假设当前股票价格为 95 元，股票价格的年波动率为 40%，执行价格为 100 元，无风险利率设为 5%。这里关于交易合约的无风险价值($V$)，根据标准的 Black-Scholes 期权定价公式求出。跳跃扩散模型假设下，衍生品合约多重价值调整模型的参数如表 10.1 所示。

**表 10.1　跳跃扩散模型假设下，衍生品合约多重价值调整模型的参数**

| 参数 | 取值 | 参数 | 取值 | 参数 | 取值 | 参数 | 取值 |
|---|---|---|---|---|---|---|---|
| $S_0$ | 95 | $q_S$ | 0.015 | $\lambda_C$ | 0.020 | $r_2$ | 0.030 |
| $K$ | 100 | $\mu$ | 0.065 | $R_1$ | 0.600 | $q_C$ | 0.012 |
| $\sigma_S$ | 0.400 | $r$ | 0.050 | $R_2$ | 0.400 | $r_C$ | 0.032 |
| $r_S$ | 0.040 | $\lambda_B$ | 0.020 | $r_1$ | 0.010 | $R_C$ | 0.400 |

根据跳跃扩散(JD)模型下的多重价值调整模型、信用价值调整模型、债务价值调整模型、资金价值调整模型及保证金价值调整模型，表 10.2 给出了多重价值调整($U$)、信用价值调整($CVA$)、债务价值调整($DVA$)、资金价值调整($FVA$)及保证金价值调整($MVA$)在无违约风险价值($V$)中所占比重。[①]

**表 10.2　$U$、$CVA$、$DVA$、$FVA$ 及 $MVA$ 在无违约风险价值 $V$ 中所占比重**

| 模　型 | $U/V$ | $CVA/V$ | $DVA/V$ | $FVA/V$ | $MVA/V$ |
|---|---|---|---|---|---|
| JD 模型 | −0.068 55 | 0.017 61 | 0.060 44 | −0.103 08 | 0.077 36 |

① 表中多重价值调整 $U$ 是从银行的角度计算的，$U=CVA-DVA+FVA+MVA$，$V$ 是根据标准的 Black-Scholes 模型计算的。

　　从表 10.2 可以看出,根据跳跃扩散模型假设下的多重价值调整模型 10.16,衍生品合约的多重价值调整在无违约风险价值中所占比重为 0.068 55;根据跳跃扩散模型下的信用价值调整模型 10.17,衍生品合约的信用价值调整在无违约风险价值中所占比重为 0.017 61;根据跳跃扩散模型下的债务价值调整模型 10.18,衍生品合约的债务价值调整在无违约风险价值中所占比重为 0.060 44;根据跳跃扩散模型下的资金价值调整模型 10.19,衍生品合约的资金价值调整在无违约风险价值中所占比重为 0.103 08;根据跳跃扩散模型下的保证金价值调整模型 10.20,衍生品合约的保证金价值调整在无违约风险价值中所占比重为 0.077 36。数值实验表明,对于一份无违约风险价值为 100 万元的衍生品合约,在资产价格变化过程服从跳跃扩散模型的假设下,根据多重价值调整模型估算,衍生品合约价格中嵌入的交易双方信用风险、交易资金融资成本、初始保证金融资成本等组成部分的价值在该合约无违约风险价值中的占比为 6.855%左右,即对这份合约价值中包含的交易双方信用风险、交易资金融资成本、初始保证金融资成本等组成部分价值的估值约为 6.855 万元 $(U = CVA - DVA + FVA + MVA)$[①]。 若将合约中的交易双方信用风险、交易资金融资成本、初始保证金融资成本等组成部分的价值考虑在内,基于银行对交易对手风险与交易成本的评估与计算,衍生品合约的价值应该为 93.145 万元。

## 10.5　结果分析

　　本节将对多重价值调整模型进行详细的对比分析。在资产价格变化过程分别服从布朗运动和跳跃扩散模型的假设下,本节对信用价值调整、债务价值调整、资金价值调整及保证金价值调整分别进行数值实验,并且进行对比分析,以说明资产价格跳跃风险对多重价值调整的影响。

　　为了对比分析跳跃扩散模型下衍生品合约的多重价值调整,我们先列出现有文献中布朗运动假设下的多重价值调整模型。Burgard 和 Kjaer(2013)将资产价格变化过程设为标准的布朗运动 $dS = \mu S dt + \sigma S dW$,抵押账户 $X(t)$ 满足

---

① 多重价值调整理论体系中除了信用价值调整、债务价值调整、资金价值调整及保证金价值调整,还包含其他价值调整,如资本价值调整、税务价值调整等,但由于这些价值调整处于初级探索阶段,且不是本书要研究的主要问题,本书暂时未考虑全部的价值调整。

$dX = -r_X X dt$，其中 $r_X = s_X + r$，为常数。然后，两位学者建立对冲投资组合 $\Pi = \delta S + \alpha_1 P_1 + \alpha_2 P_2 + \alpha_C P_C + \beta_S + \beta_C - X$。在此基础上，推导出衍生品合约的多重价值调整模型为：

$$U(t, S) = E\left[\int_t^T e^{-\int_t^s (r+\lambda_B+\lambda_C) d\tau} [s_X X - \lambda_C (g_C - V) - \lambda_B (g_B - V) + \lambda_B \varepsilon_h] d\omega\right]$$

$$(10.21)$$

其中，$g_C(V, X) = R_C [V(t, S) - X(t)]^+ - [V(t, S) - X(t)]^- + X(t)$，$g_B(V, X) = X(t) + [V(t, S) - X(t)]^+ + R_B [V(t, S) - X(t)]^-$，$\varepsilon_h = \Delta V_B^* - (P - P_D)$，$\Delta V_B^* = g_B - V^*$。

该模型的假设前提是资产价格变化过程遵从布朗运动，因此该模型并未考虑资产价格的跳跃风险。为了使模型能够涵盖这一风险，笔者将资产价格变化过程假设为跳跃扩散模型，推导出衍生品合约的多重价值调整模型如下：

$$U(t, S) = E\left[\int_t^T e^{-\int_t^s (r+\lambda_B+\lambda_C) d\tau} [\alpha_X r C - \lambda_C (g_C - V) - \lambda_B (g_B - V) + \lambda_B \varepsilon_h] d\omega\right]$$

$$(10.22)$$

其中，$g_C(V, C) = R_C [V(t, S) - \alpha_X C(t, S)]^+ - [V(t, S) - \alpha_X C(t, S)]^- + \alpha_X C(t, S)$，$g_B(V, C) = [V(t, S) - \alpha_X C(t, S)]^+ + R_B [V(t, S) - \alpha_X C(t, S)]^- + \alpha_X C(t, S)$，$\varepsilon_h = \Delta V_B^* - (P - P_D)$，$\Delta V_B^* = g_B - V^*$。

从理论上来说，第二个模型是涵盖资产价格跳跃风险的多重价值调整模型，比第一个模型更能反映真实的市场情况，是一个较为精确的多重价值调整模型。对比模型 10.21 与模型 10.22 可以发现，由于资产价格变化过程的假设条件不同，模型结果中的 $g_C$、$g_B$、$\varepsilon_h$（$g_C$ 和 $g_B$ 分别是交易对手违约、银行违约时衍生品合约平仓时的价值，$\varepsilon_h$ 为银行不同融资策略的对冲缺口损益）均不同，信用价值调整、债务价值调整及资金价格调整也不同。这表明，资产价格的跳跃风险对衍生品合约的多重价值调整具有显著影响。

**例 10.2** 关于多重价值调整模型中涉及的参数设定，详见表 10.1。

笔者根据多重价值调整模型 10.21 和模型 10.22，对衍生品合约的多重价值调整问题进行研究。通过模型 10.21 和模型 10.22 及模型 10.17～10.20 的计算，可以求得在资产价格变化过程分别服从布朗运动（Brown motion，BM）与跳跃扩散模型的假设下，衍生品合约的多重价值调整、信用价值调整、债务价值

调整、资金价值调整及保证金价值调整在无违约风险价值中所占的比重。表
10.3 展示了两种情况下，多重价值调整($U$)、信用价值调整($CVA$)、债务价值调
整($DVA$)、资金价值调整($FVA$)及保证金价值调整($MVA$)在无违约风险价值
$V$ 中所占比重。

表 10.3　两种情况下，$U$、$CVA$、$DVA$、$FVA$ 及 $MVA$ 在无违约风险价值 $V$ 中所占比重

| 模　型 | $U/V$ | $CVA/V$ | $DVA/V$ | $FVA/V$ | $MVA/V$ |
|---|---|---|---|---|---|
| BM 模型 | −0.036 49 | −0.058 72 | −0.074 15 | −0.052 38 | 0.000 45 |
| JD 模型 | −0.068 55 | 0.017 61 | 0.060 44 | −0.103 08 | 0.077 36 |

从表 10.3 的计算结果可以看出，对于一份衍生品合约而言，资产价格跳跃
风险对信用价值调整、债务价值调整、资金价值调整及保证金价值调整的影响存
在显著的差异性。就多重价值调整而言，在资产价格服从布朗运动的假设下，衍
生品合约的多重价值调整在其无违约风险价值中所占比重为 3.649% 左右；而
在资产价格服从跳跃扩散模型的假设下，多重价值调整所占比重为 6.855% 左
右，表明跳跃风险导致多重价值调整在无违约风险价值中所占比重增加。这说
明银行在对衍生品合约的价值进行多重价值调整时，需要考虑资产价格跳跃风
险。就信用价值调整与债务价值调整而言，考虑资产价格跳跃风险后，它们在无
违约风险价值中所占比重减少。从资金价值调整与保证金价值调整来看，考虑
资产价格跳跃风险后，它们在无违约风险价值中所占比重显著增加。这说明资
产价格的跳跃风险导致不同的价值调整之间发生转移，这可能是由于在考虑价
格跳跃风险后，交易资金产生的融资成本及初始保证金融资成本会由于交易资
金及初始保证金提高而增加，从而导致信用价值调整与债务价值调整减少，资金
价值调整与保证金价值调整增加。整体而言，资产价格跳跃风险对多重价值调
整具有显著的影响，即对衍生品合约价值中嵌入的交易双方信用风险、交易资金
融资成本、初始保证金融资成本等组成部分进行估值时，跳跃风险是重要的影响
因素。

此外，设定相应的参数后，笔者根据多重价值调整模型 10.21 与模型
10.22，给出衍生品合约多重价值调整分别在布朗运动和跳跃扩散模型假设下的
变化情况。具体分析如图 10.1 所示。

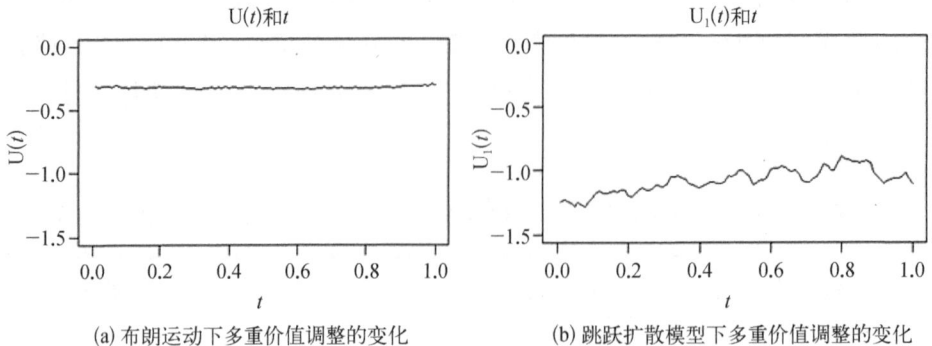

(a) 布朗运动下多重价值调整的变化　　　　(b) 跳跃扩散模型下多重价值调整的变化

**图 10.1　多重价值调整分别在布朗运动和跳跃扩散模型假设下的变化情况**

图 10.1(a)为在资产价格变化过程遵循布朗运动的假设下,衍生品合约多重价值调整的变化过程,图 10.1(b)为资产价格变化过程服从跳跃扩散模型的假设下,衍生品合约多重价值调整的变化过程。从图 10.1 可以看出,在参数设定后,随着时间的变化,当资产价格变化过程服从布朗运动时,多重价值调整的变化趋势相对平稳,基本维持在一定范围内;当资产价格变化过程服从跳跃扩散模型时,衍生品合约多重价值调整变化的波动性增大,表明资产价格跳跃风险对多重价值调整具有显著的影响。这是因为,跳跃风险作为偶然发生的大幅波动,是影响衍生品合约价格的主要因素之一(Pan,2002;Hsu,Saá-Requejo, and Santa-Clara,2010)。相较于市场的小幅波动,交易者更厌恶跳跃风险,对资产价格的跳跃风险的规避程度更高,而在实际市场中,跳跃风险存在的必然性导致衍生品价格中包含了跳跃风险。那么,当资产价格包含跳跃风险时,跳跃风险的市场价格应该归到多重价值调整中,而不是归到衍生品合约本身的价值中。结合方程 10.14 说明,多重价值调整的大小影响衍生品合约的价格,因此,若跳跃风险对多重价值调整有影响,那么跳跃风险必然也会影响衍生品价值。这与资产价格跳跃风险是衍生品价格的主要影响因素之一的结论一致。因此,考虑资产价格跳跃风险后的多重价值调整模型,对衍生品合约价值嵌入的交易双方信用风险、交易资金融资成本、初始保证金融资成本等组成部分的估值更为合理。

接下来,就资产价格跳跃风险对信用价值调整、债务价值调整、资金价值调整及保证金价值调整的影响,依次分析跳跃风险对衍生品合约价值中交易双方的信用风险、交易资金融资成本、初始保证金融资成本等组成部分估值的影响。

首先,关于衍生品合约价值中的信用风险问题,信用价值调整与债务价值调

整是对衍生品合约价值中交易双方信用风险的度量。当资产价格变化过程服从布朗运动时,信用价值调整模型为:

$$CVA = -E_t\left[\int_t^T \lambda_C(\omega)e^{-\int_t^s (r+\lambda_B+\lambda_C)d\tau}(V(\omega)-g_C(\omega))d\omega\right] \quad (10.23)$$

其中,$g_C(V, X) = R_C[V(t, S) - X(t)]^+ - [V(t, S) - X(t)]^- + X(t)$。

当资产价格变化过程服从跳跃扩散模型时,信用价值调整模型为:

$$CVA = -E_t\left[\int_t^T \lambda_C(\omega)e^{-\int_t^s (r+\lambda_B+\lambda_C)d\tau}(V(\omega)-g_C(\omega))d\omega\right] \quad (10.24)$$

其中,$g_C(V, C) = R_C[V(t, S) - \alpha_X C(t, S)]^+ - [V(t, S) - \alpha_X C(t, S)]^- + \alpha_X C(t, S)$。

当资产价格变化过程服从布朗运动时,债务价值调整模型为:

$$DVA = -E_t\left[\int_t^T \lambda_B(\omega)e^{-\int_t^s (r+\lambda_B+\lambda_C)d\tau}(V(\omega)-g_B(\omega))d\omega\right] \quad (10.25)$$

其中,$g_B(V, X) = [V(t, S) - X(t)]^+ + R_B[V(t, S) - X(t)]^- + X(t)$。

当资产价格变化过程服从跳跃扩散模型时,债务价值调整模型为:

$$DVA = -E_t\left[\int_t^T \lambda_B(\omega)e^{-\int_t^s (r+\lambda_B+\lambda_C)d\tau}(V(\omega)-g_B(\omega))d\omega\right] \quad (10.26)$$

其中,$g_B(V, C) = [V(t, S) - \alpha_X C(t, S)]^+ + R_B[V(t, S) - \alpha_X C(t, S)]^- + \alpha_X C(t, S)$。

直观上,在资产价格变化过程服从不同随机过程的假设下,交易双方信用风险的信用价值调整模型与债务价值调整模型在形式上类似。但事实上,对比在布朗运动与跳跃扩散模型假设下的信用价值调整模型 10.23 与模型 10.24 和债务价值调整模型 10.25 与模型 10.26 可以发现,由于资产价格跳跃风险的影响,模型结果中交易双方违约导致按时计价的衍生品合约平仓时的价值($g_B$、$g_C$)均不同,信用价值调整模型和债务价值调整模型对衍生品合约价值中的交易双方信用风险的估值结果也不同。这表明资产价格跳跃风险对衍生品合约的信用风险具有显著影响。从资产价格变化过程来看,跳跃扩散模型涵盖布朗运动未考虑的跳跃风险。因此,从理论上来说,跳跃扩散模型假设下推导出的信用价值调整模型与债务价值调整模型涵盖了市场中资产价格的跳跃风险,比布朗运动假设下的信用价值调整模型与债务价值调整模型更能反映真实的市场情况,是一个更为精确的价值调整模型。信用价值调整模型与债务价值调整模型是衡量衍生品合约的交易双方违约可能性的模型,越精确的信用价值调整模型与债务价值调整模型,越可能解决评估和对冲交易对手信用风险的问题。

从表 10.3 可以看出,按一份衍生品合约的资产价格变化过程分别服从布朗运动及跳跃扩散模型假设下的信用价值调整模型 10.23 和模型 10.24 及债务价值调整模型 10.25 和模型 10.26 计算,当资产价格变化过程服从跳跃扩散模型过程的假设时,衍生品合约的信用价值调整在无违约风险价值中所占比重为 1.761% 左右;债务价值调整在无违约风险价值中所占比重约为 6.044%。也就是说,当交易合约的无违约风险价值 $V=100$ 万元时,根据跳跃扩散模型假设下的信用价值调整模型 10.24 估算,对于银行而言,这份合约的交易对手信用风险的市场价格为 1.761 万元;根据跳跃扩散模型假设下的债务价值调整模型 10.26 估算,这份衍生品合约价值中包含银行自身信用风险的市场价格为 6.044 万元。

此外,根据信用价值调整模型 10.23 与模型 10.24 及债务价值调整模型 10.25 与模型 10.26,图 10.2 给出衍生品合约的 CVA 与 DVA 分别在布朗运动和跳跃扩散模型假设下的变化情况。

图 10.2(a) 为在资产价格变化过程遵循布朗运动的假设下,衍生品合约的信用价值调整的变化过程,图 10.2(b) 为在资产价格变化过程服从跳跃扩散模型的假设下,信用价值调整的变化过程,图 10.2(c) 为在资产价格变化过程遵循布朗运动的假设下,衍生品合约的债务价值调整的变化过程,图 10.2(d) 为在资产价格变化过程服从跳跃扩散模型的假设下,债务价值调整的变化过程。从图 10.2 可以看出,当资产价格变化过程服从布朗运动时,衍生品合约的信用价值调整变化趋势相对平稳,基本维持在一定范围内。债务价值调整变化虽有波动,但波动程度较缓。当资产价格变化过程服从跳跃扩散模型时,衍生品合约的信用价值调整与债务价值调整变化的波动性均增大,同时风险方向发生转移。这表明资产价格的跳跃风险与衍生品合约的信用风险存在动态相关性。这与 Niu、Xing 和 Zhao(2020) 结合简约模型方法研究脆弱欧式期权的估值问题,并模拟交易对手信用违约的研究结论一致,即资产价格跳跃风险与衍生品交易对手违约风险之间存在动态相关性。图 10.2 表明在考虑资产价格跳跃风险后,衍生品合约的交易双方信用风险的波动性增大,同时发生市场价格转移。结合方程 10.14 再次说明,资产价格跳跃风险是衍生品合约价值的主要影响因素之一,

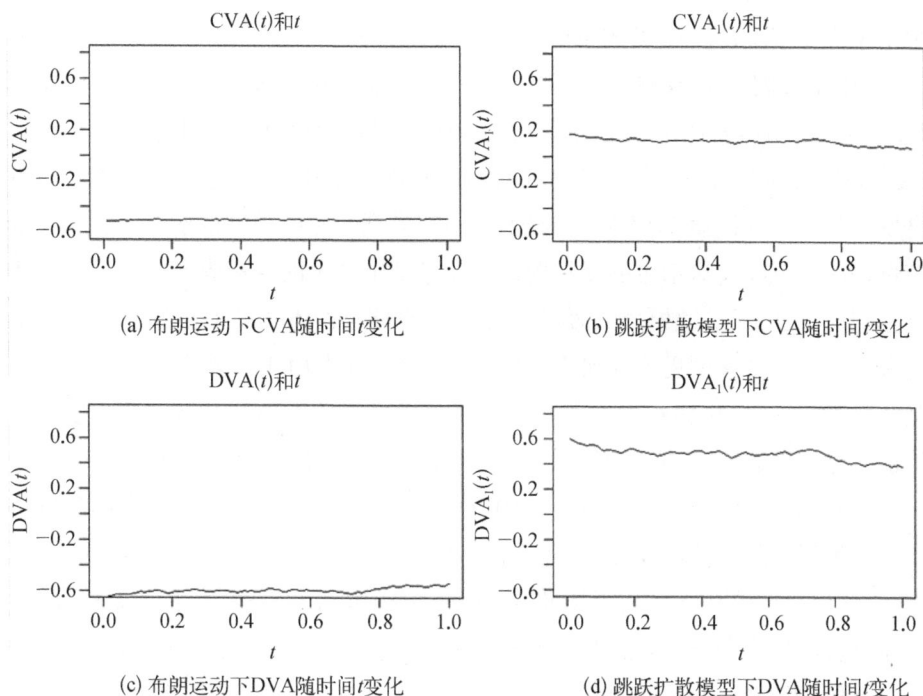

(a) 布朗运动下CVA随时间$t$变化　　　　(b) 跳跃扩散模型下CVA随时间$t$变化

(c) 布朗运动下DVA随时间$t$变化　　　　(d) 跳跃扩散模型下DVA随时间$t$变化

**图 10.2　衍生品合约的 CVA 与 DVA 分别在布朗运动和跳跃扩散模型假设下的变化情况**

这与之前文献的研究结论一致。因此,考虑资产价格跳跃风险后,信用价值调整模型与债务价值调整模型对衍生品合约价值中信用风险的估值更为合理。

其次,关于衍生品合约的资金价值调整,当资产价格变化过程服从布朗运动时,资金价值调整模型为:

$$FVA = -E_t\left[\int_t^T \lambda_B(\omega)\,\mathrm{e}^{-\int_t^s (r+\lambda_B+\lambda_C)\mathrm{d}\tau}\varepsilon_h(\omega)\,\mathrm{d}\omega\right] \qquad (10.27)$$

其中,$\varepsilon_h = \Delta V_B^* - (P - P_D)$,$\Delta V_B^* = g_B - V^*$,$g_B(V,\,X) = [V(t,\,S) - X(t)]^+ + X(t) + R_B[V(t,\,S) - X(t)]^-$。

当资产价格变化过程服从跳跃扩散模型时,资金价值调整模型如下:

$$FVA = -E_t\left[\int_t^T \lambda_B(\omega)\,\mathrm{e}^{-\int_t^s (r+\lambda_B+\lambda_C)\mathrm{d}\tau}\varepsilon_h(\omega)\,\mathrm{d}\omega\right] \qquad (10.28)$$

其中,$\varepsilon_h = \Delta V_B^* - (P - P_D)$,$\Delta V_B^* = g_B - V^*$,$g_B(V,\,C) = [V(t,\,S) - \alpha_X C(t,\,S)]^+ + R_B[V(t,\,S) - \alpha_X C(t,\,S)]^- + \alpha_X C(t,\,S)$。

直观上,在资产价格变化过程服从不同随机过程的假设下,衍生品交易周期中由于交易资金产生融资成本的资金价值调整模型在形式上一致。但具体而言,对比在布朗运动及跳跃扩散模型下的资金价值调整模型 10.27 与模型 10.28 可以发现,资产价格跳跃风险的影响导致模型结果中按时计价的 $g_B$ 和 $\varepsilon_h$($g_B$ 是银行违约时衍生品合约平仓时的价值,$\varepsilon_h$ 为银行作为债券发行方且持有自发债券组合的损益)均不同,资金价值调整模型的估值结果也不同。这表明资产价格跳跃风险会对衍生品交易周期中交易资金产生的融资成本产生显著的影响。因此,在跳跃扩散模型的假设下推导出的资金价值调整模型比布朗运动下的资金价值调整模型更能反映真实的市场情况,前者由于涵盖市场中资产价格跳跃风险,是一个更为精确的资金价值调整模型。从表 10.3 可以发现,按资产价格变化过程服从布朗运动假设下衍生品合约的资金价值调整模型 10.27 计算,资金价值调整在无违约风险价值中所占比例为 5.238% 左右;而按资产价格变化过程服从跳跃扩散模型假设下衍生品合约的资金价值调整模型 10.28 计算,资金价值调整在无违约风险价值中所占比重为 10.308% 左右。显然,跳跃风险显著增加了衍生品合约在有效期内由于交易资金产生的融资成本。

此外,根据资金价值调整模型 10.27 与模型 10.28,图 10.3 给出衍生品合约的 FVA 分别在布朗运动和跳跃扩散模型假设下的变化情况。

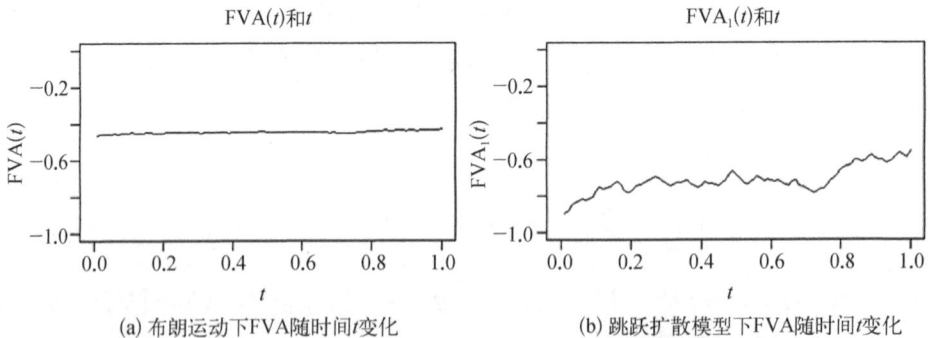

图 10.3　衍生品合约的 FVA 分别在布朗运动和跳跃扩散模型假设下的变化情况

图 10.3(a) 为在资产价格变化过程遵循布朗运动的假设下,衍生品合约资金价值调整的变化过程,图 10.3(b) 为在资产价格变化过程服从跳跃扩散模型的假设下,资金价值调整的变化过程。从图 10.3 可以看出,当资产价格变化过程服从布朗运动时,衍生品合约资金价值调整的变化相对稳定,波动性极小。当

资产价格变化过程服从跳跃扩散模型时,资金价值调整的绝对值显著增大,同时变化波动性也明显增强。这表明资产价格跳跃风险对衍生品合约的资金价值调整具有显著影响。这是因为,跳跃风险会加大资产价格波动幅度,金融市场反应相对敏感,交易周期中涉及的交易资金增加,从而导致资金价值调整增加。因此,在考虑资产价格跳跃风险后,衍生品合约在有效交易周期内由于交易资金而产生的融资成本会显著增加。

最后,分析资产价格跳跃风险对衍生品合约初始保证金融资成本的影响。直观上,从模型层面可以看出,在资产价格变化过程设定为布朗运动时,当抵押账户 $X(t)$ 满足 $dX = -r_X X dt$ 时,也就是将交易初期缴纳的初始保证金作为抵押资产时,保证金价值调整模型是关于这部分资金与相关利差的期望值:

$$MVA = -E_t \left[ \int_t^T (r_X - r) e^{-\int_t^s (r+\lambda_B+\lambda_C) d\tau} X(\omega) d\omega \right] \tag{10.29}$$

而当资产价格变化过程服从跳跃扩散模型时,衍生品合约的保证金价值调整模型是关于资产未定权益收益积分的期望值:

$$MVA = -E_t \left[ \int_t^T \alpha_X e^{-\int_t^s (r+\lambda_B+\lambda_C) d\tau} rC(\omega, S) d\omega \right] \tag{10.30}$$

对比在布朗运动及跳跃扩散模型下的保证金价值调整模型 10.29 与 10.30 可以看出,在不同随机过程的假设下,保证金价值调整模型所度量的初始保证金融资成本不同。结合表 10.3 可以看出,就衍生品合约而言,资产价格跳跃风险对初始保证金融资成本具有显著影响,并且,资产价格跳跃风险是金融市场中必须考虑的市场风险。因此,跳跃扩散模型假设下推导出的保证金价值调整模型比布朗运动下的保证金价值调整模型更能反映真实的市场情况,这是由于前者涵盖市场中资产价格的跳跃风险,是一个更为精确的保证金价值调整模型。

从表 10.3 可以发现,按一份衍生品合约的资产价格变化过程服从布朗运动假设下的保证金价值调整模型 10.29 计算,保证金价值调整在无违约风险价值中所占比重仅为 0.045% 左右;而按跳跃扩散模型假设下的保证金价值调整模型 10.30 计算,保证金价值调整在无违约风险价值中所占比重约为 7.736%。显然,资产价格跳跃风险对衍生品合约的初始保证金融资成本具有显著的正向影响。

此外,相应的参数设定后,根据保证金价值调整模型 10.29 与模型 10.30,

图 10.4 给出衍生品合约的 MVA 在布朗运动和跳跃扩散模型假设下的变化情况。

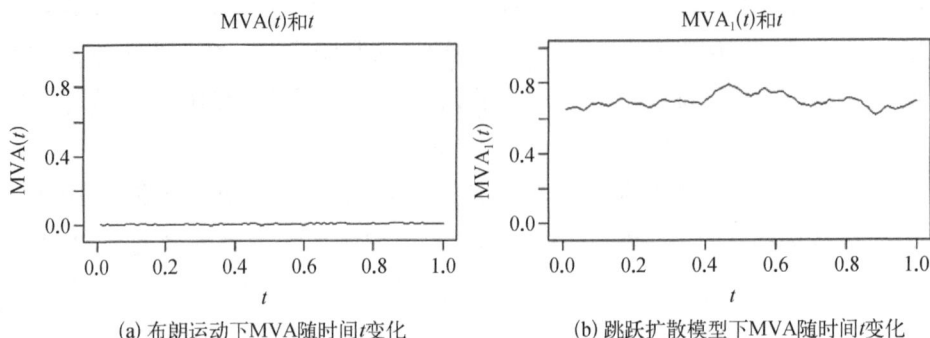

(a) 布朗运动下 MVA 随时间 $t$ 变化 　　　(b) 跳跃扩散模型下 MVA 随时间 $t$ 变化

**图 10.4　衍生品合约的 MVA 在布朗运动和跳跃扩散模型假设下的变化情况**

图 10.4(a)为在资产价格变化过程遵循布朗运动的假设下,衍生品合约的保证金价值调整的变化过程,图 10.4(b)为在资产价格变化过程服从跳跃扩散模型的假设下,衍生品合约的保证金价值调整变化过程。从图 10.4 可以看出,对比布朗运动下的保证金价值调整,在资产价格跳跃风险的影响下,保证金价值调整的变化波动性显著增强。这主要是因为跳跃风险会增加资产价格的不确定性,导致资产价格的变化走势无法合理预测。考虑到资产价格变化的不稳定性,交易者需要较大的风险补偿来防范跳跃风险。因此在交易初期,初始保证金会提高,那么显然,初始保证金的融资成本也会相应增加。保证金价值调整模型是对衍生品合约中初始保证金融资成本的估值,跳跃扩散模型假设下的保证金价值调整所度量的初始保证金融资成本是涵盖资产价格跳跃风险的融资成本,在考虑资产价格跳跃风险后,初始保证金的融资成本增加。这表明,资产价格跳跃风险对衍生品合约的保证金价值调整具有显著影响。跳跃扩散模型假设下的保证金价值调整模型对衍生品合约初始保证金融资成本的估值更为合理。

# 第 11 章
# 基于随机波动率模型的多重价值调整研究

衍生品定价理论的发展史，本质上是一部人类认识金融风险复杂性的进化史。当传统的多重价值调整理论框架遇到随机波动率这一市场本质特征时，一个关键的定价维度被打开了——波动率不仅自身是风险源，更是放大其他风险要素的"波动率杠杆"。2008 年全球金融危机期间，波动率曲面呈现的剧烈扭曲与多重价值调整中各调整项的爆炸式增长之间的耦合效应，揭示了一个被长期忽视的定价真相：市场风险、信用风险与流动性风险在波动率冲击下会产生非线性共振。本章将深入这一金融工程的"波动率深渊"，系统构建随机波动率环境下的多重价值调整理论整合框架，为后危机时代的精准定价提供理论基石。在算法金融新时代，波动率风险呈现出前所未有的复杂动力学特征。高频交易导致的微观结构噪声、程序化策略同质化引发的波动率聚集、社交媒体情绪传染强化的波动持久性，这些现象都在重塑多重价值调整中各调整项的传导机制。特别值得注意的是，随机波动率与多重价值调整各组分之间存在着精妙的双向反馈：波动率飙升会通过抵押品价值波动加剧信用价值调整风险，而资金价值调整又会通过改变对冲成本反作用于波动率曲面。本章创新性地将 Heston 模型等随机波动率框架与多重价值调整理论进行深度耦合，建立了包含波动率风险溢价的多重价值调整微分方程系统，首次完整刻画了"波动率—多重价值调整螺旋"这一新型风险传导路径。

本研究的技术突破在于揭示了随机波动率环境下多重价值调整的非线性累积效应。通过蒙特卡罗模拟与 VIX 衍生品市场的实证分析，我们发现：在波动率持续高企的市场环境中，传统恒定波动率假设会系统性低估多重价值调整。这一发现对金融机构的交易账簿管理具有革命性意义——在波动率本身已成为可交易资产的现代市场，必须将多重价值调整计算从"静态曲面"升级到"动态波动率场"的维度。随着华尔街的多重价值调整交易台开始接入波动率风险模型的神经网络预测,本章构建的理论框架正在定义下一代智能衍生品定价的行业标准。

## 11.1 基本假设

波动率作为度量市场风险的最重要的参数之一,是对金融市场不确定性的良好反映与刻画。在实际的金融市场中,资产价格的波动率并不是常数,而是随时间不断发生变化,并且是一个与资产价格相关的随机数据,即随机波动率。随机波动率作为量化金融市场中的不确定性与风险水平的重要指标,是判断和解释金融市场状态的关键参数。关于波动率建模的研究,学界已有大量成果,大体可分为三个发展阶段:第一阶段基于传统金融理论中常用的 Black-Scholes 模型,其资产收益序列服从正态分布,并遵从随机游走过程;第二阶段基于以 Engle 为首的 ARCH(autoregressive conditional heteroscedasticity,自回归条件异方差)模型,将波动率建模引入一个新的条件波动率领域,演变出许多不同的模型形式,以更好地模拟具备各种特征的市场效应(Engle,1982),还有一类条件波动率模型是以 Taylor 为代表的随机波动率模型(Taylor,1994);第三阶段,在 Engle 为超高频数据建模提供新的思路之后(Engle,2010),涌现出利用高频分时数据对波动率的估计研究。在所有波动率模型中,有两类模型的应用最为广泛,那就是自回归条件异方差模型与随机波动率模型。随机波动率模型源自经典的 Black-Scholes 模型,波动率由内在不可观测的随机过程来决定,即在波动率方程中加入一个新的随机变量,改变量可能服从马尔科夫过程,也可能服从随机游走过程或其他随机过程。大量实证研究发现,该模型刻画波动率比 Black-Scholes 模型更加精准。

资产价格波动率风险是影响衍生品定价和风险管理的主要因素之一,因此,波动率风险防范与管理的重要性不言而喻。随机波动率模型可将衍生品交易过程中的不确定性及金融市场中的随机因素纳入考虑,从而能够较合理地刻画资产价格的波动率风险。因此,结合随机波动率模型来推导衍生品合约的多重价值调整模型,能更好地对衍生品合约价值中嵌入的交易双方信用风险、交易资金融资成本、初始保证金融资成本等组成部分进行合理估值。目前,在同一个框架下将资产价格波动率风险与多重价值调整理论结合起来的研究较少。因此,建立涵盖资产价格波动率风险的多重价值调整模型,不仅能更合理地估计衍生品合约价值中嵌入的交易双方信用风险、交易资金融资成本、初始保证金融资成本等组成部分的价值,而且也是对多重价值调整理论的有效补充和完善。故本章在此基础上进行如下创新:一方面,本章将资产价格波动率风险纳入衍生品合约的多重价值调整理论体系中,在资产价格变化过程服从随机波动率模型的假设下,推导出涵盖资产价格波动率风险的多重价值调整模型;另一方面,本章以在随机波动率模型假设下推导出的衍生品合约多重价值调整模型为基础,通过对比布朗运动假设下的多重价值调整模型,分析资产价格波动率风险对衍生品合约的交易双方信用风险、交易资金融资成本、初始保证金融资成本等组成部分估值的影响。

## 11.2　资产的价格动态方程

本节将介绍在资产价格变化过程服从随机波动率模型的假设下,衍生品合约的价值及对冲投资组合中的资产动态方程,为后续研究多重价值调整问题建立基本假设。

在概率空间 $(\Omega, F, P)$ 上,依然考虑一个由不同风险资产构成的金融市场,资产价格变化过程均是时间 $t$ 的函数。假设银行与其交易对手交易一份衍生品合约,其合约价值为 $V^* = V^*(t, S_t, J_B, J_C)$,其中 $S_t$ 表示不受银行或交易对手违约影响的资产价格,$J_B$ 和 $J_C$ 分别表示银行和交易对手的相互独立的违约示性函数。其微分形式为:

$$dV^* = \frac{\partial V^*}{\partial t}dt + \frac{\partial V^*}{\partial S}dS + \frac{1}{2}\sigma^2 S^2 \frac{\partial^2 V^*}{\partial S^2}dt + \Delta V_B^* dJ_B + \Delta V_C^* dJ_C$$

(11.1)

其中,$\Delta V_B^* = g_B - V^*$,$\Delta V_C^* = g_C - V^*$,分别表示银行和交易对手各自违约时的损益。当银行或交易对手违约时,该交易合约的平仓或索赔数额的计算如下:

$$V^*(t, S, 1, 0) = g_B(V, X)$$

(11.2)

$$V^*(t, S, 0, 1) = g_C(V, X)$$

(11.3)

具体而言，$g_B(V, X) = [V(t, S) - X]^+ + R_B[V(t, S) - X]^- + X$，$g_C(V, X) = R_C[V(t, S) - X]^+ - [V(t, S) - X]^- + X$，其中 $X = \alpha_{X1}C_1(t) + \alpha_{X2}P_T(t)$。同样，衍生品的无违约风险价值由该衍生品合约的盯市价值决定或按模型计价所得，即 $V(t, S) = M(t, S)$。$R_B$ 为银行的违约回收率，代表银行发生违约后可收回余款的程度；$R_C$ 为交易对手的违约回收率，代表交易对手违约后可收回余款的程度。需要指出的是，上一章中，为了将资产价格跳跃风险纳入衍生品合约的多重价值调整模型，对冲投资组合中包含了标的资产期权，$X(t) = \alpha_X C(t, S)$，而本章为了将资产价格波动率风险纳入衍生品合约的多重价值调整模型，对冲投资组合中包含 $X(t) = \alpha_{X1}C_1(t) + \alpha_{X2}P_T(t)$，其满足的动态方程参见下一小节。

在经典的衍生品定价模型中，将资产价格的波动率假设为常数显然是理想化的。因此，为了更好地将波动率风险纳入资产价格的变化过程中，并且捕捉资产价格波动率风险对衍生品合约多重价值调整的影响，本书将波动率设为与资产价格相关的随机过程，即随机波动率模型。Heston 随机波动率模型是通过严格的理论证明得到期权价格半显性解的随机波动率模型，并且对标的资产价格和随机波动率的假设是符合金融市场中的实际数据特征的。更重要的是，该模型比其他的随机波动率模型更容易实现。因此，我们选取 Heston 随机波动率模型以刻画资产价格变化过程。根据 Heston(1993)对于随机波动率模型的研究，我们假设资产价格 $S_t$ 及其波动率 $\sigma_t$ 满足如下的随机微分方程：

$$\begin{cases} dS_t = \mu S_t dt + \sigma_t S_t dW_t^* \\ d\sigma_t = \kappa(\theta - \sigma_t)dt + \sigma_Y dZ_t \end{cases} \tag{11.4}$$

其中，$\mu$ 表示资产的期望收益率，$\theta$ 表示波动率 $\sigma_t$ 的长期均值，$\sigma_Y$ 表示波动率 $\sigma_t$ 的波动率，$\kappa$ 表示波动率的均值回复速度，$\mu$、$\kappa$、$\theta$、$\sigma_Y$ 均为常数。$W_t^*$ 表示资产价格变化的布朗运动，$Z_t$ 表示关于资产价格波动率变化的布朗运动，且满足 $\text{cov}(dW_t^*, dZ_t) = \rho dt$，$\rho$ 代表资产价格与其瞬时方差的相关性，且满足 $|\rho| < 1$。令 $W_t^* = \rho Z_t + \sqrt{1-\rho^2}W_t$，方程 11.4 整理为：

$$\begin{cases} dS_t = \mu S_t dt + \sigma_t S_t \rho dZ_t + \sigma_t S_t \sqrt{1-\rho^2}dW_t \\ d\sigma_t = \kappa(\theta - \sigma_t)dt + \sigma_Y dZ_t \end{cases} \tag{11.5}$$

当资产价格变化过程遵循随机波动率模型时，根据伊藤引理，以此为标的资

产的衍生品价格 $C_1 = C_1(t, S_t)$ 的微分形式如下：

$$dC_1(t, S_t, \sigma_t) = \left( \frac{\partial C_1}{\partial t} + \frac{1}{2} \sigma_t^2 S_t^2 \frac{\partial^2 C_1}{\partial S^2} + \frac{1}{2} \sigma_Y^2 \frac{\partial^2 C_1}{\partial \sigma^2} + \frac{\partial^2 C_1}{\partial S \partial \sigma} \rho \sigma_Y \sigma_t S_t \right) dt +$$

$$\frac{\partial C_1}{\partial S} dS_t + \frac{\partial C_1}{\partial \sigma} d\sigma_t \tag{11.6}$$

假设 $P_T(t)$ 为第三方的债券价格收益①,满足的微分方程如下：

$$dP_T = r_{X2} dt + \sigma_{X2} dZ_t \tag{11.7}$$

其中, $r_{X2}$ 表示债券 $P_T(t)$ 的收益率, $\sigma_{X2}$ 表示债券的波动率。

## 11.3　随机波动率模型下衍生品合约的多重价值调整

　　本节将在上一小节中资产价格的动态方程假设下展开研究。根据复制法,在资产价格变化过程遵循程随机波动率模型的假设下,构建对冲投资组合策略,推导出随机波动率模型下的衍生品合约的价值及其满足的偏微分方程。利用衍生品合约无违约风险价值满足的偏微分方程,推导出衍生品合约多重价值调整满足的偏微分方程,并通过 Feynman-Kac 公式,解得随机波动率模型假设下衍生品合约的多重价值调整模型。

　　根据复制法,构建对冲投资组合 $\Pi$,使其满足条件 $\Pi + V^* = 0$。首先,对冲投资组合中包含了一定的标的资产,且资产的价格变化过程 $S_t$ 服从随机波动率模型。其次,对冲投资组合中包含了银行发行的不同回收率 $(R_1 \neq R_2)$ 的债券 $P_1(t)$ 和 $P_2(t)$,以及交易对手发行的债券 $P_C(t)$,这些债券的价格变化过程满足的动态方程参见方程组 10.7。若衍生品交易为无抵押交易,为抵消资产价格的随机波动率风险,交易方会在对冲投资组合中加入定量的该风险资产的衍生工具以进行风险补偿。在对冲投资组合中加入标的资产满足方程 11.5 的期权 $C_1 = C_1(t, S_t)$ 及债券 $P_T(t)$。基于此,对冲投资组合 $\Pi$ 的具体形式如下：

---

① 为了便于推导,假设 $P_T(t)$ 为一个第三方的债券。从可操作性来说,应该需要多个债券动态组合,使得这里的 $\sigma_{X2} dZ_t = \frac{1}{n} \sum_{i=1}^{n} \sigma_i dZ_{it}$, $r_{X2} = \frac{1}{n} \sum_{i=1}^{n} r_i$。

$$\Pi(t) = \alpha_S S(t) + \alpha_1 P_1(t) + \alpha_2 P_2(t) + \alpha_C P_C(t) + \beta_C(t) +$$
$$\beta_S(t) + \alpha_{X1} C_1(t) + \alpha_{X2} P_T(t) \tag{11.8}$$

其中，$\{\alpha_S, \alpha_1, \alpha_2, \alpha_C, \alpha_{X1}, \alpha_{X2}\}$ 表示相应资产的投资份额，也被称为投资策略，简写为 $\Pi_t$，即：

$$\Pi_t = \alpha_S S + \alpha_1 P_1 + \alpha_2 P_2 + \alpha_C P_C + \beta_C + \beta_S + \alpha_{X1} C_1 + \alpha_{X2} P_T \tag{11.9}$$

在连续时间情况下，投资组合的微分形式如下：

$$\mathrm{d}\Pi_t = \alpha_S \mathrm{d}S + \alpha_1 \mathrm{d}P_1 + \alpha_2 \mathrm{d}P_2 + \alpha_C \mathrm{d}P_C + \mathrm{d}\beta_C + \mathrm{d}\beta_S + \alpha_{X1} \mathrm{d}C_1 + \alpha_{X2} \mathrm{d}P_T \tag{11.10}$$

对冲投资组合交易对手债券的现金流账户满足的方程参见方程 10.11。此外，资产价格 $S_t$ 及其期权 $C_1(t, S_t)$ 对应的现金流账户 $\beta_S$ 满足的动态方程如下：

$$\mathrm{d}\beta_S = [\alpha_{S1}(r_S - q_S)S + \alpha_{S2} r_{X1} C_1]\mathrm{d}t \tag{11.11}$$

其中，$\alpha_{S1}$ 表示衍生品合约价值对资产价格变动敏感度的参数，$\alpha_{S2}$ 表示衍生品合约价值与资产价格对资产价格变动敏感度的参数。$\alpha_S$ 与 $\alpha_{X1}$ 分别为对冲投资组合中资产与其期权的投资份额，并且 $\alpha_S = \alpha_{S1} + \alpha_{S2}$。$r_S$ 表示资产收益率，即 $r_S S \mathrm{d}t$ 表示资产利息收入，$q_S$ 表示资产抵押或回购利率，那么，$-q_S S \mathrm{d}t$ 表示银行借入资产的融资成本，$r_{X1}$ 表示与资产期权收益相关的利率，$r_{X1} C_1 \mathrm{d}t$ 表示期权被行权时的收益。

为了研究随机波动率模型下衍生品合约的多重价值调整问题，先对交易合约的价值变化过程进行分析。基于给定衍生品合约价值及随机波动率下对冲投资组合满足的动态方程，推导出随机波动率下衍生品合约价值满足的偏微分方程。

**引理 11.1** 在资产价格满足随机波动率模型的假设下，衍生品合约的价值 $V^* = V^*(t, S_t, J_B, J_C)$ 满足如下偏微分方程：

$$\begin{cases} \partial_t V^* + A_t V^* - (r + \lambda_B + \lambda_C)V^* = \alpha_{X2} r P_T - \lambda_C g_C - \lambda_B g_B + \lambda_B \varepsilon_h \\ V^*(T, S) = H(S) \end{cases}$$

$$\tag{11.12}$$

下面展示证明过程。由方程 11.1 给出的衍生品合约价值满足的微分形式及方程 11.10 给出的对冲投资组合的微分形式，可知：

$$d(V^* + \Pi) = dV^* + d\Pi$$

$$= \frac{\partial V^*}{\partial t}dt + \frac{\partial V^*}{\partial S}dS + \frac{1}{2}\sigma^2 S^2 \frac{\partial^2 V^*}{\partial S^2}dt + \Delta V_B^* dJ_B + \Delta V_C^* dJ_C +$$

$$\alpha_S dS + \alpha_1 dP_1 + \alpha_2 dP_2 + \alpha_C dP_C + d\beta_C + d\beta_S + \alpha_{X1}dC_1(t) +$$

$$\alpha_{X2}dP_T(t)$$

代入相关资产的动态方程,再根据 $V^* + \Pi = 0$,整理可得:

$$d(V^* + \Pi) = [\partial_t V^* + A_t V^* + (\Delta V_B^* - \varepsilon_h)\lambda_B - (V^* + \alpha_{X1}C_1 +$$

$$\alpha_{X2}P_T)r + \Delta V_C^* \lambda_C]dt + \varepsilon_h dJ_B$$

$$= [\partial_t V^* + A_t V^* + (g_B - V^*)\lambda_B + (g_C - V^*)\lambda_C -$$

$$(V^* + \alpha_{X1}C_1 + \alpha_{X2}P_T)r - \varepsilon_h \lambda_B]dt + \varepsilon_h dJ_B$$

$$= [\partial_t V^* + A_t V^* - (r + \lambda_B + \lambda_C)V^* + \lambda_B g_B + \lambda_C g_C -$$

$$(\alpha_{X1}C_1 + \alpha_{X2}P_T)r - \varepsilon_h \lambda_B]dt + \varepsilon_h dJ_B$$

其中,$\varepsilon_h \equiv g_B + P_D - X$,$P_D = \alpha_1 R_1 P_1 + \alpha_2 R_2 P_2$,抛物算子为 $A_t = \frac{1}{2}\sigma^2 S^2$ $\frac{\partial^2}{\partial S^2} + rS\frac{\partial}{\partial S}$。

由于银行采取的对冲投资组合策略是自融资形式,因此漂移项为零,即:

$$\partial_t V^* + A_t V^* - (r + \lambda_B + \lambda_C)V^* + \lambda_B g_B + \lambda_C g_C -$$

$$(\alpha_{X1}C_1 + \alpha_{X2}P_T)r - \varepsilon_h \lambda_B = 0$$

假设该衍生品合约在时间 $T$ 点的最终收益函数为 $H(S)$,仅仅依赖于资产价格,即在 $T$ 时刻的合约价值为:

$$V^*(T, S) = H(S)$$

因此,关于衍生品合约的价值 $V^*$ 满足如下偏微分方程:

$$\begin{cases} \partial_t V^* + A_t V^* - (r + \lambda_B + \lambda_C)V^* + \lambda_B g_B + \lambda_C g_C - \\ (\alpha_{X1}C_1 + \alpha_{X2}P_T)r - \varepsilon_h \lambda_B = 0 \\ V^*(T,S) = H(S) \end{cases}$$

证毕。

**定理 11.1**　在资产价格变化过程满足随机波动率模型的假设下,衍生品合

约的多重价值调整 $U$ 满足如下的偏微分方程：

$$\begin{cases} \partial_t U + \mathrm{A}_t U - (r + \lambda_B + \lambda_C)U = (\alpha_{X1}C_1 + \alpha_{X2}P_T)r - \\ \qquad \lambda_C(g_C - V) - \lambda_B(g_B - V) + \lambda_B \varepsilon_h \\ U(T, S) = 0 \end{cases} \qquad (11.13)$$

且多重价值调整模型 $U(t, S)$ 为：

$$U(t, S) = E\Big[\int_t^T e^{-\int_t^s (r + \lambda_B + \lambda_C)\mathrm{d}\tau}\big[r(\alpha_{X1}C_1 + \alpha_{X2}P_T) - \lambda_C(g_C - V) - \\ \lambda_B(g_B - V) + \lambda_B\varepsilon_h\big]\mathrm{d}\omega\Big] \qquad (11.14)$$

下面展示证明过程。根据引理 11.1 的结论：

$$\begin{cases} \partial_t V^* + \mathrm{A}_t V^* - (r + \lambda_B + \lambda_C)V^* = \alpha_{X2}rP_T - \lambda_C g_C - \lambda_B g_B + \lambda_B\varepsilon_h \\ V^*(T, S) = H(S). \end{cases}$$

以及该交易合约的无违约风险价值 $V$ 满足标准 Black-Scholes 偏微分方程：

$$\begin{cases} \partial_t V + \mathrm{A}_t V - rV = 0 \\ V(T, S) = H(S) \end{cases}$$

并结合方程 10.14，可推导出衍生品合约的多重价值调整 $U$ 满足如下偏微分方程：

$$\begin{cases} \partial_t U + \mathrm{A}_t U - (r + \lambda_B + \lambda_C)U = r(\alpha_{X1}C_1 + \alpha_{X2}P_T) - \\ \qquad \lambda_C(g_C - V) - \lambda_B(g_B - V) + \lambda_B\varepsilon_h \\ U(T, S) = 0 \end{cases}$$

根据 Feynman-Kac 公式，多重价值调整模型 $U(t, S)$ 为：

$$U(t, S) = E\Big[\int_t^T e^{-\int_t^s (r + \lambda_B + \lambda_C)\mathrm{d}\tau}\big[r(\alpha_{X1}C_1 + \alpha_{X2}P_T) - \lambda_C(g_C - V) - \\ \lambda_B(g_B - V) + \lambda_B\varepsilon_h\big]\mathrm{d}\omega\Big]$$

证毕。

根据上述定理的结论，随机波动率模型下衍生品合约的多重价值调整模型 $U(t, S)$ 将资产价格波动率风险纳入多重价值调整理论体系中，于是，这里的多重价值调整模型 $U(t, S)$ 分解出的信用价值调整模型、债务价值调整模型、资金价值调整模型及保证金价值调整模型均涵盖了资产价格波动率风险。因此，由此得到的多重价值调整模型对衍生品合约价值中交易双方信用风险、交易资金融资成本、初始保证金融资成本等组成部分的估值结果具有更强的解释能力。同样,可以将随机波动率模型假设下衍生品合约的多重价值调整模型 $U(t, S)$ 分解为:信用价值调整模型、债务价值调整模型、资金价值调整模型及保证金价值调整模型。具体形式如下:

$$CVA = -E_t\left[\int_t^T \lambda_C(\omega)\mathrm{e}^{-\int_t^s(r+\lambda_B+\lambda_C)\mathrm{d}\tau}(V(\omega)-g_C(\omega))\mathrm{d}\omega\right]$$

$$DVA = -E_t\left[\int_t^T \lambda_B(\omega)\mathrm{e}^{-\int_t^s(r+\lambda_B+\lambda_C)\mathrm{d}\tau}(V(\omega)-g_B(\omega))\mathrm{d}\omega\right]$$

$$FVA = -E_t\left[\int_t^T \lambda_B(\omega)\mathrm{e}^{-\int_t^s(r+\lambda_B+\lambda_C)\mathrm{d}\tau}\varepsilon_h(\omega)\mathrm{d}\omega\right]$$

$$MVA = -E_t\left[\int_t^T \mathrm{e}^{-\int_t^s(r+\lambda_B+\lambda_C)\mathrm{d}\tau}r(\alpha_{X1}C_1+\alpha_{X2}P_T)\mathrm{d}\omega\right]$$

其中,$g_C(V, X)$ 与 $g_B(V, X)$ 的表达式与第 10 章的结论的不同之处在于:

$$g_C(V, X) = R_C[V(t, S)-(\alpha_{X1}C_1(t)+\alpha_{X2}P_T(t))]^+ - [V(t, S)-$$
$$(\alpha_{X1}C_1(t)+\alpha_{X2}P_T(t))]^- + \alpha_{X1}C_1(t)+\alpha_{X2}P_T(t)$$

$$g_B(V, X) = [V(t, S)-(\alpha_{X1}C_1(t)+\alpha_{X2}P_T(t))]^+ + R_B[V(t, S)-$$
$$(\alpha_{X1}C_1(t)+\alpha_{X2}P_T(t))]^- + \alpha_{X1}C_1(t)+\alpha_{X2}P_T(t)$$

对比定理 10.1 的研究结论,不难发现,尽管信用价值调整模型、债务价值调整模型、资金价值调整模型及保证金价值调整模型在形式上一致,但是,在考虑资产价格波动率风险的情况下,交易双方违约时衍生品合约平仓时的价值($g_B$、$g_C$)、违约发生时债券组合的剩余价值($P_D$)及银行作为债券发行方且持有自发债券组合(债券 $P_1$ 和债券 $P_2$)的损益($\varepsilon_h$)均不同。因此,在进行价值评估和风险管理时,根据多重价值调整模型对衍生品合约价值中嵌入的交易双方信用风险、交易资金融资成本、初始保证金融资成本等组成部分的估值结果是不同的。与布朗运动假设下的多重价值调整模型相比,资产价格服从随机波动率模型下的衍生品合约多重价值调整模型涵盖波动率风险这个重要因素,更能反映金融市场的真实情况,是一个相对而言更为精确的多重价值调整模型。

我们将通过数值实验说明,在随机波动率模型的假设下,多重价值调整模型对衍生品合约价值中嵌入的交易双方信用风险、交易资金融资成本、初始保证金融资成本等组成部分的估值。

本章的多重价值调整模型所涉及的参数主要有三类。一是与经典的期权定价模型相关的参数,参照大多数文献的设定,在合理范围内取值。关于数值实验,本章涉及随机波动率模型的参数,相似文献大多直接设置相关参数以研究相关问题(Kim and Wee, 2014;Jia, Bi, and Zhang, 2015;Zhong and Deng, 2019)。二是与不同主体发行的不同等级债券相关的参数,三是相关现金流账户的参数说明(详见例 10.1 对债券相关参数取值的说明)。

**例 11.1** 仍然考虑一份 1 年到期($T=1$)的衍生品合约。

实验中我们假设多重价值调整模型中的具体参数设定如表 11.1 所示。此外,银行自身发行的不同等级债券 $P_1$ 和 $P_2$ 及交易对手债券 $P_C$ 的动态方程中的参数设定及相同的实验参数,均参见表 10.1。

表 11.1 随机波动率模型假设下,衍生品合约价值调整模型中的参数

| 参数 | 取值 | 参数 | 取值 | 参数 | 取值 | 参数 | 取值 |
|------|------|------|------|------|------|------|------|
| $S_0$ | 95 | $\sigma_Y$ | 0.400 | $r$ | 0.050 | $\rho$ | 0.500 |
| $K$ | 100 | $\theta$ | 0.150 | $\sigma_{X2}$ | 0.400 | $r_{X1}$ | 0.020 |
| $\sigma_0$ | 0.400 | $\kappa$ | 0.014 | $r_{X2}$ | 0.030 | | |

表 11.2 给出了根据随机波动率(SV)模型下的多重价值调整模型、信用价值调整模型、债务价值调整模型、资金价值调整模型及保证金价值调整模型计算出的多重价值调整($U$)、信用价值调整($CVA$)、债务价值调整($DVA$)、资金价值调整($FVA$)及保证金价值调整($MVA$)在无违约风险价值中所占比重的结果。

表 11.2 $U$、$CVA$、$DVA$、$FVA$ 及 $MVA$ 在无违约风险价值 $V$ 中所占的比重

| 模 型 | $U/V$ | $CVA/V$ | $DVA/V$ | $FVA/V$ | $MVA/V$ |
|-------|-------|---------|---------|---------|---------|
| SV 模型 | −0.016 76 | −0.123 05 | −0.119 07 | −0.027 27 | 0.005 19 |

表 11.2 的计算结果表明,对于一个衍生品合约而言,在资产价格服从随机波动率模型的假设下,根据多重价值调整模型估算,衍生品合约价值中嵌入的交

易双方信用风险、交易资金融资成本、初始保证金融资成本等组成部分的价值占到无违约风险价值的 1.676% 左右。其中,衍生品合约的信用价值调整在无违约风险价值中的占比为 12.305% 左右;债务价值调整在无违约风险价值中的占比为 11.907% 左右;资金价值调整在无违约风险价值中的占比为 2.727% 左右;保证金价值调整在无违约风险价值中的占比为 0.519% 左右。这说明,对于一份无违约风险价值为 100 万元的衍生品合约,在资产价格变化过程服从随机波动率模型的假设下,根据多重价值调整模型估算,这份合约价值中包含的交易双方信用风险、交易资金融资成本、初始保证金融资成本等资产部分的价值约为 1.676 万元 $(U = CVA - DVA + FVA + MVA)$。若将交易合约中交易双方信用风险、交易资金融资成本、初始保证金融资成本等组成部分的价值考虑在内,基于银行对交易对手风险与交易成本的评估与计算,交易合约的价值应该为 98.324 万元。

在下一节的研究中,笔者在资产价格服从布朗运动与随机波动率模型的假设下,对比分析信用价值调整、债务价值调整、资金价值调整及保证金价值调整,以研究资产价格波动率风险对衍生品合约的交易双方信用风险、交易资金融资成本、初始保证金融资成本等组成部分估值的影响。

## 11.4　结果分析

本节将在资产价格变化过程分别服从布朗运动和随机波动率模型的假设下,对信用价值调整模型、债务价值调整模型、资金价值调整模型及保证金价值调整模型进行数值实验,对比分析波动率风险对衍生品合约多重价值调整的影响。

为了对比分析资产价格波动率风险对衍生品合约多重价值调整的影响,笔者列出在资产价格变化过程分别服从布朗运动和随机波动率模型的假设下,衍生品合约的多重价值调整模型 $U$ 和 $U_2$:

$$U(t, S) = E\left[\int_t^T e^{-\int_t^s (r + \lambda_B + \lambda_C) d\tau} [s_X X - \lambda_C (g_C - V) - \lambda_B (g_B - V) + \lambda_B \varepsilon_h] d\omega\right]$$

$$(11.15)$$

其中,$\varepsilon_h$ 为银行不同融资策略的对冲缺口损益,$g_B$ 和 $g_C$ 的形式及含义参见方程 10.2 和方程 10.3。

$$U_2(t, S) = E\left[\int_t^T e^{-\int_t^T (r+\lambda_B+\lambda_C)d\tau} \left[r(\alpha_{X1}C_1 + \alpha_{X2}P_T) - \lambda_C(g_C - V) - \right.\right.$$

$$\left.\left. \lambda_B(g_B - V) + \lambda_B\varepsilon_h\right]d\omega\right] \tag{11.16}$$

其中，$g_C(V, X) = R_C[V(S,t) - (\alpha_{X1}C_1(t) + \alpha_{X2}P_T(t))]^+ + \alpha_{X1}C_1(t) + \alpha_{X2}P_T(t) - [V(S, t) - (\alpha_{X1}C_1(t) + \alpha_{X2}P_T(t))]^-$，$g_B(V, X) = [V(S,t) - (\alpha_{X1}C_1(t) + \alpha_{X2}P_T(t))]^+ + R_B[V(S, t) - (\alpha_{X1}C_1(t) + \alpha_{X2}P_T(t))]^- + \alpha_{X1}C_1(t) + \alpha_{X2}P_T(t)$。

第一个多重价值调整模型 11.15 的假设前提是资产价格变化过程服从布朗运动，也就是说设定资产价格波动率为常数，并未考虑资产价格的波动率风险。为了使模型能够涵盖资产价格波动率风险，我们将资产价格的动态方程设为随机波动率模型，并推导出多重价值调整模型 11.16。基于波动率风险的影响，对冲投资组合中包含的资产有所不同，导致模型 11.15 和模型 11.16 不同。除结果中的 $g_C$、$g_B$、$\varepsilon_h$（$g_C$ 和 $g_B$ 分别是交易对手违约、银行违约时衍生品合约平仓时的价值，$\varepsilon_h$ 为银行不同融资策略的对冲缺口损益）均不同以外，多重价值调整模型中的保证金价值调整部分差异较大。现将通过下面的数值实验来说明，在资产价格变化过程遵循布朗运动与随机波动率模型的假设下，多重价值调整模型的不同，以及波动率风险对多重价值调整中包含的每一个价值调整的影响。

**例 11.2** 为便于对比分析，仍然考虑一份 1 年到期的标的资产为股票的衍生品合约，参数设定参见表 11.1。

笔者在股票价格遵循随机波动率模型的假设下，研究衍生品交易合约的多重价值调整。根据多重价值调整模型 11.15 和模型 11.16 估算，可以得出在资产价格变化过程服从布朗运动与随机波动率模型的假设下，衍生品合约多重价值调整及多重价值调整中每一个价值调整在无违约风险价值 $V$ 中所占的比重，结果如表 11.3 所示。

**表 11.3　两种情况下，$U$、$CVA$、$DVA$、$FVA$ 及 $MVA$ 在无违约风险价值中所占的比重**

| 模　型 | $U/V$ | $CVA/V$ | $DVA/V$ | $FVA/V$ | $MVA/V$ |
|--------|-------|---------|---------|---------|---------|
| BM 模型 | −0.036 49 | −0.058 71 | −0.074 15 | −0.052 38 | 0.000 45 |
| SV 模型 | −0.016 76 | −0.123 05 | −0.119 07 | −0.027 27 | 0.005 19 |

从表 11.3 的计算结果可以看出,对于一份衍生品合约,在资产价格变化过程服从布朗运动的假设下,衍生品合约的多重价值调整在无违约风险价值中的占比为 3.649% 左右。而在随机波动率模型的假设下,多重价值调整在无违约风险价值中的占比为 1.676% 左右。这说明资产价格波动率风险对多重价值调整具有显著影响。信用价值调整模型与债务价值调整模型是对交易双方在同一份合约下的交易双方信用风险的度量,考虑资产价格波动率风险后,它们在无违约风险价值中所占比重显著增加。这表明资产价格波动率风险会导致衍生品合约的信用风险增大。考虑资产价格波动率风险后,资金价值调整在无违约风险价值中所占比重减少,保证金价值调整在无违约风险价值中所占比重增加。这表明资产价格波动率风险会导致交易有效期内交易资金产生的交易费用相对减少,保证金融资成本增多。这可能是因为在考虑资产价格波动率风险后,市场的不确定性增加,导致交易双方违约概率增大,信用风险的估值增大,同时需要缴纳的初始保证金可能会增加,进而导致初始保证金的融资成本增加。

此外,根据设定的相应参数,以及资产价格变化过程服从布朗运动假设下的多重价值调整模型 11.15 和随机波动率模型下的多重价值调整模型 11.16,可知衍生品合约的多重价值调整 $U$ 与 $U_2$ 随时间 $t$ 的变化过程如图 11.1 所示。

图 11.1(a)为在资产价格变化过程遵循布朗运动的假设下,衍生品合约多重价值调整的变化过程,图 11.1(b)为在资产价格变化过程服从随机波动率模型的假设下,多重价值调整的变化过程。通过对比,图 11.1 较好地呈现了资产价格波动率风险对多重价值调整的影响。当资产价格变化过程服从布朗运动时,衍生品合约的多重价值调整变化趋势相对稳定。当资产价格变化过程服从随机波动率模型时,多重价值调整变化趋势极具不稳定性。这表明资产价格波

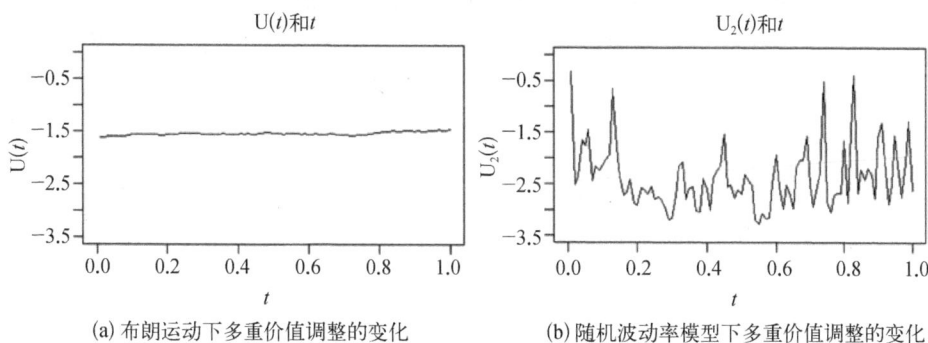

(a) 布朗运动下多重价值调整的变化    (b) 随机波动率模型下多重价值调整的变化

**图 11.1  多重价值调整分别在布朗运动和随机波动率模型假设下的变化情况**

动率风险对衍生品合约的多重价值调整具有显著的影响。这主要是因为波动率风险作为二阶的风险源对标的资产价格有着重要的影响，而资产价格又是衍生品定价的重要因素，因此，波动率风险也是衍生品合约定价的关键因素。这与大多数学者的研究结果是一致的（Hemler and Longstaff，1991；Draper and Fung，2003；Richie，Daigler，and Gleason，2008）。资产价格波动率风险是影响衍生品价值的重要因素之一，因此，考虑了资产价格波动率风险后的多重价值调整模型对衍生品合约价值中嵌入的交易双方信用风险、交易资金融资成本、初始保证金融资成本等组成部分的估值更为合理。

接下来，根据资产价格波动率风险对多重价值调整中的每一个价值调整的影响，分析波动率风险对衍生品合约中交易双方信用风险、交易资金融资成本、初始保证金融资成本等组成部分估值的影响。首先来看资产价格波动率风险对衍生品合约信用风险的影响。当资产价格变化过程服从随机波动率模型时，衍生品合约的信用价值调整模型与债务价值调整模型如下：

$$CVA = -E_t\left[\int_t^T \lambda_C(\omega)e^{-\int_t^s (r+\lambda_B+\lambda_C)d\tau}(V(\omega) - g_C(\omega))d\omega\right] \quad (11.17)$$

$$DVA = -E_t\left[\int_t^T \lambda_B(\omega)e^{-\int_t^s (r+\lambda_B+\lambda_C)d\tau}(V(\omega) - g_B(\omega))d\omega\right] \quad (11.18)$$

其中，$g_C(V, X) = R_C[V(t, S) - (\alpha_{X1}C_1(t) + \alpha_{X2}P_T(t))]^+ + \alpha_{X1}C_1(t) + \alpha_{X2}P_T(t) - [V(t, S) - (\alpha_{X1}C_1(t) + \alpha_{X2}P_T(t))]^-$，$g_B(V, X) = [V(t, S) - (\alpha_{X1}X_1(t) + \alpha_{X2}P_T(t))]^+ + R_B[V(t, S) - (\alpha_{X1}X_1(t) + \alpha_{X2}P_T(t))]^- + \alpha_{X1}X_1(t) + \alpha_{X2}P_T(t)$。

对比布朗运动下的信用价值调整模型 10.23 和债务价值调整模型 10.25，考虑资产价格随机波动率风险后，由于资产价格变化过程的假设不同，模型结果中的按时计价的 $g_C$、$g_B$ 均不同。结合表 11.3 可以看出，对比布朗运动假设下的信用价值调整模型与债务价值调整模型，在数值方面，当资产价格变化过程服从随机波动率模型时，衍生品合约的信用价值调整与债务价值调整数值显著增大。这表明资产价格波动率风险对衍生品合约的信用风险具有较大冲击。直观上，资产价格波动率风险会影响资产价格，进一步也会影响其衍生品的价格。因此，从理论上来说，随机波动率模型下的信用价值调整与债务价值调整比布朗运动下的信用价值调整与债务价值调整更能反映真实的市场情况，前者由于涵盖资产价格波动率风险,是一个更为精确的信用价值调整模型和债务价值调整模型。从表 11.3 可以发现,对于一份衍生品合约而言,根据资产价格变化过程服从布朗运动下的信用价值调整模型 10.23 和随机波动率模型假设下的信用价值调整模型 11.17 及债务价值调整模型 10.25 和模型 11.18 计算,在资产价格服从随机波动率模型的假设下,信用价值调整在合约无违约风险价值中的占比为 12.305% 左右,债务价值调整在无违约风险价值中的占比为 11.907% 左右。也就是说,当交易合约的无违约风险价值 $V = 100$ 万元时,根据参数设定及多重价值调整模型,用随机波动率模型假设下的信用价值调整模型 11.17 估算,对于银行而言,这份合约的交易对手信用风险的市场价格为 12.305 万元;用随机波动率模型假设下的债务价值调整模型 11.18 估算,针对这份合约,银行自身信用风险的市场价格为 11.907 万元。对比布朗运动下的信用价值调整与债务价值调整(5.871 万元和 7.415 万元),资产价格波动率风险显著增加衍生品合约的信用价值调整与债务价值调整,即资产价格波动率风险对衍生品合约的信用风险存在显著正向冲击。

此外,为了说明资产价格的波动率风险对衍生品合约的交易双方信用风险的影响,进一步作图分析。根据资产价格变化过程服从布朗运动假设下的信用价值调整模型 10.23 与债务价值调整模型 10.25,及随机波动率模型假设下的信用价值调整模型 11.17 与债务价值调整模型 11.18,图 11.2 给出信用价值调整与债务价值调整在布朗运动及随机波动率模型两种不同假设前提下随时间 $t$ 的变化过程。

从图 11.2(a)为在资产价格变化过程遵循布朗运动的假设下,衍生品合约信用价值调整的变化过程,图 11.2(b)为在资产价格变化过程服从随机波动率模型的假设下,信用价值调整的变化过程,图 11.2(c)为在资产价格变化过程遵循布朗运动的假设下,债务价值调整的变化过程,图 11.2(d)为在资产价格变化过程服从随机波动率模型的假设下,债务价值调整的变化过程。从变化波动性方面来看,图 11.2 显示,资产价格的波动率风险与衍生品合约的信用风险存在显著的相关性。在考虑了资产价格的波动率风险后,衍生品合约的交易双方信用风险的波动性增大。从图 11.2 可以看出,资产价格变化过程服从布朗运动时,信用价值调整与债务价值调整的变化趋势相对平稳,维持在一定范围内。当资产价格变化过程服从随机波动率模型时,衍生品合约的信用价值调整与债务价值调整变化的波动性显著增大,说明资产价格波动率风险对衍生品合约的信

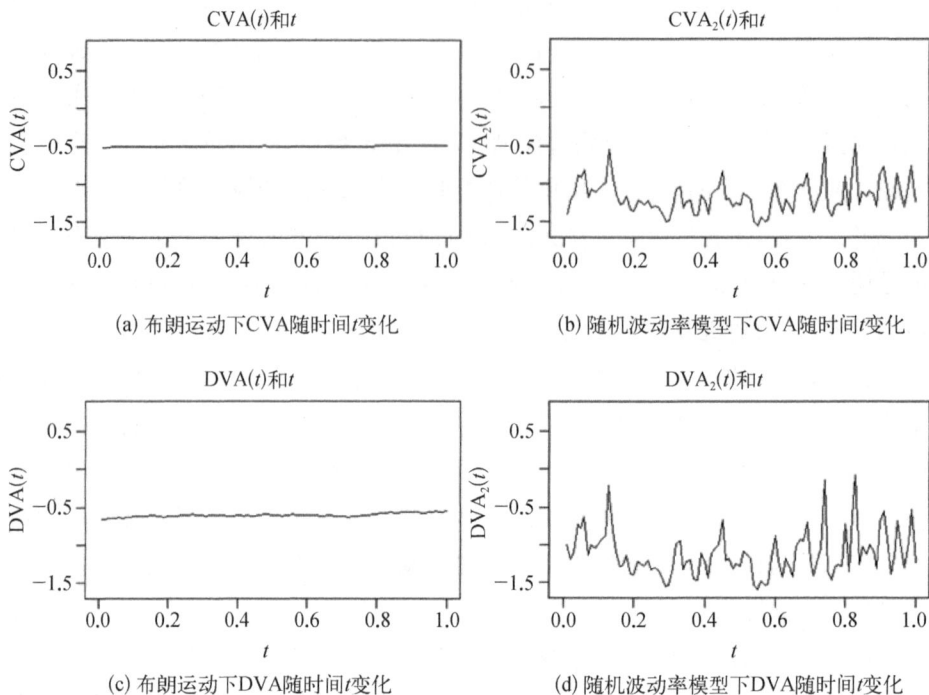

图 11.2　CVA 与 DVA 分别在布朗运动和随机波动率模型假设下的变化情况

用风险造成显著的影响。也就是说,资产价格的随机波动会引起信用风险(通过预期违约概率)发生变化。由于信用风险的存在,当进行衍生品交易时,交易双方都存在违约的可能性,为了规避这种违约可能性,交易商在衍生品合约报价时会包含风险补偿部分。而资产价格波动率风险也是一直存在的,因此,考虑资产价格波动率风险后的信用价值调整模型与债务价值调整模型,对衍生品合约信用风险的估值更为合理。

下面介绍衍生品合约的资金价值调整及资产价格波动率风险对交易资金融资成本的影响。当资产价格变化过程服从布朗运动时,衍生品合约的资金价值调整模型参见方程 10.27,当资产价格变化过程服从随机波动率模型时,资金价值调整模型为:

$$FVA = -E_t \left[ \int_t^T \lambda_B(\omega) e^{-\int_t^s (r+\lambda_B+\lambda_C)d\tau} \varepsilon_h(\omega) d\omega \right] \qquad (11.19)$$

其中,$\varepsilon_h = \Delta V_B^* - (P - P_D)$,$\Delta V_B^* = g_B - V^*$,$g_B(V, X) = \alpha_{X1} C_1(t) +$

$\alpha_{X2}P_T(t) + [V(t, S) - (\alpha_{X1}C_1(t) + \alpha_{X2}P_T(t))]^+ + R_B[V(t, S) - (\alpha_{X1}C_1(t) + \alpha_{X2}P_T(t))]^-$。

对比布朗运动下的资金价值调整模型 10.27 与随机波动率模型下的资金价值调整模型 11.19 可以发现,在资产价格变化过程服从不同随机过程的假设下,推导出的衍生品合约的资金价值调整模型类似。但具体而言,结合表 11.3 可以发现,两种假设下的资金价值调整模型估算的衍生品交易周期中交易资金产生的融资费用显著不同。这是因为,当资产价格变化过程服从两种假设时,资金价值调整模型中的按时计价的 $g_B$ 不同,资金价值调整模型中的 $\varepsilon_h$ 也不同。这表明资产价格波动率风险会对衍生品交易周期中的交易资金融资成本造成显著影响。因此,随机波动率模型下的资金价值调整比布朗运动下的资金价值调整更能反映真实的市场情况,前者由于涵盖市场中的资产价格波动率风险,是一个更为合理的资金价值调整模型。从表 11.3 可以看出,对于一份衍生品合约而言,根据资产价格变化服从布朗运动假设下的资金价值调整模型 10.27 估算的交易资金融资成本占比约为 5.238%,而根据在随机波动率模型假设下的资金价值调整模型 11.19 估算的交易资金融资成本约为 2.727%。这里的数值计算结果减少,可能是因为波动率风险造成的风险补偿转移到了信用风险中。

此外,为了说明资产价格波动率风险对衍生品交易周期中交易资金产生融资费用的影响,进一步作图分析。结合资产价格服从布朗运动假设的资金价值调整模型 10.27 与随机波动率模型假设下的资金价值调整模型 11.19,图 11.3 给出衍生品合约的资金价值调整在资产价格变化过程分别服从布朗运动及随机波动率模型的假设下随时间 $t$ 的变化过程。

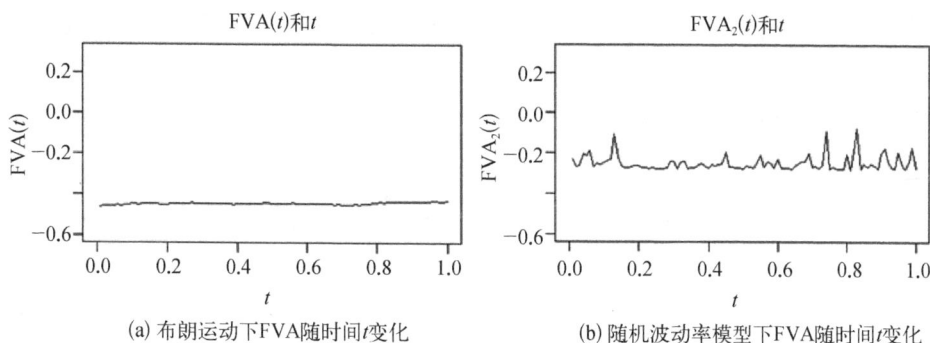

(a) 布朗运动下 FVA 随时间 $t$ 变化　　　　(b) 随机波动率模型下 FVA 随时间 $t$ 变化

**图 11.3　FVA 分别在布朗运动和随机波动率模型假设下的变化情况**

  图 11.3(a)为在资产价格变化过程遵循布朗运动的假设下,衍生品合约资金价值调整的变化过程,图 11.3(b)为在资产价格变化过程服从随机波动率模型的假设下,资金价值调整的变化过程。从图 11.3 可以看出,相比于资产价格变化过程服从布朗运动下的资金价值调整的稳定变化,当资产价格变化过程服从随机波动率模型时,衍生品合约的资金价值调整相对减少,但是变化波动性增强。由于波动率风险对衍生品合约信用风险的冲击较大,在资产价格变化过程服从随机波动率模型假设下的信用价值调整与债务价值调整显著增大,人们对其要求的风险补偿也会转为显性补偿,即初始保证金融资费用(显性交易成本)增加,使得整体的价值调整中的风险补偿发生转移,从而使得交易合约中的融资费用(隐性交易成本)相对减少,因此资金价值调整有所减少。

  下面介绍关于衍生品合约的保证金价值调整及资产价格波动率风险对衍生品初始保证金融资成本的影响。结合布朗运动下的保证金价值调整模型 10.29,当资产价格变化过程遵循随机波动率模型时,对应的保证金价值调整模型为:

$$MVA = -E_t \left[ \int_t^T e^{-\int_t^s (r+\lambda_B+\lambda_C) d\tau} r(\alpha_{X1} C_1 + \alpha_{X2} P_T) d\omega \right] \quad (11.20)$$

  直观上,对比资产价格变化过程服从布朗运动的保证金价值调整模型 10.29 与随机波动率模型下的保证金价值调整模型 11.20,可以看出两者差异性较大。在资产价格变化过程服从布朗运动的假设中波动率是一个常数,而当资产价格变化过程服从随机波动率模型时,波动率是一个随机过程,因此,对冲投资组合中包含了不同的资产,并且部分被涵盖在了保证金价值调整中。很明显,在此前提下推导出的保证金价值调整模型所估算的初始保证金成本不同。这也就表明,资产价格波动率风险会对衍生品交易初始保证金融资成本产生显著影响。由于涵盖资产价格波动率风险,随机波动率模型下的保证金价值调整比布朗运动下的保证金价值调整更能反映真实的市场情况,是一个更为精确的保证金价值调整模型。

  结合表 11.3 可以发现,对于一份衍生品合约而言,根据布朗运动假设下的保证金价值调整模型 10.29 估算的初始保证金融资成本仅为 0.045% 左右,而根据随机波动率模型假设下的保证金价值调整模型 11.20 估算的初始保证金融资成本约为 0.519%。也就是说,对于一份无违约风险价值为 100 万元的交易合约而言,根据布朗运动假设下的保证金价值调整模型 10.29 估算,银行的初始保证金成本仅为 0.045 万元,几乎可以忽略不计。根据随机波动率模型假设下的保证金价值调整模型 11.20 估算,初始保证金成本为 0.519 万元。保证金价值调整模型是对衍生品交易合约的初始保证金融资成本的估值,考虑资产价格波动率风险后,保证金价值调整增大,这说明初始保证金融资成本增加。这与之前的研究结果是一致的(Ackert and Hunter, 1990; Fishe et al. , 1990),即价格波动率是初始保证金水平高低的重要影响因素。

此外,为了说明资产价格波动率风险对衍生品初始保证金融资成本的影响,进一步作图分析。根据衍生品合约的保证金价值调整模型 10.29 与模型 11.20,图 11.4 给出保证价值调整在布朗运动及随机波动率模型下随时间 $t$ 的变化过程。

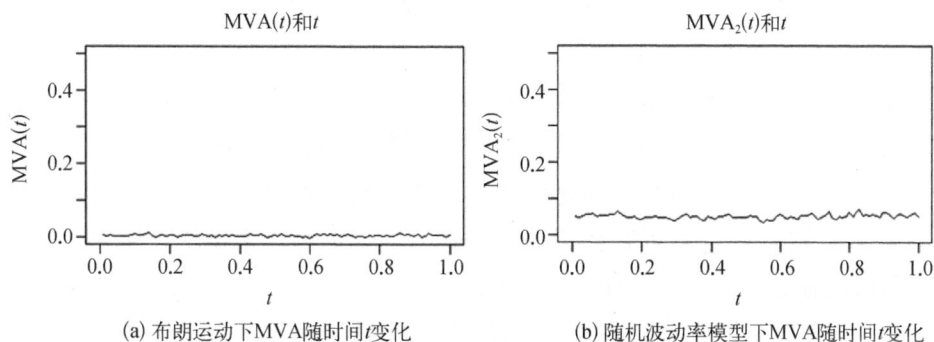

图 11.4　MVA 分别在布朗运动和随机波动率模型下的变化情况

图 11.4(a)为在资产价格变化过程遵循布朗运动的假设下,衍生品合约的保证金价值调整变化过程,图 11.4(b)为在资产价格变化过程服从随机波动率模型的假设下,保证金价值调整变化过程。从图 11.4 可以看出,在资产价格波动率风险的影响下,保证金价值调整增大。这主要是因为,考虑到资产价格波动率风险,交易合约的初始保证金比例可能会有所提高,因此初始保证金的融资成本也相应增加。资产价格的波动率风险是市场中不可忽视的风险,因此,资产价格变化过程服从随机波动率模型假设下的保证金价值调整模型对初始保证金融资成本的估算相对更为精确。

# 第 12 章
## 基于带跳的随机波动率模型的多重价值调整研究

    现代金融市场的风险图谱正在经历前所未有的复杂化进程。当价格跳跃的离散冲击与波动率持续的随机演化相互交织时,传统衍生品定价理论遭遇了根本性挑战——无论是单纯的跳跃扩散模型还是纯粹的随机波动率框架,都难以完整刻画真实市场中风险因子的非线性耦合效应。本章致力于构建一个统一的理论框架,将跳跃风险、随机波动率与多重价值调整进行有机整合,以揭示极端市场环境下风险因子的协同演化机制。在数字金融深化发展的当下,市场风险的微观结构呈现出"双随机"特征:一方面,算法交易与社交媒体的普及使得价格跳跃具有了自激(self-exciting)与传染(contagion)的新属性;另一方面,波动率本身的随机演化又受到这些跳跃事件的持续性影响。这种复杂的动力学行为对多重价值调整计量提出了三重挑战:首先,跳跃事件会通过抵押品价值突变直接影响信用价值调整的计量;其次,随机波动率环境会改变资金价值调整的期限结构;最后,二者的交互作用还会导致资本价值调整计算中的资本要求出现非线性累积。本章创新性地构建了基于霍克斯过程(Hawkes process)的随机波动率跳跃扩散模型,通过建立状态相关的跳跃强度与波动率反馈机制,首次实现了对"跳跃—波动率—多重价值调整"传导链的完整建模。

    本研究的理论价值体现在三个维度:其一,推导出带跳随机波动率环境下多重价值调整的半解析解,揭示了跳跃风险与波动率风险在多重价值调整中的非线性叠加效应;其二,通过加密货币期权市场的实证研究,发现极端波动期间跳跃成分对多重价值调整的贡献最高可达总调整值的 60%;其三,提出基于深度学习校准的多重价值调整动态管理框架,实现了对复杂风险因子的实时监控。这些创新不仅推动了衍生品定价理论的前沿发展,更对金融机构在极端市场条件下的风险管理实践提供了关键方法论。当金融市场的随机性本质被日益复杂的交易生态不断强化时,本章构建的"全景式"定价框架或许代表着下一代金融工程模型的演进方向——在承认市场复杂性的前提下,寻找风险定价的确定性规律。

## 12.1　资产价格的动态方程

本章将介绍在资产价格变化过程遵从带跳的随机波动率模型的假设下,衍生品交易合约的价值及对冲投资组合中资产的动态方程,为后续研究多重价值调整问题建立基本假设。

由于金融市场的不完备性,资产价格具有跳跃与随机波动的双重特征。因此,本章将基于带跳的随机波动率模型,建立涵盖资产价格跳跃与波动率双重风险的衍生品合约多重价值调整模型,并分析资产价格跳跃与随机波动双重风险对衍生品合约价值中嵌入的交易双方信用风险、交易资金融资成本、初始保证金融资成本等组成部分估值的影响。目前,在同一框架下同时将资产价格的跳跃与随机波动特征和多重价值调整理论结合起来的研究相对匮乏。本章基于带跳的随机波动率模型所建立的多重价值调整模型,能更合理地对衍生品合约价值中嵌入的交易双方信用风险、交易资金融资成本、初始保证金融资成本等组成部分进行估值,同时也进一步补充和完善多重价值调整理论。因此,本章在此基础上进行如下创新:一方面,本章将资产价格的跳跃与随机波动双重特征纳入衍生品合约的多重价值调整理论体系中,在资产价格变化过程服从带跳的随机波动率模型的假设下,推导出涵盖资产价格跳跃与波动率双重风险的多重价值调整模型;另一方面,本章以在带跳的随机波动率模型假设下推导出的多重价值调整模型为基础,通过对比布朗运动与带跳的随机波动率模型假设下的各个价值调整模型,分析资产价格的跳跃与波动率双重风险对衍生品合约价值中嵌入的交易双方信用风险、交易资金融资成本、初始保证金融资成本等组成部分估值的综合影响。

本章将以带跳的随机波动率模型刻画资产价格变化过程,研究衍生品合约的多重价值调整问题。首先假设资产价格变化过程服从带跳的随机波动模型,根据复制法,构建对冲投资组合策略;其次,利用对冲原理推导出衍生品交易合约多重价值调整所满足的偏微分方程;最后,运用 Feynman-Kac 公式,推导出带跳的随机波动率模型下的多重价值调整模型。此外,本章还对布朗运动与带跳的随机波动率模型下的各个价值调整模型进行了对比分析。

在概率空间 $(\Omega, F, P)$ 上,依然考虑一个由不同的风险资产构成的金融市场,并假设银行与其交易对手交易一份衍生品合约,其价值为 $V^* = V^*(t, S_t, J_B, J_C)$,$S_t$ 表示不受银行或交易对手违约影响的资产价格,$J_B$ 和 $J_C$ 分别表示银行和交易对手的相互独立的违约示性函数。合约价值的微分形式为:

$$\mathrm{d}V^* = \frac{\partial V^*}{\partial t}\mathrm{d}t + \frac{\partial V^*}{\partial S}\mathrm{d}S + \frac{1}{2}\sigma^2 S^2 \frac{\partial^2 V^*}{\partial S^2}\mathrm{d}t + \Delta V_B^* \, \mathrm{d}J_B + \Delta V_C^* \, \mathrm{d}J_C$$

$$(12.1)$$

其中,$\Delta V_B^* = g_B - V^*$ 和 $\Delta V_C^* = g_C - V^*$ 是银行和交易对手各自违约时的损益。当银行或者其交易对手发生违约时,有:

$$V^*(t, S, 1, 0) = g_B(V, X) \qquad (12.2)$$

$$V^*(t, S, 0, 1) = g_C(V, X) \qquad (12.3)$$

这里的 $g_B(V, X) = [V(S, t) - X(t)]^+ + R_B[V(S, t) - X(t)]^- + X(t)$,$g_C(V, X) = R_C[V(S,t) - X(t)]^+ - [V(S,t) - X(t)]^- + X(t)$,$X = \alpha_{C1}C_1(t, S_t, \sigma_t) + \alpha_{C2}C_2(t, \sigma_t)$。令 $V(t, S) = M(t, S)$(衍生品的盯市价值),即当银行或交易对手违约时,该衍生品交易合约的平仓或索赔数额通常由衍生工具的盯市价值决定或按模型计价。这里的 $R_B$ 为银行的违约回收率,代表银行发生违约后可收回余款的程度,$R_C$ 为交易对手的违约回收率,代表交易对手违约后可收回余款的程度。需要说明的是,相较于前面两章,为了将资产价格跳跃与波动率双重风险纳入衍生品合约的多重价值调整模型中,对冲投资组合中包含了未定权益 $X(t) = \alpha_X C(t, S)$ 和 $X(t) = \alpha_{X1}C_1(t) + \alpha_{X2}P_T(t)$,而在本章,为了将资产价格的跳跃与波动率双重风险纳入衍生品合约的多重价值调整模型中,对冲投资组合中包含了 $X = \alpha_{C1}C_1(t, S_t, \sigma_t) + \alpha_{C2}C_2(t, \sigma_t)$,其满足的动态方程参见下一小节。

为了刻画资产价格变化中的跳跃和随机波动双重特征,考虑资产价格变化过程同时服从跳跃扩散模型和随机波动率模型的情形。Bates(贝茨)模型是随机波动率模型的一种扩展,即在随机波动率模型的基础上,加入泊松过程来刻画跳跃特征。Bates 模型充分继承了 Merton 跳跃扩散模型和 Heston 随机波动率模型的优良特性,较好地刻画了资产价格的跳跃与随机波动率特征。因此,根据 Bates 模型(1996),假设标的资产价格服从如下过程:

$$
\begin{cases}
\mathrm{d}S_t = (\mu - \lambda\upsilon)S_t\mathrm{d}t + \sqrt{\sigma_t}S_t\mathrm{d}Z_1 + (\vartheta - 1)S_t\mathrm{d}J_t \\
\mathrm{d}\sigma_t = \kappa(\theta - \sigma_t)\mathrm{d}t + \sigma_Y\sqrt{\sigma_t}\mathrm{d}Z_2
\end{cases}
\tag{12.4}
$$

这里的 $\mu$ 表示资产的期望收益率,$Z_1$ 表示资产价格变化的布朗运动,$\sigma_t$ 表示资产价格的波动率,$J_t$ 表示标的资产在 $[0, T]$ 内的跳跃次数且服从参数为 $\lambda$ 的泊松过程,以刻画跳跃特征,$\vartheta$ 表示资产价格的跳跃幅度,$\upsilon = E(\vartheta - 1)$,$\theta$ 表示波动率 $\sigma_t$ 的长期均值,$\kappa$ 表示波动率 $\sigma_t$ 的均值回复速度,$\sigma_Y$ 表示随机波动率 $\sigma_t$ 的波动率,并且 $\kappa$、$\theta$、$\sigma_Y$ 均为常数,$Z_2$ 表示波动率变化的布朗运动,$\mathrm{cov}(\mathrm{d}Z_1, \mathrm{d}Z_2) = \rho\mathrm{d}t$,$\rho$ 是 $Z_1$ 与 $Z_2$ 的相关系数,且满足 $|\rho| < 1$。此外,$\vartheta$、$J_t$、$Z_1$、$Z_2$ 之间相互独立。

当资产价格变化过程服从带跳的随机波动率模型时,为了转移对冲组合中资产价格的跳跃与波动率双重风险,在对冲组合中加入一定份额的该资产的期权作为跳跃风险与波动率风险的风险补偿,于是,根据伊藤引理,该资产的期权价格 $C_1(t, S_t, \sigma_t)$ 的微分形式如下:

$$
\begin{aligned}
\mathrm{d}C_1(t, S_t, \sigma_t) =\ & \frac{\partial C_1}{\partial t}\mathrm{d}t + \frac{\partial C_1}{\partial S}\big[(\mu - \lambda\upsilon)S\mathrm{d}t + \sqrt{\sigma}S\mathrm{d}Z_1 + (\vartheta - 1)S\mathrm{d}J\big] + \\
& \frac{\partial C_1}{\partial \sigma}\big[k(\theta - \sigma)\mathrm{d}t + \sigma_Y\sqrt{\sigma}\,\mathrm{d}Z_2\big] + \\
& \frac{1}{2}\Big[\frac{\partial^2 C_1}{\partial S^2}\sigma S^2\mathrm{d}t + \frac{\partial^2 C_1}{\partial \sigma^2}\sigma_Y^2\sigma\mathrm{d}t + 2\rho\sigma_Y S\frac{\partial^2 C_1}{\partial S\partial \sigma}\mathrm{d}t\Big] \\
=\ & \Big[\frac{\partial C_1}{\partial t} + \frac{\partial C_1}{\partial S}(\mu - \lambda\upsilon)S + \frac{\partial C_1}{\partial \sigma}k(\theta - \sigma) + \\
& \frac{1}{2}\Big(\frac{\partial^2 C_1}{\partial S^2}\sigma S^2 + \frac{\partial^2 C_1}{\partial \sigma^2}\sigma_Y^2\sigma + 2\rho\sigma_Y S\frac{\partial^2 C_1}{\partial S\partial \sigma}\Big)\Big]\mathrm{d}t + \\
& \frac{\partial C_1}{\partial S}\sqrt{\sigma}S\mathrm{d}Z_1 + \frac{\partial C_1}{\partial \sigma}\sigma_Y\sqrt{\sigma}\,\mathrm{d}Z_2 + \frac{\partial C_1}{\partial S}(\vartheta - 1)S\mathrm{d}J
\end{aligned}
\tag{12.5}
$$

假设 $C_2 = C_2(t, \sigma_t)$ 是关于资产价格波动率的期权,根据伊藤引理,其微分形式为:

$$dC_2(t, \sigma_t) = \left[\frac{\partial C_2}{\partial t} + k(\theta - \sigma)\frac{\partial C_2}{\partial t} + \frac{1}{2}\sigma_Y^2 \sigma \frac{\partial^2 C_2}{\partial \sigma^2}\right]dt + \frac{\partial C_2}{\partial \sigma}\sigma_Y\sqrt{\sigma}\,dZ_2$$

$$(12.6)$$

## 12.2 带跳的随机波动率模型下衍生品合约的多重价值调整

本节根据复制法,基于带跳的随机波动率模型,构建对冲投资组合策略,求解带跳的随机波动率模型下衍生品合约价值及其满足的偏微分方程。利用衍生品合约的无违约风险价值满足的偏微分方程,推导出多重价值调整所满足的偏微分方程,并通过 Feynman-Kac 公式,推导出衍生品合约的多重价值调整模型。

根据复制法,构建对冲投资组合 $\Pi$,使其满足 $\Pi + V^* = 0$。首先,对冲投资组合中包含一定数量的资产 $S_t$,且资产价格变化过程 $S_t$ 服从带跳的随机波动率模型。其次,对冲投资组合中同样包含银行发行的不同回收率 $(R_1 \neq R_2)$ 的债券 $P_1(t)$ 和 $P_2(t)$,以及交易对手的债券 $P_C(t)$,这些债券的价格变化过程满足的动态方程参见方程组 10.7。为了刻画衍生品交易合约中资产价格的跳跃风险,在对冲组合中加入一个资产相关的未定权益(期权)$C_1 = C_1(t, S_t, \sigma_t)$,为描述资产价格的波动率风险,在对冲组合中加入一个以资产价格波动率为标的的期权 $C_2 = C_2(t, \sigma_t)$。基于此,对冲投资组合 $\Pi$ 的具体形式如下:

$$\Pi(t) = \alpha_S S(t) + \alpha_1 P_1(t) + \alpha_2 P_2(t) + \alpha_C P_C(t) + \beta_C(t) + \beta_S(t) +$$
$$\alpha_{C1} C_1(t) + \alpha_{C2} C_2(t) \qquad (12.7)$$

其中,$\{\alpha_S, \alpha_1, \alpha_2, \alpha_C, \alpha_{C1}, \alpha_{C2}\}$ 表示投资于相应资产的份额,也被称为投资策略,简写成 $\Pi_t$,即:

$$\Pi_t = \alpha_S S + \alpha_1 P_1 + \alpha_2 P_2 + \alpha_C P_C + \beta_C + \beta_S + \alpha_{C1} C_1 + \alpha_{C2} C_2 \quad (12.8)$$

在连续时间情况下,投资组合 $\Pi_t$ 的微分形式如下:

$$d\Pi_t = \alpha_S dS + \alpha_1 dP_1 + \alpha_2 dP_2 + \alpha_C dP_C + d\beta_C + d\beta_S + \alpha_{C1} dC_1 + \alpha_{C2} dC_2$$

$$(12.9)$$

对冲投资组合关于交易对手债券的现金流账户满足方程 10.11。此外,资

产价格 $S_t$ 及相关期权 $C_1 = C_1(t, S_t, \sigma_t)$ 与 $C_2(t, \sigma_t)$ 对应的现金流账户 $\beta_S$ 满足的动态方程及资金约束条件如下：

$$d\beta_S = [\alpha_{S1}(r_S - q_S)S + \alpha_{S2}(r_{C1}C_1 + r_{C2}C_2)]dt \tag{12.10}$$

其中，$\alpha_S$ 表示对冲投资组合中资产的投资份额，$\alpha_{S1}$ 表示衍生品合约价值对资产价格变动敏感度的参数，$\alpha_{S2}$ 表示衍生品价值与期权价格对资产价格变动敏感度的参数，且 $\alpha_{S2} = \alpha_S - \alpha_{S1}$。$r_S$ 表示资产收益率，$\alpha_{S1}r_S S dt$ 代表资产利息收入，$q_S$ 表示资产抵押或回购利率，相当于融资利率。因此，$-\delta_1 q_S S dt$ 代表银行借入这些资产的融资成本，$r_{C1}$ 表示与期权收益相关的利率，$r_{C2}$ 表示与波动率期权相关的利率。

为了将资产价格的跳跃和随机波动双重特征同时纳入衍生品合约的价值调整模型中，我们在资产价格变化过程满足带跳的随机波动率模型的假设下，结合对冲投资组合的微分方程，分析衍生品合约的价值变化过程。

**引理 12.1**　在资产价格变化过程遵从带跳的随机波动率模型的假设下，衍生品合约的价值 $V^* = V^*(t, S_t, J_B, J_C)$ 满足如下偏微分方程：

$$\begin{cases} \partial_t V^* + A_t V^* - (r + \lambda_B + \lambda_C)V^* = (\alpha_{C1}C_1 + \alpha_{C2}C_2)r - \lambda_C g_C - \lambda_B g_B + \lambda_B \varepsilon_h \\ V^*(T, S) = H(S) \end{cases}$$

$$\tag{12.11}$$

下面展示证明过程。根据方程 12.1 关于衍生品合约价值的微分形式及方程 12.9 关于对冲投资组合的微分形式，可知：

$$\begin{aligned} d(V^* + \Pi) &= dV^* + d\Pi \\ &= \frac{\partial V^*}{\partial t}dt + \frac{\partial V^*}{\partial S}dS + \frac{1}{2}\sigma^2 S^2 \frac{\partial^2 V^*}{\partial S^2}dt + \Delta V_B^* dJ_B + \\ &\quad \Delta V_C^* dJ_C + \alpha_S dS + \alpha_1 dP_1 + \alpha_2 dP_2 + \alpha_C dP_C + \\ &\quad d\beta_C + d\beta_S + \alpha_{C1}dC_1 + \alpha_{C2}dC_2 \end{aligned}$$

根据对冲投资组合 $\Pi$ 满足条件 $V^* + \Pi = 0$ 及相关资产的约束条件，并代入相关资产的动态方程，进一步整理，可得：

$$\begin{aligned} d(V^* + \Pi) &= [\partial_t V^* + A_t V^* + (\Delta V_B^* - \varepsilon_h)\lambda_B - (V^* + \alpha_{C1}C_1 + \alpha_{C2}C_2)r + \\ &\quad \Delta V_C^* \lambda_C]dt + \varepsilon_h dJ_B \\ &= [\partial_t V^* + A_t V^* + (g_B - V^*)\lambda_B + (g_C - V^*)\lambda_C - (V^* + \end{aligned}$$

$$\alpha_{C1}C_1 + \alpha_{C2}C_2)r - \varepsilon_h\lambda_B]dt + \varepsilon_h dJ_B$$
$$= [\partial_t V^* + A_t V^* - (r + \lambda_B + \lambda_C)V^* + \lambda_B g_B + \lambda_C g_C -$$
$$(\alpha_{C1}C_1 + \alpha_{C2}C_2)r - \varepsilon_h\lambda_B]dt + \varepsilon_h dJ_B$$

其中，$\varepsilon_h \equiv g_B + P_D + (\alpha_{C1}C_1 + \alpha_{C2}C_2)$，$P_D = \alpha_1 R_1 P_1 + \alpha_2 R_2 P_2$，抛物算子为 $A_t = \dfrac{1}{2}\sigma^2 S^2 \dfrac{\partial^2}{\partial S^2} + rS\dfrac{\partial}{\partial S}$。

由于银行采取的对冲投资组合策略是自融资形式，因此漂移项为零，即：

$$\partial_t V^* + A_t V^* - (r + \lambda_B + \lambda_C)V^* + \lambda_B g_B + \lambda_C g_C -$$
$$r(\alpha_{C1}C_1 + \alpha_{C2}C_2) - \varepsilon_h\lambda_B = 0$$

假设该衍生品合约在时间 $T$ 点的收益函数 $H(S)$ 仅仅依赖于标的资产价格，即在 $T$ 时刻的价值为：

$$V^*(T, S) = H(S)$$

那么，合约价值 $V^*$ 满足如下偏微分方程：

$$\begin{cases} \partial_t V^* + A_t V^* - (r + \lambda_B + \lambda_C)V^* + \lambda_B g_B + \lambda_C g_C - \\ \quad r(\alpha_{C1}C_1 + \alpha_{C2}C_2) - \varepsilon_h\lambda_B = 0 \\ V^*(T, S) = H(S) \end{cases}$$

证毕。

**定理 12.1** 在资产价格变化过程遵从带跳的随机波动率模型的假设下，衍生品合约的多重价值调整 $U$ 满足如下的偏微分方程：

$$\begin{cases} \partial_t U + A_t U - (r + \lambda_B + \lambda_C)U = r(\alpha_{C1}C_1 + \alpha_{C2}C_2) - \lambda_C(g_C - V) - \\ \quad \lambda_B(g_B - V) + \lambda_B\varepsilon_h \\ U(T, S) = 0 \end{cases}$$

$$(12.12)$$

且多重价值调整模型 $U(t, S)$ 为：

$$U(t, S) = E\Big[\int_t^T e^{-\int_t^s (r + \lambda_B + \lambda_C)d\tau}[r(\alpha_{C1}C_1 + \alpha_{C2}C_2) - \lambda_C(g_C - V) -$$
$$\lambda_B(g_B - V) + \lambda_B\varepsilon_h]d\omega\Big]$$

$$(12.13)$$

下面展示证明过程。根据引理 12.1 结论：

$$
\begin{cases}
\partial_t V^* + \mathrm{A}_t V^* - (r + \lambda_B + \lambda_C) V^* = r(\alpha_{C1} C_1 + \alpha_{C2} C_2) - \lambda_B g_B - \lambda_C g_C + \varepsilon_h \lambda_B \\
V^*(T, S) = H(S)
\end{cases}
$$

及该衍生品合约的无违约风险价值 $V$ 满足标准 Black-Scholes 偏微分方程：

$$
\begin{cases}
\partial_t V + \mathrm{A}_t V - rV = 0 \\
V(T, S) = H(S)
\end{cases}
$$

并结合方程 $V^* = V + U$，推导出衍生品合约的多重价值调整 $U$ 满足如下偏微分方程：

$$
\begin{cases}
\partial_t U + \mathrm{A}_t U - (r + \lambda_B + \lambda_C) U = r(\alpha_{C1} C_1 + \alpha_{C2} C_2) - \\
\quad \lambda_C (g_C - V) - \lambda_B (g_B - V) + \lambda_B \varepsilon_h \\
U(T, S) = 0
\end{cases}
$$

根据 Feynman-Kac 公式，带跳的随机波动率模型下的多重价值调整模型 $U(t, S)$ 为：

$$
U(t, S) = E\left[ \int_t^T \mathrm{e}^{-\int_t^s (r + \lambda_B + \lambda_C) \mathrm{d}\tau} \left[ r(\alpha_{C1} C_1 + \alpha_{C2} C_2) - \lambda_C (g_C - V) - \right.\right.
$$
$$
\left.\left. \lambda_B (g_B - V) + \lambda_B \varepsilon_h \right] \mathrm{d}\omega \right]
$$

证毕。

根据上述定理的结论，带跳的随机波动率模型下衍生品合约的多重价值调整模型 $U(t, S)$ 可将资产价格的跳跃与波动率双重风险纳入多重价值调整理论体系中。因此，这里的多重价值调整模型分解出的刻画衍生品合约价值中交易双方信用风险、交易资金融资成本、初始保证金融资成本等组成部分价值的信用价值调整模型、债务价值调整模型、资金价值调整模型及保证金价值调整模型均涵盖了资产价格的跳跃与波动率双重风险。因此，在带跳的随机波动率模型假设下推导出的多重价值调整模型更符合金融市场特征，对衍生品合约的交易双方信用风险、交易资金融资成本、初始保证金融资成本等组成部分的估值具有更强的捕捉能力及解释力。

同样，将带跳的随机波动率模型下衍生品合约的多重价值调整模型 $U(t, S)$ 分解为信用价值调整模型、债务价值调整模型、资金价值调整模型及保证金

价值调整模型,具体如下:

$$CVA = -E_t\left[\int_t^T \lambda_C(\omega)e^{-\int_t^s(r+\lambda_B+\lambda_C)d\tau}(V(\omega)-g_C(\omega))d\omega\right]$$

$$DVA = -E_t\left[\int_t^T \lambda_B(\omega)e^{-\int_t^s(r+\lambda_B+\lambda_C)d\tau}(V(\omega)-g_B(\omega))d\omega\right]$$

$$FVA = -E_t\left[\int_t^T \lambda_B(\omega)e^{-\int_t^s(r+\lambda_B+\lambda_C)d\tau}\varepsilon_h(\omega)d\omega\right]$$

$$MVA = -E_t\left[\int_t^T e^{-\int_t^s(r+\lambda_B+\lambda_C)d\tau}(\alpha_{C1}C_1+\alpha_{C2}C_2)d\omega\right]$$

其中,$g_B(V, X) = [V(t, S) - X(t)]^+ + R_B[V(t, S) - X(t)]^- + X(t)$,$g_C(V, X) = X(t) + R_C[V(t, S) - X(t)]^+ - [V(t, S) - X(t)]^-$,$X = \alpha_{C1}C_1(t, S_t, \sigma_t) + \alpha_{C2}C_2(t, \sigma_t)$。

对比分析定理 10.1、定理 11.1 与定理 12.1 的结论可以发现,表面上涵盖不同风险的信用价值调整模型、债务价值调整模型、资金价值调整模型及保证金价值调整模型在形式上是一致的。但事实是,在考虑资产价格跳跃与波动率双重风险的情况下,衍生品合约平仓时的价值(银行违约时衍生品合约的剩余价值 $g_B$ 或者交易对手违约时衍生品合约的剩余价值 $g_C$)、违约发生时债券组合的剩余价值($P_D$)及银行作为债券发行方且持有自发债券组合(债券 $P_1$ 和债券 $P_2$)的损益($\varepsilon_h$)均发生变化。也就是说,在考虑资产价格跳跃与波动率双重风险的情况下,衍生品合约多重价值调整模型的估值结果是不同的。由于金融市场中资产价格具有跳跃与随机波动双重特征,涵盖跳跃与波动率双重风险的多重价值调整模型 $U(t, S)$ 更能反映金融市场的真实情况,是一个更为精确的多重价值调整模型。

接下来,通过数值实验来说明,在资产价格变化过程设定为带跳的随机波动率模型的假设下,多重价值调整模型对衍生品合约价值中嵌入的交易双方信用风险、交易资金融资成本、初始保证金融资成本等组成部分的估值。具体分析如下。

本章关于带跳的随机波动率模型假设下的多重价值调整模型所涉及的参数主要有三类。一是与经典的期权定价模型相关的参数,参照大多数文献的设定,在合理范围内取值。关于数值实验,本章涉及带跳的随机波动率模型的参数,相似文献大多直接设置相关参数以研究相关问题(Jia，bi，and Zhang，2015；Zhong and Deng，2019)。二是与不同主体发行的不同等级债券相关的参数,三是相关现金流账户的参数说明(详见例 10.1 对债券相关参数取值的说明)。

**例 12.1**　仍然考虑一份 1 年到期($T=1$)的衍生品合约,标的资产为股票。

为了更好地进行对比分析,假设初始时刻资产价格 $S_0$ 为 95 元,执行价 $K$ 为 100 元。银行自身发行的不同等级债券 $P_1$ 和 $P_2$ 及交易对手债券 $P_C$ 的动态方程中的参数设定,参见表 10.1。实验中,多重价值调整模型中的其他参数如表 12.1 所示。

**表 12.1　衍生品合约的多重价值调整模型参数**

| 参数 | 取值 | 参数 | 取值 | 参数 | 取值 | 参数 | 取值 |
|------|------|------|------|------|------|------|------|
| $S_0$ | 95 | $r$ | 0.018 | $\sigma_Y$ | 0.600 | $b_2$ | 0.300 |
| $K$ | 100 | $q$ | 0.014 | $R_1$ | 0.600 | $q_C$ | 0.012 |
| $\sigma_0$ | 0.400 | $\kappa$ | 0.500 | $R_2$ | 0.400 | $r_C$ | 0.032 |
| $T$ | 1 | $\theta$ | 0.150 | $b_1$ | 0.100 | $R_C$ | 0.040 |

表 12.2 给出了根据带跳的随机波动率(J-SV)模型下的多重价值调整模型、信用价值调整模型、债务价值调整模型、资金价值调整模型及保证金价值调整模型计算的多重价值调整($U$)、信用价值调整($CVA$)、债务价值调整($DVA$)、资金价值调整($FVA$)及保证金价值调整($MVA$)在无违约风险价值中所占的比重。

**表 12.2　$U$、$CVA$、$DVA$、$FVA$ 及 $MVA$ 占合约的无违约风险价值的比重**

| 模　型 | $U/V$ | $CVA/V$ | $DVA/V$ | $FVA/V$ | $MVA/V$ |
|--------|-------|---------|---------|---------|---------|
| J—SV 模型 | −0.076 52 | −0.067 40 | −0.074 80 | −0.116 03 | 0.032 12 |

从表 12.2 可以看出,通过带跳的随机波动率模型推导出的多重价值调整模型进行估算,衍生品交易合约的多重价值调整 $U$ 在无违约风险价值中所占的比重约为 7.652%。其中,根据带跳的随机波动率模型下的信用价值调整模型,衍生品合约的信用价值调整在无违约风险价值中所占的比重约为 6.74%。根据

带跳的随机波动率模型下的债务价值调整模型,债务价值调整在无违约风险价值中所占的比重约为 7.48%。根据带跳的随机波动率模型下的资金价值调整模型,资金价值调整在无违约风险价值中所占的比重约为 11.603%。根据带跳的随机波动率模型下的保证金价值调整模型,保证金价值调整在无违约风险价值中所占的比重约为 3.212%。数值实验显示,对于一份衍生品合约而言,假设其无违约风险价值为 100 万元,根据带跳的随机波动率模型下多重价值调整模型的估算,衍生品合约价值中包含的交易双方信用风险、交易资金融资成本、初始保证金融资成本等组成部分的价值在无违约风险价值中占 7.652% 左右,即这份合约价值中包含的交易双方信用风险、交易资金融资成本、初始保证金融资成本等组成部分的价值约为 7.652 万元,基于银行对交易对手风险与交易成本的评估与计算,交易合约的价值应该为 92.348 万元。

在下一节的结果分析中,笔者将在资产价格分别服从布朗运动与带跳的随机波动率模型的假设前提下,对比分析信用价值调整、债务价值调整、资金价值调整及保证金价值调整,并分析资产价格的跳跃与波动率双重风险对衍生品合约价值中嵌入的交易双方信用风险、交易资金融资成本、初始保证金融资成本等组成部分估值的影响。

## 12.3  结果分析

本节将在资产价格变化过程分别服从布朗运动与带跳的随机波动率模型的假设下,对信用价值调整模型、债务价值调整模型、资金价值调整模型及保证金价值调整模型分别进行数值实验,分析跳跃与波动率双重风险对多重价值调整的影响。

为了分析资产价格跳跃和波动率双重风险对多重价值调整的影响,列出资产价格变化过程分别在服从布朗运动与带跳的随机波动率模型的假设下,对应的衍生品合约的多重价值调整模型,具体如下:

$$U(t,S)=E\Big[\int_t^T e^{-\int_t^s (r+\lambda_B+\lambda_C)d\tau}\big[s_X X-\lambda_C(g_C-V)-\lambda_B(g_B-V)+\lambda_B\varepsilon_h\big]d\omega\Big]$$

$$(12.14)$$

其中,$\varepsilon_h$ 为银行不同融资策略的对冲缺口损益,$g_B$、$g_C$ 的形式及含义参见方程

10.2 和 10.3。

$$U_3(t, S) = E\left[\int_t^T e^{-\int_t^T (r+\lambda_B+\lambda_C)d\tau}\left[(\alpha_{C1}C_1+\alpha_{C2}C_2)r - \lambda_C(g_C-V) - \right.\right.$$

$$\left.\left.\lambda_B(g_B-V)+\lambda_B\varepsilon_h\right]d\omega\right] \tag{12.15}$$

其中，$g_B(V, X) = [V(t, S) - X(t)]^+ + R_B[V(t, S) - X(t)]^- + X(t)$，$g_C(V, X) = X(t) + R_C[V(t, S) - X(t)]^+ - [V(t, S) - X(t)]^-$，$X = \alpha_{C1}C_1(t, S_t, \sigma_t) + \alpha_{C2}C_2(t, \sigma_t)$。

　　模型 12.14 为在资产价格变化过程服从布朗运动的假设下衍生品合约的多重价值调整模型。为了使其能够满足市场上观察到的数据经验特征，本章引入跳跃与随机波动的双重特征以刻画资产价格的跳跃与波动率双重风险。于是，笔者基于资产价格变化过程服从带跳的随机波动率模型的假设，建立涵盖资产价格的跳跃与波动率双重风险的多重价值调整模型 12.15。理论上来说，衍生品合约的多重价值调整模型 12.15 涵盖跳跃和波动率双重风险的市场特征，更符合市场的真实情况。同时，由于涵盖不同的风险特征，模型结果中的 $g_C$、$g_B$、$\varepsilon_h$（$g_C$ 和 $g_B$ 分别是交易对手违约、银行违约时衍生品合约平仓时的价值，$\varepsilon_h$ 为银行不同融资策略的对冲缺口损益）均不同，多重价值调整模型对衍生品合约价值中嵌入的交易双方信用风险、交易资金融资成本、初始保证金融资成本的估值也不同。这表明，资产价格的跳跃与波动率双重风险对衍生品合约的多重价值调整具有显著影响。

　　**例 12.2**　为了便于分析资产价格跳跃与波动率双重风险对衍生品合约多重价值调整的影响，在资产价格变化过程分别服从布朗运动与带跳的随机波动率模型的假设下，将多重价值调整（$U$）、信用价值调整（$CVA$）、债务价值调整（$DVA$）、资金价值调整（$FVA$）及保证金价值调整（$MVA$）在无违约风险价值中所占的比重，统一整理如表 12.3 所示。

**表 12.3　两种情况下，$U$、$CVA$、$DVA$、$FVA$ 及 $MVA$ 在无违约风险价值中所占的比重**

| 模　型 | $U/V$ | $CVA/V$ | $DVA/V$ | $FVA/V$ | $MVA/V$ |
|---|---|---|---|---|---|
| BM 模型 | $-0.036\,49$ | $-0.058\,71$ | $-0.074\,15$ | $-0.052\,38$ | $0.000\,45$ |
| J—SV 模型 | $-0.076\,52$ | $-0.067\,40$ | $-0.074\,80$ | $-0.116\,03$ | $0.032\,12$ |

　　从表 12.3 的计算结果可以看出,对于一份衍生品合约,资产价格服从不同的随机过程对衍生品合约多重价值调整的影响存在较大的差异性。未考虑资产价格变化的跳跃和随机波动两大特征时,衍生品合约的多重价值调整在无违约风险价值中所占的比重约为 3.649%,考虑资产价格的跳跃和波动率双重风险后,多重价值调整在无违约风险价值中所占的比重约为 7.652%。显然资产价格的跳跃与波动率双重风险导致多重价值调整在无违约风险价值中所占的比重显著增加。这表明,资产价格的跳跃与波动率双重风险对多重价值调整有明显的正向冲击。因此,跳跃与随机波动双重特征是交易商在对衍生品合约价值进行多重价值调整时需要考虑的重要因素。根据信用价值调整模型与债务价值调整模型的计算,从表 12.3 可以看出带跳的随机波动率模型下衍生品合约的信用价值调整显著增加,债务价值调整增加甚微。这表明,资产价格的跳跃与波动率双重风险对交易对手的信用风险冲击较大,而对交易商(银行)自身造成的影响相对较小。考虑资产价格的跳跃和波动率双重风险后,资金价值调整与保证金价值调整在无违约风险价值中所占的比重均显著增加。这表明,资产价格的跳跃与随机波动双重特征会造成有效交易周期内交易资金产生更多的融资成本及初始保证金融资成本。综上所述,资产价格的跳跃与波动率双重风险对多重价值调整具有显著的影响。因此,在对衍生品合约价值中嵌入的交易双方信用风险、交易资金融资成本、初始保证金融资成本等组成部分进行估值时需要考虑这一必要因素。

　　此外,相应的参数设定后,在资产价格变化分别服从布朗运动与带跳的随机波动率模型时,对应的衍生品合约多重价值调整 $U$ 与 $U_3$ 随时间 $t$ 的变化过程如图 12.1 所示。

　　图 12.1(a)为在资产价格变化过程服从布朗运动的假设下,多重价值调整的变化过程,图 12.1(b)为在资产价格变化过程服从带跳的随机波动率模型的假设下,多重价值调整的变化过程。通过对比,从图 12.1 可以看出资产价格的跳跃与波动率双重风险对多重价值调整的变化幅度方面与波动性方面造成一定的正向冲击。考虑资产价格的跳跃风险和波动率风险后,无论在影响程度上还是波动性幅度上,衍生品合约的多重价值调整均增大。这说明,资产价格跳跃与波动率双重风险是影响衍生品合约多重价值调整的重要因素。因此,在带跳的随机波动率模型假设下的多重价值调整模型,对衍生品合约价值中的交易双方信用风险、交易资金融资成本、初始保证金融资成本等组成部分的估值相对而言更为合理。

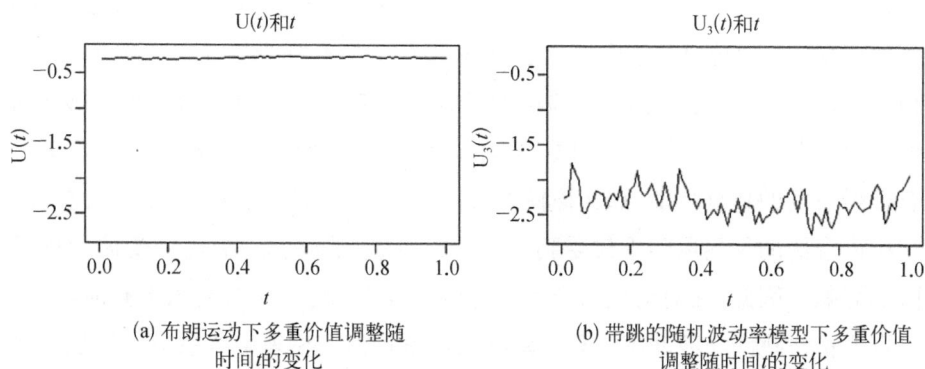

(a) 布朗运动下多重价值调整随
时间 $t$ 的变化

(b) 带跳的随机波动率模型下多重价值
调整随时间 $t$ 的变化

**图 12.1　多重价值调整分别在布朗运动与带跳的随机波动率模型下的变化情况**

接下来，根据资产价格跳跃与随机波动的双重特征对多重价值调整中的每一个价值调整的影响来分析资产价格跳跃与随机波动双重特征对衍生品合约价值中交易双方信用风险、交易资金融资成本、初始保证金融资成本等组成部分估值的影响。首先来看资产价格的跳跃与波动率双重风险对衍生品合约交易双方信用风险的影响。在资产价格变化过程服从带跳的随机波动率模型的假设下，衍生品合约的信用价值调整模型与债务价值调整模型为：

$$CVA = -E_t\left[\int_t^T \lambda_C(\omega)\mathrm{e}^{-\int_t^s(r+\lambda_B+\lambda_C)\mathrm{d}\tau}(V(\omega)-g_C(\omega))\mathrm{d}\omega\right] \quad (12.16)$$

$$DVA = -E_t\left[\int_t^T \lambda_B(\omega)\mathrm{e}^{-\int_t^s(r+\lambda_B+\lambda_C)\mathrm{d}\tau}(V(\omega)-g_B(\omega))\mathrm{d}\omega\right] \quad (12.17)$$

其中，$g_B(V, X) = [V(t, S) - (\alpha_{C1}C_1(t) + \alpha_{C2}C_2(t))]^+ + (\alpha_{C1}C_1(t) + \alpha_{C2}C_2(t)) + R_B[V(t, S) - (\alpha_{C1}C_1(t) + \alpha_{C2}C_2(t))]^-$，$g_C(V, X) = R_C[V(t, S) - (\alpha_{C1}C_1(t) + \alpha_{C2}C_2(t))]^+ - [V(t, S) - (\alpha_{C1}C_1(t) + \alpha_{C2}C_2(t))]^- + \alpha_{C1}C_1(t) + \alpha_{C2}C_2(t)$。

对比布朗运动下的信用价值调整模型 10.23 和债务价值调整模型 10.25，考虑资产价格的跳跃与波动率双重风险后，模型结果中的按时计价的 $g_C$、$g_B$、$\varepsilon_h$（$g_C$ 和 $g_B$ 分别是交易对手违约、银行违约时衍生品合约平仓时的价值，$\varepsilon_h$ 为银行不同融资策略的对冲缺口损益）均不同。结合表 12.3 的计算结果可以看出，对于一份衍生品合约而言，未考虑资产价格变化的跳跃和随机波动两大特征时，衍生品合约的信用价值调整与债务价值调整在该合约无违约风险价值中的占比分别为5.871%与7.415%。在考虑资产价格的跳跃与波动率双重风险后,信用价值调整与债务价值调整增加。这表明,资产价格的跳跃与波动率双重风险对衍生品合约的交易双方信用风险影响显著。理论上来说,涵盖资产价格跳跃与波动率双重风险的信用价值调整模型12.16与债务价值调整模型12.17更符合金融市场的数据特征,那么该模型对衍生品合约信用风险的刻画更为合理。衍生品合约的信用风险不仅受到资产价格跳跃风险的影响,也会受波动率风险的影响。因此,在对衍生品合约进行信用价值调整和债务价值调整时,应该将资产价格跳跃与波动率双重风险纳入多重价值调整理论体系中以加强风险管理。

此外,为了说明资产价格的跳跃与波动率双重风险对衍生品交易合约信用风险的影响,根据信用价值调整模型10.23与模型12.16及债务价值调整模型10.25与模型12.17,图12.2给出衍生品合约的信用价值调整与债务价值调整在资产价格变化过程分别服从布朗运动和带跳的随机波动率模型的假设下随时间 $t$ 的变化过程。

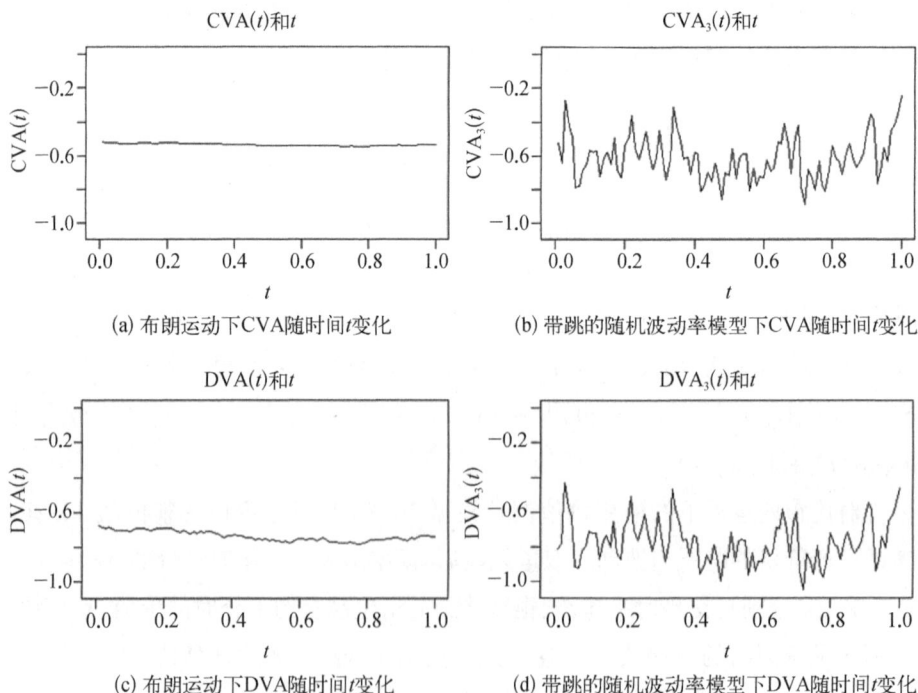

图 12.2　CVA 与 DVA 分别在布朗运动和带跳的随机波动率模型假设下的变化情况

图 12.2(a)为在资产价格变化过程遵循布朗运动的假设下,衍生品合约信用价值调整的变化过程,图 12.2(b)为在资产价格变化过程服从带跳的随机波动率模型的假设下,信用价值调整的变化过程,图 12.2(c)为在资产价格变化过程遵循布朗运动的假设下,债务价值调整的变化过程,图 12.2(d)为在资产价格变化过程服从带跳的随机波动率模型的假设下,债务价值调整的变化过程。信用价值调整与债务价值调整是对衍生品合约中的交易双方信用风险的估值。从图 12.2 可以看出,考虑资产价格的跳跃和波动率双重风险后,衍生品合约的信用价值调整与债务价值调整在水平大小与变化波动性方面均增大。总体而言,图 12.2 的结果表明,衍生品的信用风险不仅受到资产价格跳跃风险的影响,也会受资产价格波动率风险的影响。因此,在带跳的随机波动率模型假设下的信用价值调整模型与债务价值调整模型,能更精确地度量衍生品合约中的交易双方信用风险。

下面介绍衍生品合约的资金价值调整及资产价格跳跃与波动率双重风险对资金价值调整的影响。基于资产价格服从带跳的随机波动率模型的假设,引入资产价格的跳跃与随机波动双重特征,推导出涵盖资产价格的跳跃与波动率双重风险的资金价值调整模型为:

$$FVA = -E_t\left[\int_t^T \lambda_B(\omega)e^{-\int_t^s (r+\lambda_B+\lambda_C)d\tau}\varepsilon_h(\omega)d\omega\right] \quad (12.18)$$

其中,$\varepsilon_h = \Delta V_B^* - (P - P_D)$,$\Delta V_B^* = g_B - V^*$,$g_B(V, X) = (\alpha_{C1}C_1(t) + \alpha_{C2}C_2(t)) + [V(t, S) - (\alpha_{C1}C_1(t) + \alpha_{C2}C_2(t))]^+ + R_B[V(t, S) - (\alpha_{C1}C_1(t) + \alpha_{C2}C_2(t))]^-$。

对比布朗运动下的资金价值调整模型 10.27 与带跳的随机波动率模型下的资金价值调整模型 12.18 可以发现,不同风险下的资金价值调整模型形式上虽然相对一致,但具体的模型中的函数有区别。不同的资产价格变化过程导致资金价值调整模型中按时计价的 $g_B$ 不同,进一步导致资金价值调整中的 $\varepsilon_h$ 不同,最终导致资金价值调整不同。这表明,资产价格的跳跃与波动率双重风险对衍生品交易周期中的融资费用或成本产生显著的影响。因此,涵盖资产价格跳跃与波动率双重风险的资金价值调整模型更符合金融市场的数据特征,那么该模型对交易合约交易周期中由于交易资金而产生的融资成本的估值也就更为精确。结合表 12.3 可以看出,对于一份衍生品交易合约,根据带跳的随机波动率模型下的资金价值调整模型 12.18,衍生品交易合约的隐性融资成本在无违约风险价值中所占的比重约为 11.603%。在未考虑资产价格变化的跳跃和随机波动两大特征时,衍生品合约的资金价值调整在无违约风险价值中所占的比重为 5.238% 左右。考虑资产价格的跳跃与波动率双重风险后,资金价值调整显著增加。这表明,跳跃与波动率双重风险对衍生品合约交易周期中由于交易资金产生的融资成本具有显著影响。结合实际的金融市场数据特征可以看出,资产价格的跳跃和随机波动特征是实时存在的市场因素,这种隐性交易成本成为交易者不得不考虑的风险因素。因此,应该按照带跳的随机波动率模型下的资金价值调整模型来度量衍生品合约中交易资金产生的融资成本。

此外,为了进一步说明资产价格跳跃与波动率双重风险对衍生品交易周期中交易资金产生融资费用的影响,根据资金价值调整模型 10.27 与模型 12.18,图 12.3 给出衍生品合约的资金价值调整在资产价格变化过程分别服从布朗运动和带跳的随机波动率模型的假设下随时间 $t$ 的变化过程。

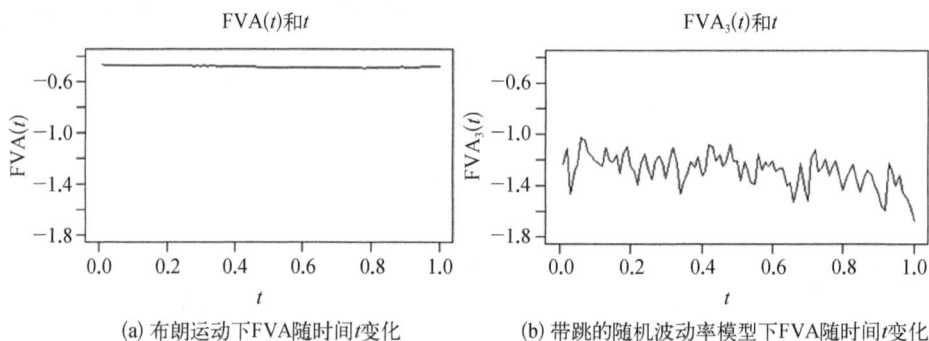

图 12.3　FVA 分别在布朗运动与带跳的随机波动率模型下的变化情况

图 12.3(a)为在资产价格变化过程服从布朗运动的假设下,衍生品合约资金价值调整的变化过程,图 12.3(b)为在资产价格变化过程服从带跳的随机波动率模型的假设下,资金价值调整的变化过程。对比图 12.3(a)与 12.3(b)可以看出,相较于布朗运动下资金价值调整的变化,在资产价格跳跃与波动率双重风险的影响下,资金价值调整显著增加,并且伴随强烈的变化波动性。这表明,资产价格的跳跃与波动率双重风险对资金价值调整产生显著影响。因此,对于一份衍生品合约而言,交易商在对有效周期内由于交易资金产生的融资成本进行合理估算时,需要考虑资产价格跳跃与波动率双重风险。此外,在带跳的随机波

动率模型假设下的资金价值调整模型,对衍生品合约交易周期内交易资金产生的融资成本的估值更为精确。

下面介绍关于资产价格跳跃与波动率双重风险对衍生品合约的初始保证金融资成本的影响分析。就衍生品合约的保证金价值调整而言,当资产价格变化过程服从带跳的随机波动率模型时,保证金价值调整模型为:

$$MVA = -E_t \left[ \int_t^T e^{-\int_t^s (r+\lambda_B+\lambda_C) \mathrm{d}\tau} (\alpha_{C1} C_1 + \alpha_{C2} C_2) \mathrm{d}\omega \right] \quad (12.19)$$

对比资产价格变化过程服从布朗运动下的保证金价值调整模型 10.29,显然,在考虑资产价格的跳跃与波动率双重风险后,保证金价值调整模型 12.19 与 10.29 差异性较大。这表明,资产价格的跳跃与波动率双重风险会对衍生品合约的初始保证金融资成本产生显著影响。金融市场中,资产价格的跳跃风险与波动率风险并存,并且这两大风险相互影响,因此,能够同时刻画资产价格的跳跃与波动率双重风险的保证金价值调整模型对衍生品合约中初始保证金融资成本的估值更为合理。

从表 12.3 的计算结果可以发现,对于一份衍生品合约而言,未考虑资产价格变化的跳跃和随机波动两大特征时,根据保证金价值调整模型 10.29,保证金价值调整在无违约风险价值中所占的比重仅为 0.045% 左右。在资产价格变化过程服从带跳的随机波动率模型的假设下,保证金价值调整在无违约风险价值中所占的比重约为 3.212%。也就是说,对于一份无违约风险价值为 100 万元的衍生品合约而言,考虑到资产价格的跳跃和随机波动特征是实时并存的市场风险因素,根据衍生品合约的保证金估值调整模型 12.19 计算,该合约的初始保证金融资成本约为 3.212 万元。

此外,为了进一步分析资产价格的跳跃与波动率双重风险对衍生品合约初始保证金成本的影响,根据保证金价值调整模型 10.29 与模型 12.19,图 12.4 给出保证金价值调整在资产价格变化过程分别服从布朗运动和带跳的随机波动率模型两种假设下随时间 $t$ 的变化过程。

图 12.4(a) 为在资产价格变化过程服从布朗运动的假设下,衍生品合约保证金价值调整的变化过程,图 12.4(b) 为在资产价格变化过程服从带跳的随机波动率模型的假设下,保证金价值调整的变化过程。对比图 12.4(a) 与图 12.4(b) 可以看出,相较于布朗运动下的保证金价值调整,在考虑资产价格跳跃与波动率双重风险后,保证金价值调整不仅显著增大,同时变化波动性增强。这表

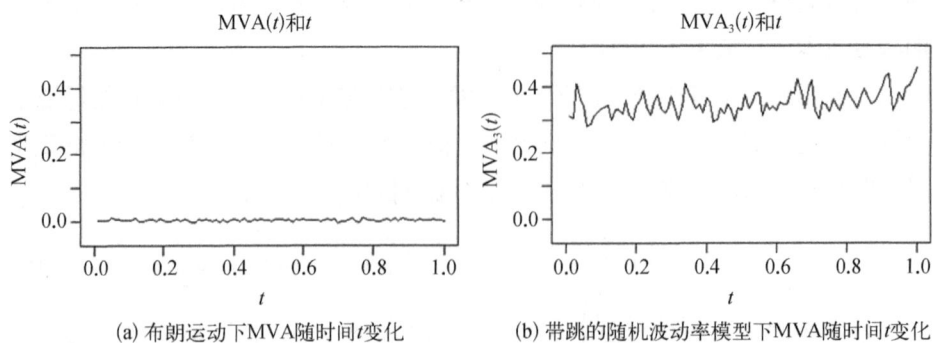

(a) 布朗运动下MVA随时间t变化  (b) 带跳的随机波动率模型下MVA随时间t变化

**图 12.4  MVA 分别在布朗运动与带跳的随机波动率模型假设下的变化情况**

明,资产价格的跳跃与波动率双重风险是影响衍生品合约保证金价值调整的重要因素。因此,在对衍生品合约中初始保证金融资成本进行量化时,需要考虑资产价格的跳跃与波动率双重风险。

# 第 13 章
# 对比分析与参数敏感性分析

前面几章主要是基于资产价格的跳跃风险、波动率风险及跳跃与波动率双重风险三种不同风险特征,围绕衍生品合约的多重价值调整问题展开的研究。通过资产价格变化过程分别服从跳跃扩散模型、随机波动率模型及带跳的随机波动率模型,建立涵盖资产价格跳跃风险、波动率风险及跳跃与波动率双重风险的信用价值调整模型、债务价值调整模型、资金价值调整模型及保证金价值调整模型,并分析跳跃风险、波动率风险及跳跃与波动率双重风险对衍生品合约价值中嵌入的交易双方信用风险、交易资金融资成本、初始保证金融资成本等组成部分估值的影响。研究发现,不管是跳跃风险、波动率风险还是跳跃与波动率双重风险,均会对信用价值调整、债务价值调整、资金价值调整及保证金价值调整产生显著的影响。这说明,资产价格的跳跃风险、波动率风险及跳跃与波动率双重风险是影响衍生品合约价值中嵌入的交易双方信用风险、交易资金融资成本、初始保证金融资成本的重要因素。因此,结合资产价格变化特征推导出的多重价值调整模型,能更合理地对衍生品合约价值中嵌入的交易双方信用风险、交易资金融资成本、初始保证金融资成本等组成部分进行精确估值。

在此基础上,本章试图从不同风险下的模型对比和参数敏感性两个方面进行进一步的探讨。一方面,考虑到资产价格的跳跃风险、波动率风险及跳跃与波动率双重风险对多重价值调整具有不同程度的影响,本章将针对资产价格变化过程服从不同随机过程假设的多重价值调整模型进行对比分析。结合前几章理论模型的研究结论,本章针对不同风险下的信用价值调整模型、债务价值调整模型、资金价值调整模型及保证金价值调整模型进行对比分析,通过将涵盖不同风险的多重价值调整模型整合在一起进行对比分析,以更为直观的方式呈现出资产价格跳跃风险、波动率风险及跳跃与波动率双重风险对衍生品合约信用价值调整、债务价值调整、资金价值调整及保证金价值调整影响的差异性，即以对比分析法进一步探讨跳跃风险、波动率风险及跳跃与波动率双重风险对衍生品合约中嵌入的交易双方信用风险、交易资金融资成本、初始保证金融资成本等组成部分估值的影响。另一方面，考虑到模型参数可能是影响多重价值调整的关键因素，本章将针对不同风险下的信用价值调整模型、债务价值调整模型、资金价值调整模型及保证金价值调整模型选取共同的参数，然后进行参数敏感性分析。在前几章理论模型的研究基础上，本章分析了不同风险下信用价值调整模型、债务价值调整模型、资金价值调整模型及保证金价值调整模型中的共同参数变化对信用价值调整、债务价值调整、资金价值调整及保证金价值调整的影响，以捕捉资产价格跳跃风险、波动率风险及跳跃与波动率双重风险对衍生品合约价值中嵌入的信用风险、交易资金融资成本及初始保证金融资成本的影响。总结起来，本章主要分为如下几个部分：多重价值调整的对比分析、信用价值调整的对比分析与参数敏感性分析、债务价值调整的对比分析与参数敏感性分析、资金价值调整的对比分析与参数敏感性分析及保证金价值调整的对比分析与参数敏感性分析。

## 13.1　不同风险下多重价值调整的对比分析

多重价值调整模型中包含与衍生品合约中交易双方的信用风险、交易资金融资成本、初始保证金融资成本等组成部分的价值相关的不同类型的价值调整。因此，多重价值调整模型本质上是监管部门和金融机构用于管理交易对手风险、资金、担保品及资本等的工具和手段。多重价值调整模型的结果可以被监管部门和金融机构使用，以对衍生品交易合约进行风险评估和定价调整。多重价值调整模型的准确性直接决定了对衍生品合约价值中嵌入的交易双方信用风险、交易资金融资成本、初始保证金融资成本等组成部分估值的合理性。

本节将针对资产价格过程服从不同随机过程假设的多重价值调整模型进行对比分析。首先结合布朗运动下的多重价值调整模型并列出定理10.1、定理11.1及定理12.1的研究结论，即资产价格变化过程分别服从布朗运动、跳跃扩散模型、随机波动率模型及带跳的随机波动率模型时对应的多重价值调整模型：

$$U(t,\,S) = E\Big[\int_t^T e^{-\int_t^s (r+\lambda_B+\lambda_C)d\tau} \big[s_X X - \lambda_C(g_C - V) -$$

$$\lambda_B(g_B - V) + \lambda_B \varepsilon_h\big]d\omega\Big] \tag{13.1}$$

$$U_1(t,\,S) = E\Big[\int_t^T e^{-\int_t^s (r+\lambda_B+\lambda_C)d\tau} \big[\alpha_X rC - \lambda_C(g_C - V) -$$

$$\lambda_B(g_B - V) + \lambda_B \varepsilon_h\big]d\omega\Big] \tag{13.2}$$

$$U_2(t,\,S) = E\Big[\int_t^T e^{-\int_t^s (r+\lambda_B+\lambda_C)d\tau} \big[(\alpha_{X1} C + \alpha_{X2} P_T)r - \lambda_C(g_C - V) -$$

$$\lambda_B(g_B - V) + \lambda_B \varepsilon_h\big]d\omega\Big] \tag{13.3}$$

$$U_3(t,\,S) = E\Big[\int_t^T e^{-\int_t^s (r+\lambda_B+\lambda_C)d\tau} \big[(\alpha_{C1} C_1 + \alpha_{C2} C_2)r - \lambda_C(g_C - V) -$$

$$\lambda_B(g_B - V) + \lambda_B \varepsilon_h\big]d\omega\Big] \tag{13.4}$$

模型 13.1 为资产价格变化过程服从布朗运动假设下的多重价值调整模型。该模型在对衍生品合约价值中嵌入的交易双方信用风险、交易资金融资成本、初始保证金融资成本等组成部分进行量化与估值时,并未考虑资产价格的跳跃风险和波动率风险。为了描述市场上观察到的资产价格数据经验特征之一——跳跃行为,基于资产价格变化过程服从跳跃扩散模型的假设,可推导出涵盖跳跃风险的多重价值调整模型 13.2。另一个重要的资产价格数据经验特征是随机波动特征,基于资产价格变化过程服从随机波动率模型的假设,可推导出涵盖波动率风险的多重价值调整模型 13.3。类似地,基于资产价格变化过程服从带跳的随机波动率模型假设,可推导出涵盖资产价格跳跃与波动率双重风险的多重价值调整模型 13.4。通过模型之间的对比可以发现,不同的风险导致了函数 $g_C$、$g_B$、$\varepsilon_h$($g_C$ 和 $g_B$ 分别是交易对手违约、银行违约时衍生品合约平仓时的价值,$\varepsilon_h$ 为银行作为债券发行方且持有自发债券组合的损益)的差异性。不同风险下的多重价值调整模型结果也不同。这表明,资产价格的跳跃风险、波动率风险及跳跃与波动率双重风险对衍生品合约的多重价值调整具有显著的影响。在金融市场中,资产价格的跳跃风险与波动率风险并存,它们之间存在交叉反馈作用,即两种风险之间会产生相互的影响(潘冬涛、马勇,2022)。因此,理论上而言,针对一般的衍生品合约,带跳的随机波动率模型下的多重价值调整模型 13.4 对衍生品合约价值中嵌入的交易双方信用风险、交易资金融资成本、初始保证金融资成本等组成部分的估值较为合理。当然,结合实际交易情况,具体到不同风险特征的交易合约时,则应该根据相应的多重价值调整模型进行估值。

**例 13.1** 为了便于对比分析资产价格的跳跃风险、波动率风险及跳跃与波动率双重风险对衍生品合约多重价值调整的影响,在资产价格变化过程分别服从布朗运动、跳跃扩散模型、随机波动率模型及带跳的随机波动率模型的假设下,多重价值调整($U$)、信用价值调整($CVA$)、债务价值调整($DVA$)、资金价值调整($FVA$)及保证金价值调整($MVA$)在无违约风险价值中所占的比重,统一整理如表 13.1(结合例 10.1、例 11.1 和例 12.1 的计算结果)所示。

**表 13.1  四种情况下,$U$、$CVA$、$DVA$、$FVA$ 及 $MVA$ 占该合约无违约风险价值的比重**

| 模　型 | $U/V$ | $CVA/V$ | $DVA/V$ | $FVA/V$ | $MVA/V$ |
|---|---|---|---|---|---|
| BM 模型 | −0.036 49 | −0.058 71 | −0.074 15 | −0.052 38 | 0.000 45 |
| JD 模型 | −0.068 55 | 0.017 61 | 0.060 44 | −0.103 08 | 0.077 36 |
| SV 模型 | −0.016 76 | −0.123 05 | −0.119 07 | −0.027 27 | 0.005 19 |
| J—SV 模型 | −0.076 52 | −0.067 40 | −0.074 80 | −0.116 03 | 0.032 12 |

从表 13.1 可以看出,对于一份衍生品合约而言,资产价格的不同风险对多重价值调整的影响存在较大差异性。整体而言,相比于单独考虑资产价格的跳跃风险或者波动率风险对多重价值调整的影响,将资产价格的跳跃与随机波动双重特征纳入资产价格的变化过程中时,多重价值调整变化幅度最大。未考虑资产价格变化特征时,布朗运动下的多重价值调整在无违约风险价值中所占的比重约为 3.649%。在考虑资产价格跳跃风险后,跳跃扩散模型与带跳的随机波动率模型下的多重价值调整在无违约风险价值中所占的比重分别约为 6.855% 和 7.652%。显然,资产价格跳跃风险导致多重价值调整在无违约风险价值中所占的比重显著增加。这表明,资产价格的跳跃风险对多重价值调整有正向效应,并且效应相对显著。这也说明,整体而言,资产价格的跳跃风险对衍生品合约价值中嵌入的交易双方信用风险、交易资金融资成本及初始保证金融资成本等组成部分估值的影响较大。因此,交易商在对衍生品合约价值进行多重价值调整时需要考虑资产价格的跳跃风险。在考虑资产价格波动率风险后,随机波动率模型下的多重价值调整在无违约风险价值中所占的比重为

1.676%。相较于布朗运动,所占比重有所减少。这是由于不同价值调整之间发生风险转移,尽管资产价格的波动率风险对多重价值调整影响较小,但其对信用风险的影响较大(详细分析见下一节)。因此,交易商在对衍生品合约价值进行多重价值调整时,资产价格波动率风险依然是必须考虑的重要因素。详细来看,一方面,对于量化信用风险的信用价值调整和债务价值调整,在考虑资产价格跳跃风险后,信用价值调整与债务价值调整在无违约风险价值中所占的比重分别约为 1.761% 和 6.044%。对比布朗运动下的信用价值调整与债务价值调整,所占比重有所减少,并且风险方向发生改变。这表明,资产价格跳跃风险对信用价值调整与债务价值调整有一定的对冲效应。在考虑资产价格的波动率风险后,信用价值调整与债务价值调整在无违约风险价值中所占的比重分别约为12.305% 和 11.907%。显然,资产价格波动率风险导致信用价值调整与债务价值调整在无违约风险价值中所占的比重显著增加。这说明,波动率风险是影响衍生品合约信用风险的主要因素。在考虑资产价格的跳跃和波动率双重风险后,相较于布朗运动假设下的情况,多重价值调整在无违约风险价值中所占的比重增加,相较于随机波动率模型与跳跃扩散模型假设下的情况,多重价值调整所占的比重也增加。这说明,对比资产价格的跳跃风险,波动率风险对衍生品合约信用风险的影响更大。另一方面,对于量化交易资金融资成本和初始保证金融资成本的资金价值调整和保证金价值调整,在考虑资产价格的跳跃风险后,资金价值调整与保证金价值调整在无违约风险价值中所占的比重分别约为10.308% 和 7.736%。对比布朗运动下的资金价值调整与保证金价值调整,所占比重显著增加。这表明,资产价格的跳跃风险会显著增加衍生品合约价值在有效期内的交易资金及初始保证金,从而增加交易资金产生的融资成本及初始保证金融资成本。在考虑波动率风险后,资金价值调整与保证金价值调整在无违约风险价值中所占的比重分别约为 2.727% 和 0.519%。对比布朗运动下的资金价值调整与保证金价值调整,资产价格波动率风险导致资金价值调整减少,保证金价值调整显著增加。这说明,波动率风险会增加初始保证金的融资成本,但降低交易周期内交易资金产生的融资成本或费用。在考虑资产价格的跳跃与波动率双重风险时,资金价值调整与保证金价值调整在无违约风险价值中所占的比重均显著增大。通过对比还可看出,相较于资产价格波动率风险的影响,资产价格的跳跃风险对资金价值调整与保证金价值调整的冲击相对较大。

综上所述,在考虑资产价格的跳跃风险、波动率风险及跳跃与波动率双重风险后,衍生品合约的多重价值调整是明显增加的。这表明,资产价格的跳跃风险、波动率风险及跳跃与波动率双重风险对多重价值调整有着显著影响。这是因为资产价格的跳跃行为会极大地影响信用风险的波动性,而资产价格的随机波动极大地影响信用风险,继而对衍生品合约价值产生极大影响。总体来看,资产价格不同的风险特征,会导致衍生品合约价值的差异性。这与大多数研究结论一致。

此外,在资产价格变化分别服从布朗运动、跳跃扩散模型、随机波动率模型及带跳的随机波动率模型下的多重价值调整模型 13.1、模型 13.2、模型 13.3 及模型 13.4,对应的多重价值调整 $U$、$U_1$、$U_2$ 及 $U_3$ 随时间 $t$ 的变化过程如图 13.1 所示。

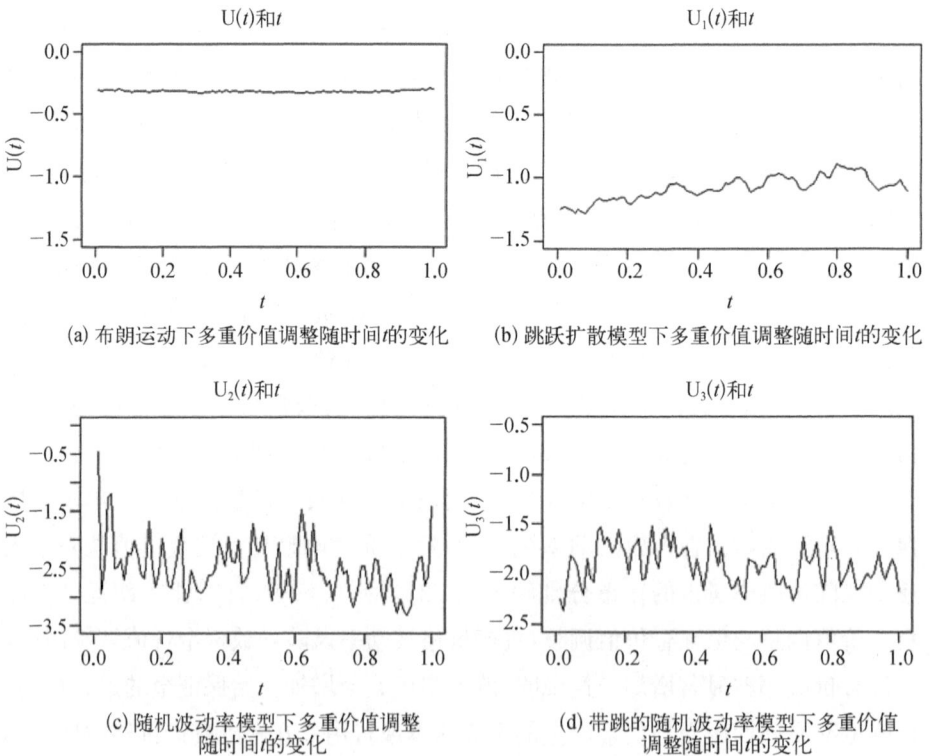

图 13.1　多重价值调整分别在四种模型下的变化情况

图 13.1(a)为在资产价格变化过程遵循布朗运动的假设下,衍生品合约多重价值调整的变化过程。通过图 13.1 可以看出,在没有其他风险的冲击下,多

重价值调整的变化波动性较小,基本维持在一定水平。这说明,在经济环境相对稳定的情况下,衍生品合约价值中嵌入的交易双方信用风险、交易资金融资成本及初始保证金融资成本都较为固定,并且变化幅度较小。图 13.1(b)为在资产价格变化过程服从跳跃扩散模型的假设下,衍生品合约多重价值调整的变化过程。对比图 13.1(a)与图 13.1(b)可以看出,在仅考虑资产价格跳跃风险的情况下,多重价值调整增加,且变化波动性增强。这说明,资产价格的跳跃风险对多重价值调整具有显著影响。图 13.1(c)为在资产价格变化过程服从随机波动率模型的假设下,衍生品合约多重价值调整的变化过程。对比图 13.1(a)、图 13.1(b)与图 13.1(c)可以看出,在仅考虑波动率风险的情况下,多重价值调整在水平大小和变化波动性两方面均发生较大变化,特别是变化波动性显著增强。这表明,相较于跳跃风险,资产价格的波动率风险对多重价值调整的影响相对而言更为显著。图 13.1(d)为在资产价格变化过程服从带跳的随机波动率模型的假设下,多重价值调整的变化情况。整体对比图 13.1(a)、图 13.1(b)、图 13.1(c)与图 13.1(d)可以发现,考虑资产价格的跳跃和波动率双重风险后,多重价值调整不论是在影响程度上还是波动性幅度上都存在显著变化。这说明,资产价格的跳跃风险与波动率风险之间会相互影响。从图 13.1 中还可看出,资产价格跳跃风险的影响主要体现为多重价值调整在原有水平上增加了一定幅度,而资产价格的波动率风险则是对多重价值调整的变化波动性方面有一定冲击。

综上所述,资产价格的跳跃风险、波动率风险及跳跃与波动率双重风险是影响衍生品合约多重价值调整的重要因素,并且对信用价值调整、债务价值调整、资金价值调整及保证金价值调整的影响存在显著差异性。因此,接下来会针对信用价值调整、债务价值调整、资金价值调整及保证金价值调整进行详细的对比分析和参数敏感性分析。

## 13.2 信用价值调整的对比分析与参数敏感性分析

本节以布朗运动假设下的信用价值调整模型为基准模型,依次对在资产价格变化过程服从跳跃扩散模型、随机波动率模型及带跳的随机波动率模型假设下的衍生品合约的信用价值调整模型进行对比分析,以研究跳跃风险、波动率风险及跳跃与波动率双重风险对交易对手信用风险的影响。此外,针对交易对手信用风险的共同影响因子,结合 4 种不同随机过程假设下的信用价值调整模型进行对比,重点分析资产价格跳跃风险、波动率风险及跳跃与波动率双重风险下信用价值调整模型的参数敏感性。

## 13.2.1　在 4 种不同情况下信用价值调整的对比分析

信用价值调整模型通过一个数字精准地量化了交易对手信用风险,从而可以利用数值来区分交易对手信用风险的大小。在资产价格变化过程服从 4 种不同随机过程的假设下,衍生品合约的信用价值调整模型分别为:

$$CVA = -E_t\left[\int_t^T \lambda_C(\omega)e^{-\int_t^s (r+\lambda_B+\lambda_C)d\tau}(V(\omega)-g_C(\omega))d\omega\right] \quad (13.5)$$

其中,$g_C(V, X) = R_C[V(t, S)-X(t)]^+ - [V(t, S)-X(t)]^- + X(t)$;

$$CVA = -E_t\left[\int_t^T \lambda_C(\omega)e^{-\int_t^s (r+\lambda_B+\lambda_C)d\tau}(V(\omega)-g_C(\omega))d\omega\right] \quad (13.6)$$

其中,$g_C(V, C) = R_C[V(t, S)-\alpha_X C(t, S)]^+ - [V(t, S)-\alpha_X C(t, S)]^- + \alpha_X C(t, S)$;

$$CVA = -E_t\left[\int_t^T \lambda_C(\omega)e^{-\int_t^s (r+\lambda_B+\lambda_C)d\tau}(V(\omega)-g_C(\omega))d\omega\right] \quad (13.7)$$

其中,$g_C(V, X) = R_C[V(t, S)-(\alpha_{X1}C_1(t)+\alpha_{X2}P_T(t))]^+ + (\alpha_{X1}C_1(t)+\alpha_{X2}P_T(t)) - [V(t, S)-(\alpha_{X1}C_1(t)+\alpha_{X2}P_T(t))]^-$;

$$CVA = -E_t\left[\int_t^T \lambda_C(\omega)e^{-\int_t^s (r+\lambda_B+\lambda_C)d\tau}(V(\omega)-g_C(\omega))d\omega\right] \quad (13.8)$$

其中,$g_C(V, X) = R_C[V(t, S)-(\alpha_{C1}C_1(t)+\alpha_{C2}C_2(t))]^+ + (\alpha_{C1}C_1(t)+\alpha_{C2}C_2(t)) - [V(t, S)-(\alpha_{C1}C_1(t)+\alpha_{C2}C_2(t))]^-$。

直观上,不同风险下的信用价值调整模型在形式上相近。但事实上由于涵盖不同的市场风险,模型中刻画交易对手违约时合约剩余价值的函数有区别。因此,不同风险影响下的信用价值模型对于衍生品合约的交易对手信用风险的估值存在差异性。模型 13.5 为在资产价格变化过程服从布朗运动的假设下,衍生品合约的信用价值调整模型。通过该模型对交易对手信用风险进行估值时未考虑资产价格的跳跃风险、波动率风险及跳跃与波动率双重风险。对于一份衍生品合约而言，根据信用价值调整模型 13.5 进行估值时，交易对手的信用风险估值在该合约无违约风险价值中的占比为 5.871%（见表 13.1）。当资产价格变化过程服从跳跃扩散模型时，可推导出涵盖跳跃风险的信用价值调整模型 13.6。此时该模型对于交易对手信用风险的量化已考虑到资产价格的跳跃风险。直觉上，跳跃风险会对信用风险产生一定的冲击，单靠模型对比无法确定是正向还是负向效应。但是，结合表 13.1 的计算结果可以看出，在考虑资产价格跳跃风险后，交易对手的信用风险通过风险补偿而发生转移。这可能是由于考虑跳跃风险使得初始保证金比例提高，也就是初始保证金融资成本提高。交易合约初始保证金的提高会大大降低交易的信用风险（Gregory，2015）。类似地，当资产价格变化过程服从随机波动率模型时，可推导出涵盖波动率风险的信用价值调整模型 13.7。此时该模型对于交易对手信用风险的量化已考虑到资产价格的波动率风险。波动率风险会造成衍生品合约价值的随机波动，因此，波动率风险也会对交易对手信用风险产生一定的影响。对照表 13.1 的计算结果可以看出，在考虑资产价格波动率风险后，信用价值调整在无违约风险价值中所占的比重显著增大。这说明，资产价格波动率风险对交易对手信用风险的冲击尤为严重。类似地，基于资产价格服从带跳的随机波动率模型的假设，推导出的信用价值调整模型 13.8 涵盖了资产价格的跳跃与波动率双重风险。结合表 13.1 的计算结果可知，在考虑资产价格的跳跃与波动率双重风险的综合影响后，相较于布朗运动与跳跃扩散模型假设下的情况，信用价值调整是增加的。而对比随机波动率模型假设下的情形，信用价值调整减少。这表明，资产价格的跳跃与波动率双重风险对交易对手信用风险的综合影响不是这两种市场风险的简单加和。总体来说，交易对手信用风险不仅受到资产价格跳跃风险的影响，也会受资产价格波动率风险的影响。因此，在对衍生品合约进行信用价值调整时，除了要考虑交易对手方的信用质量外，还应该同时将资产价格跳跃风险与波动率风险纳入信用价值调整中，以加强交易对手信用风险管理。

此外，为了对比分析资产价格的跳跃风险、波动率风险及跳跃与波动率双重风险对交易对手信用风险的影响，根据信用价值调整模型 13.5、模型 13.6、模型 13.7 与模型 13.8，图 13.2 给出衍生品合约的信用价值调整在资产价格变化过程分别服从布朗运动、跳跃扩散模型、随机波动率模型及带跳的随机波动率模型的假设下随时间 $t$ 的变化过程。

CVA(*t*)和*t*

CVA₁(*t*)和*t*

CVA₂(*t*)和*t*

CVA₃(*t*)和*t*

(a) 布朗运动下CVA随时间*t*变化

(b) 跳跃扩散模型下CVA随时间*t*变化

(c) 随机波动率模型下CVA随时间*t*变化

(d) 带跳的随机波动率模型下CVA随时间*t*变化

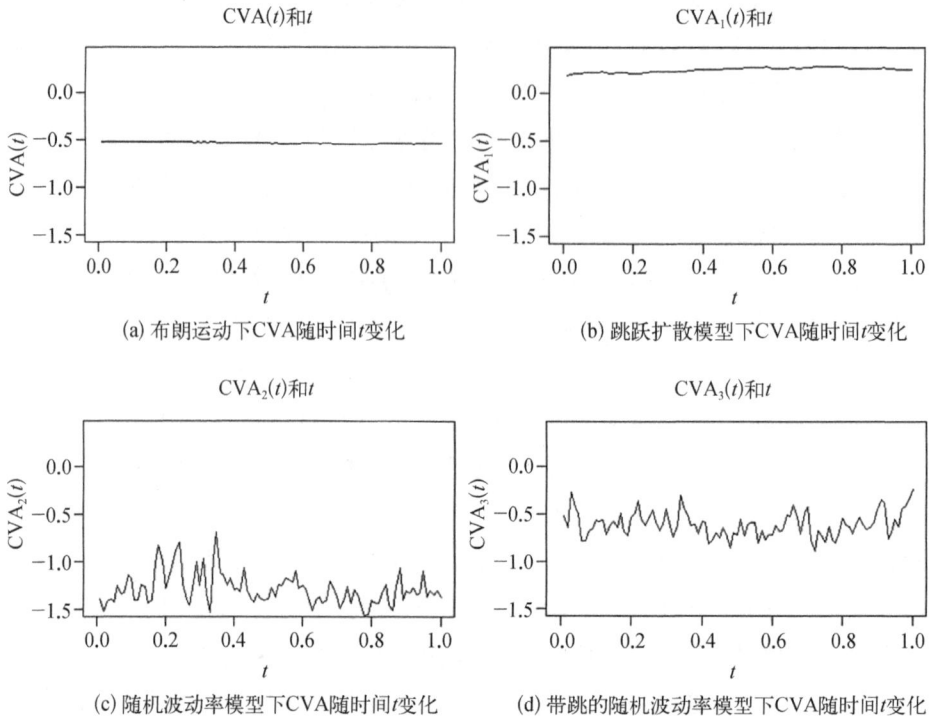

**图 13.2　信用价值调整 CVA 分别在四种模型假设下的变化情况**

图 13.2(a)为在资产价格变化过程服从布朗运动的假设下,衍生品合约信用价值调整的变化过程。通过图 13.2 可以看出,在没有其他风险的冲击下,交易有效期内信用价值调整相对稳定,基本维持在一定水平。这说明,在经济环境相对稳定的情况下,交易对手的信用风险波动较小。图 13.2(b)为在资产价格变化过程服从跳跃扩散模型的假设下,信用价值调整的变化情况。对比图 13.2(a)与图 13.2(b)可以看出,将资产价格跳跃风险纳入衍生品合约的信用价值调整中,交易对手信用风险在数值方面不仅减少,而且发生风险转移,表明信用风险在跳跃风险的冲击下反而会获得风险补偿。图 13.2(c)为在资产价格变化过程服从随机波动率模型的假设下,信用价值调整的变化过程。对比图 13.2(a)、图 13.2(b)与图 13.2(c)可以看出,考虑资产价格波动率风险后,信用价值调整在水平大小和变化波动性两方面均发生较大变化,最为显著的是变化波动性增强。这表明,资产价格波动率风险对信用风险的影响尤为显著。图 13.2(d)给出在资产价格变化过程服从带跳的随机波动率模型的假设下,信用价值调整的

变化过程。对比图 13.2(a)、图 13.2(b)、图 13.2(c) 与图 13.2(d) 可以发现,考虑资产价格的跳跃与波动率双重风险后,信用价值调整在水平大小和变化波动性方面均增大,但水平大小较随机波动率模型下的影响有所降低。这说明,资产价格的跳跃与波动率双重风险在影响衍生品合约的信用风险的同时,也会相互影响。整体而言,图 13.2 的结果再次表明,交易对手信用风险不仅受到资产价格跳跃风险的影响,也会受资产价格波动率风险的影响。这与信用价值调整的理论模型分析结论保持一致。

## 13.2.2 信用价值调整的参数敏感性分析

交易对手信用风险是衍生品交易中最重要的风险之一,其风险高低直接影响交易商是否进行交易的决策。信用价值调整模型是对交易合约中交易对手信用风险的量化,模型中的参数变化自然会引起交易对手信用风险的变化,并且不同风险下的信用价值调整模型对不同参数的敏感性不同。本章重点研究的是基于资产价格跳跃风险、波动率风险及跳跃与波动率双重风险的信用价值调整,因此,本章选取不同风险下信用价值调整模型的共同参数进行分析。在跳跃风险、波动率风险及跳跃与波动率双重风险下的信用价值调整模型中的共同影响因子是交易对手的债券有效利差和违约回收率。因此,本节主要分析交易对手的债券有效利差 $\lambda_C$ 和交易对手的违约回收率 $R_C$ 对信用价值调整的影响。

交易对手的债券有效利差 $\lambda_C$ 代表交易对手的危险率。由信用价值调整模型可知,债券有效利差 $\lambda_C$ 对不同风险下的信用价值调整均存在较为直接的影响。为了直观地对比分析交易对手的债券有效利差 $\lambda_C$ 对资产价格跳跃风险、波动率风险及跳跃与波动率双重风险下的信用价值调整的影响,根据信用价值调整模型 13.5、模型 13.6、模型 13.7 与模型 13.8,图 13.3 给出了参数 $\lambda_C$ 对不同风险下信用价值调整影响的变化情况。

从图 13.3 可以看出,交易对手的债券有效利差 $\lambda_C$ 对资产价格跳跃风险、波动率风险及跳跃与波动率双重风险下的交易对手信用风险的影响存在显著差异。鉴于本书是从银行的角度考虑信用价值调整问题的,根据资产价格服从不同随机过程假设下的信用价值调整模型可知,期望算子前存在负号,因此,交易对手的债券有效利差 $\lambda_C$ 与信用价值调整存在正相关关系,即对于银行而言,交

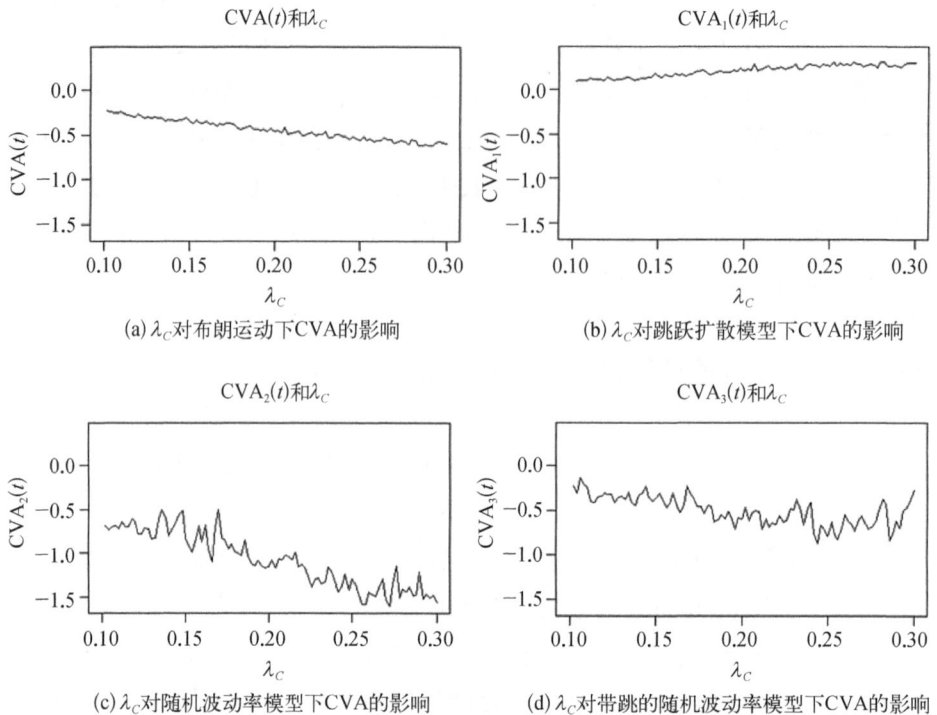

图 13.3 参数 $\lambda_C$ 对四种不同假设下信用价值调整的影响

易对手的债券有效利差越大,交易对手的信用风险越大。首先,在未考虑资产价格跳跃风险和波动率风险的情况下,从图 13.3(a)中可以看出,当其他参数不变时,随着交易对手的债券有效利差在一定范围内增加,信用价值调整呈现相对缓慢下降的趋势。这表明,交易对手债券利差的增大会加大其信用风险。其次,在单独考虑资产价格的跳跃风险时,从图 13.3(b)中可以看出,当其他参数不变时,随着交易对手债券有效利差的增加,信用价值调整变化波动较小且呈现微升的趋势。这说明,在考虑跳跃风险的影响后,债券利差对交易对手信用风险的正向效应消失。通过图 13.3(a)和图 13.3(b)的对比可以发现,随着债券有效利差 $\lambda_C$ 的增加,信用风险变化方向发生改变。正的信用价值调整表明,对于银行而言,当其考虑资产价格的跳跃风险后,信用风险获得风险补偿。这可能是因为在考虑资产价格的跳跃风险后,为了降低交易对手的违约可能性,银行在交易初期可能会通过增加初始保证金比例为交易顺利进行提供保障。再次,在单独考虑资产价格的波动率风险的情况下,从图 13.3(c)中可以看出,当其他参数不变时,随着债券有效利差 $\lambda_C$ 的增加,信用价值调整不仅显著增加而且随机波动性增强。此外,对比图 13.3(a)、图 13.3(b)和图 13.3(c)可以看出,相较于跳跃风险的影响,在波动率风险的影响下,债券有效利差 $\lambda_C$ 的增加对交易对手信用风险具有更强的正向冲击。最后,考虑资产价格的跳跃与波动率双重风险的情况,从图 13.3(d)中可以看出,其他参数不变时,当交易对手的债券有效利差 $\lambda_C$ 增加时,信用价值调整呈现下降趋势且伴随较强的波动性。整体对照图 13.3(a)、图 13.3(b)、图 13.3(c)和图 13.3(d)可以看出,当交易对手的债券有效利差 $\lambda_C$ 增加时,跳跃风险会在一定程度上降低交易对手信用风险,而波动率风险不仅增加交易对手信用风险而且伴随较强的随机性。

信用价值调整模型中另一个共同影响因子是交易对手的违约回收率。回收率指的是某一债务的债者一旦违约,债权人能够回收的债务价值的程度。在绝大多数与信用风险度量相关的模型中,违约回收率是极为重要的输入变量之一,它可以衡量违约时有望回收的价值份额,通常取值于[0,1]。债券违约回收率为发生违约后通过破产程序或止赎权等收回的金额比,据穆迪统计,1982 年至 2014 年间,按加权平均计算,公司平均回收率大约介于 17.10%～52.40% 之间。此外,就海外市场的回收率情况统计,大部分国家债券的违约回收率均在 30%～40% 之间。因此,在对违约回收率参数敏感性进行分析时,取值范围为 20%～40%。

在信用价值调整模型中,交易对手的违约回收率 $R_C$ 代表交易对手一旦违约,银行能够回收的合约价值的程度。由信用价值调整模型可知,交易对手的违约回收率 $R_C$ 对不同风险下的信用价值调整均有直接的影响。为了对比分析交易对手的违约回收率 $R_C$ 对资产价格跳跃风险、波动率风险及跳跃与波动率双重风险下的信用价值调整的影响,根据信用价值调整模型 13.5、模型 13.6、模型 13.7 与模型 13.8,图 13.4 呈现了违约回收率 $R_C$ 对不同风险下信用价值调整的影响。

从图 13.4 可以看出,在资产价格的跳跃风险、波动率风险及跳跃与波动率双重风险分别存在的情况下,交易对手的违约回收率 $R_C$ 对交易对手信用风险的影响存在显著差异性。首先,在未考虑资产价格跳跃风险和波动率风险的情况下,从图 13.4(a)可以看出,当其他参数不变时,交易对手的违约回收率在一定范围内增加,信用价值调整呈现相对平稳的变化趋势。这表明,在没有其他风险影响的情况下,交易对手的违约回收率对信用价值调整的影响较小。其次,在

CVA(t)和$R_C$

CVA$_1$(t)和$R_C$

(a) $R_C$对布朗运动下CVA的影响

(b) $R_C$对跳跃扩散模型下CVA的影响

CVA$_2$(t)和$R_C$

CVA$_3$(t)和$R_C$

(c) $R_C$对随机波动率模型下CVA的影响

(d) $R_C$对带跳的随机波动率模型下CVA的影响

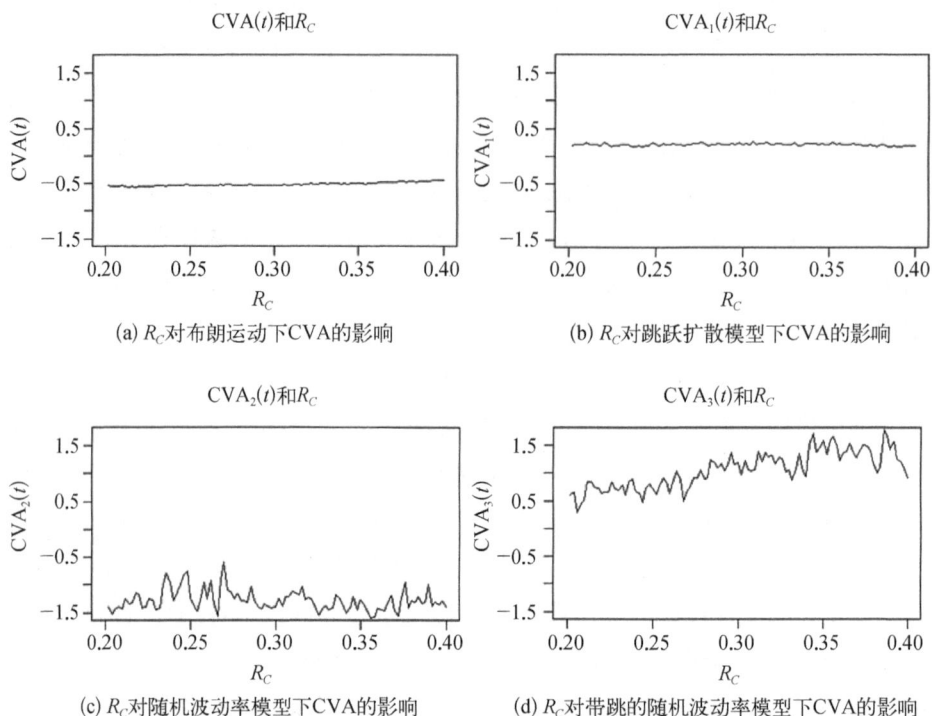

**图 13.4  参数 $R_C$ 对四种不同假设下信用价值调整的影响**

单独考虑资产价格的跳跃风险的情况下,从图 13.4(b)中可以看出,当交易对手的违约回收率增加时,信用风险方向发生改变,但变化波动性较小且依然呈现平稳的变化趋势。对比图 13.4(a)和图 13.4(b)可以发现,随着交易对手违约回收率 $R_C$ 的增加,信用价值调整在跳跃风险影响下的变化轨迹与布朗运动情况下的轨迹基本一致,二者仅在水平大小上存在一定差异性。再次,在单独考虑资产价格的波动率风险的情况下,从图 13.4(c)中可以看出,当其他参数不变时,交易对手违约回收率的增加,会对信用价值调整造成显著的影响,信用价值调整不仅在变化幅度上增加而且随机波动性增强。对比图 13.4(a)、图 13.4(b)和图 13.4(c)可以看出,相较于跳跃风险的影响,在波动率风险的影响下,违约回收率增加对交易对手信用风险的影响更大。最后,考虑资产价格跳跃与波动率双重风险的情况,从图 13.4(d)中可以看出,当其他参数不变时,随着交易对手违约回收率的增加,信用价值调整呈现上升趋势且伴随较强的波动性。这表明,在资产价格跳跃与波动率双重风险的影响下,随着违约回收率的增加,交易对手的信用风险是反向增加的,且极具不稳定性。整体而言,对比图 13.4(a)、图 13.4(b)、图 13.4(c)和图 13.4(d)可以看出,交易对手的违约回收率在随机波动率风险下对交易对手信用风险的冲击尤其显著,特别是在波动性方面。在资产价格波动率风险的影响下,违约回收率的增加使得交易对手的信用风险方向发生转变。

至此,我们分析了在不同风险(跳跃风险、波动率风险及跳跃与波动率双重风险)的影响下,交易对手的债券有效利差 $\lambda_C$ 和违约回收率 $R_C$ 对信用价值调整的影响。通过模型的参数敏感性分析,可以得出三个结论。第一,关于跳跃风险对交易对手信用风险的影响,通过对比发现[图 13.3(a)和图 13.3(b)及图 13.4(a)和图 13.4(b)],即使在不同参数的变化情况下,跳跃风险对信用价值调整的影响也是一致的,产生风险转移。这可能是由于在考虑资产价格的跳跃风险后,银行会增加初始保证金或者是其他超额担保等作为风险补偿,从而导致多重价值调整之间发生风险转移。第二,关于波动率风险对交易对手信用风险的影响,通过对比发现[图 13.3(a)和图 13.3(c)及图 13.4(a)和图 13.4(c)],在不同参数的变化情况下,波动率风险对信用价值调整的影响显著,不仅加剧交易对手信用风险,而且增加信用风险的不确定性。第三,关于跳跃与波动率双重风险对交易对手信用风险的综合影响,通过对比发现[图 13.3(a)和图 13.3(d)及图 13.4(a)和图 13.4(d)],在不同参数的变化情况下,跳跃与波动率双重风险对信用价值调整的影响不是跳跃风险和波动率风险影响效应的简单相加。总的来说,波动率风险对交易对手信用风险的影响最大,跳跃与波动率双重风险次之,跳跃风险对交易对手信用风险的影响则由于发生风险转移而较小。

因此,对于一份衍生品合约,交易者可以根据不同性质的交易合约评估不同风险和不同参数对信用价值调整模型的影响,从而选择合适的信用价值调整模型对交易对手的信用风险进行估值。估值合理且准确的信用价值调整模型利于市场参与者对衍生品合约进行全面、连续的信用风险管理。信用价值调整作为交易对手信用风险以价格形式的呈现,已从生疏的技术词汇跃升为金融市场的流行语。大型银行多年来一直有"CVA 部门",以管理交易对手风险。在衍生品交易的定价与风险管理中,小型银行及其他金融机构设立管理信用价值调整的交易部门、构建复杂的系统与模型已经是必然要求,以致力于提高这方面的管理水平。

## 13.3　债务价值调整的对比分析与参数敏感性分析

信用价值调整模型与债务价值调整模型是关于衍生品合约的交易双方信用风险的量化与估值。上一节对信用价值调整(交易对手信用风险)进行了详细分析,本节将进一步探讨债务价值调整(银行自身信用风险)。本节以布朗运动假设下的债务价值调整模型为基准模型,在资产价格变化过程分别服从跳跃扩散模型、随机波动率模型及带跳的随机波动率模型的假设下,对衍生品合约的债务价值调整模型进行对比分析,以研究跳跃风险、波动率风险及跳跃与波动率双重风险对债务价值调整的影响。此外,本节通过对 4 种不同随机过程假设下的债务价值调整模型进行对比,并针对不同风险下债务价值调整模型的共同影响因子,重点分析资产价格跳跃风险、波动率风险及跳跃与波动率双重风险下债务价值调整模型的参数敏感性。

### 13.3.1　债务价值调整在不同假设下的对比分析

在资产价格变化过程服从 4 种不同随机过程的假设下,衍生品合约的债务价值调整模型为:

$$DVA = -E_t \left[ \int_t^T \lambda_B(\omega) e^{-\int_t^s (r+\lambda_B+\lambda_C) d\tau} (V(\omega) - g_B(\omega)) d\omega \right] \quad (13.9)$$

其中, $g_B(V, X) = [V(t, S) - X(t)]^+ + R_B[V(t, S) - X(t)]^- + X(t)$;

$$DVA = -E_t \left[ \int_t^T \lambda_B(\omega) e^{-\int_t^s (r+\lambda_B+\lambda_C) d\tau} (V(\omega) - g_B(\omega)) d\omega \right] \quad (13.10)$$

其中, $g_B(V, C) = [V(t, S) - \alpha_X C(t, S)]^+ + R_B[V(t, S) - \alpha_X C(t, S)]^- + \alpha_X C(t, S)$;

$$DVA = -E_t \left[ \int_t^T \lambda_B(\omega) e^{-\int_t^s (r+\lambda_B+\lambda_C) d\tau} (V(\omega) - g_B(\omega)) d\omega \right] \quad (13.11)$$

其中, $g_B(V, X) = [V(t, S) - (\alpha_{X1} C_1(t) + \alpha_{X2} P_T(t))]^+ + (\alpha_{X1} C_1(t) + \alpha_{X2} P_T(t)) + R_B[V(t, S) - (\alpha_{X1} C_1(t) + \alpha_{X2} P_T(t))]^-$;

$$DVA = -E_t\left[\int_t^T \lambda_B(\omega)\,\mathrm{e}^{-\int_t^s (r+\lambda_B+\lambda_C)\mathrm{d}\tau}(V(\omega)-g_B(\omega))\mathrm{d}\omega\right] \quad (13.12)$$

其中，$g_B(V,\ X) = [V(t,\ S) - (\alpha_{C1}C_1(t) + \alpha_{C2}C_2(t))]^+ + (\alpha_{C1}C_1(t) + \alpha_{C2}C_2(t)) + R_B[V(t,\ S) - (\alpha_{C1}C_1(t) + \alpha_{C2}C_2(t))]^-$。

观察上述 4 种不同随机过程假设下的债务价值调整模型，发现它们在形式上类似，但由于涵盖不同的市场风险，模型中刻画银行违约时合约剩余价值的函数存在差异性。因此，不同风险影响下的债务价值模型对于银行信用风险的估值存在差异性。债务价值调整模型 13.9 是在未考虑资产价格跳跃风险与波动率风险的情况下对银行自身信用风险的估值。对于一份衍生品合约而言，在根据该模型进行风险估值，未考虑资产价格变化的跳跃和随机波动两大特征时，债务价值调整在该合约无违约风险价值中的占比为 7.415%（见表 13.1）。在考虑资产价格跳跃风险后，则基于资产价格服从跳跃扩散模型的假设，可推导出涵盖跳跃风险的债务价值调整模型 13.10。对比表 13.1 的计算结果发现，在考虑资产价格跳跃风险后，债务价值调整的占比（6.044%）有所减少。这可能是由于考虑跳跃风险使得初始保证金比例提高，也就是初始保证金融资成本提高，产生风险补偿，从而在一定程度上降低了银行自身的信用风险。同样，基于资产价格服从随机波动率模型的假设，可推导出涵盖波动率风险的债务价值调整模型 13.11。此时该模型对于银行自身信用风险的量化已考虑到资产价格的波动率风险，通过该模型进行风险估值后，对照表 13.1 的计算结果可以看出，在考虑资产价格波动率风险后，债务价值调整显著增加。这说明，资产价格波动率风险是衍生品合约中银行自身信用风险的主要影响因素。最后，引入资产价格的跳跃与随机波动双重特征，基于资产价格服从带跳的随机波动率模型的假设，推导出涵盖资产价格跳跃与波动率双重风险的债务价值调整模型 13.12。由表 13.1 可知，在考虑资产价格跳跃与波动率双重风险的综合影响后，相较于布朗运动与跳跃扩散模型假设下的情形，债务价值调整是增加的，而相较于随机波动率模型假设下的情形，债务价值调整有所降低。这表明，资产价格的跳跃风险与波动率风险对衍生品合约的信用风险影响的方向与程度有所差别。总的来说，银行自身信用风险会受到资产价格跳跃风险和波动率风险的影响。因此，在对衍生品合约进行债务价值调整时，资产价格的跳跃与随机波动特征是必须考虑的重要因素。

此外，为了对比分析资产价格的跳跃风险、波动率风险及跳跃与波动率双重风险对银行自身信用风险的影响,根据债务价值调整模型 13.9、模型 13.10、模型 13.11 与模型 13.12,图 13.5 给出衍生品合约的债务价值调整在资产价格变化过程分别服从布朗运动、跳跃扩散模型、随机波动率模型及带跳的随机波动率模型的假设下随时间 $t$ 的变化过程。

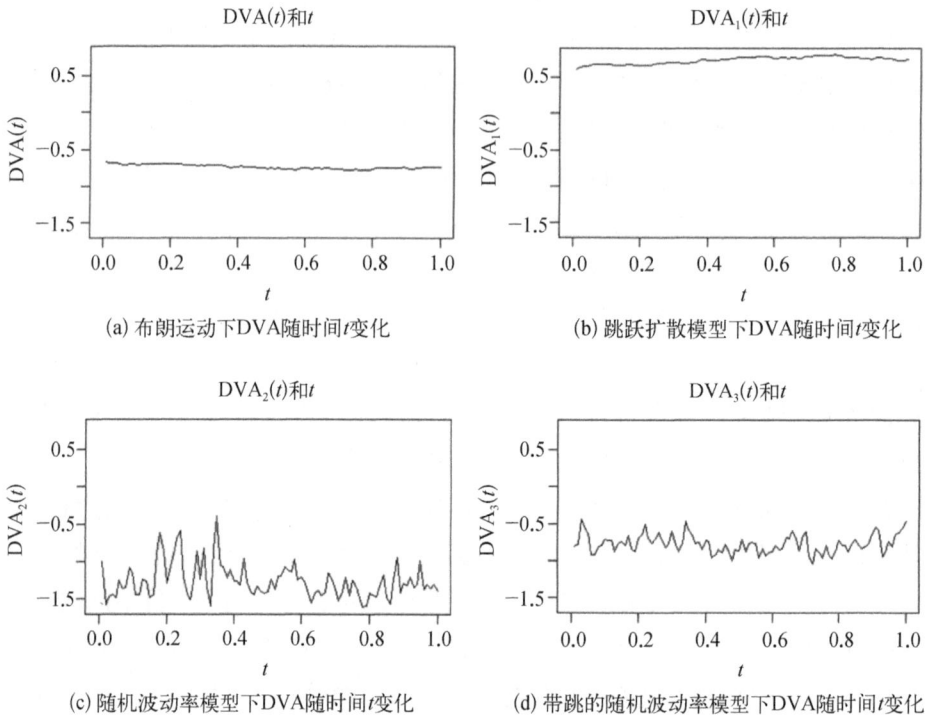

图 13.5　债务价值调整(DVA)分别在四种模型假设下的变化情况

图 13.5(a)为在资产价格变化过程服从布朗运动的假设下,债务价值调整的变化过程。通过图 13.5 可以看出,在没有其他风险的冲击下,交易有效期内债务价值调整基本处于平稳的状态,呈现缓慢下降趋势,但不显著。这说明,在经济环境相对稳定的情况下,银行自身的信用风险不会出现较大幅度的波动,且基本维持在一定范围内。图 13.5(b)给出在资产价格变化过程服从跳跃扩散模型的假设下,债务价值调整的变化情况。对比图 13.5(a)与图 13.5(b)可以看出,在资产价格跳跃风险的影响下,债务价值调整减少,且发生风险转移。这表明,考虑资产价格跳跃风险后,银行自身的信用风险会发生风险转移。图 13.5(c)为在资产价格变化过程服从随机波动率模型的假设下,债务价值调整的变化

过程。对比图 13.5(a)、图 13.5(b) 和图 13.5(c) 可以看出,考虑资产价格的波动率风险后,债务价值调整在水平大小和变化波动性两方面均产生较大变化,特别是变化波动性显著增强,这与波动率风险对交易对手信用风险的影响效果类似。这说明,资产价格波动率风险对银行自身信用风险的正向冲击依然显著。图 13.5(d) 为在资产价格变化过程服从带跳的随机波动率模型的假设下,债务价值调整的变化过程。对比图 13.5(a)、图 13.5(b)、图 13.5(c) 和图 13.5(d) 可以发现,考虑资产价格的跳跃和波动率双重风险后,债务价值调整在水平大小与变化波动性方面均增强,但水平大小方面的影响较随机波动率模型下的影响减弱。这表明,资产价格的跳跃与波动率双重风险在影响银行自身信用风险的同时也会相互影响。总体而言,图 13.5 的结果再次说明,银行自身的信用风险不仅受到资产价格跳跃风险的影响,也会受资产价格波动率风险的影响。这与债务价值调整模型的理论研究结论一致。

## 13.3.2 债务价值调整的参数敏感性分析

债务价值调整模型是对交易合约中银行信用风险的量化,模型参数变化自然会引起银行自身信用风险的变化,不同风险特征的债务价值调整模型对不同参数的敏感性不同。本节重点分析的是结合资产价格跳跃风险、波动率风险及跳跃与波动率双重风险的债务价值调整研究,因此,本节主要分析债务价值调整在不同随机过程假设下的共同参数敏感性。在跳跃风险、波动率风险及跳跃与波动率双重风险下的债务价值调整模型中的共同影响因子是银行的债券利差和违约回收率。因此,本节主要分析银行的不同等级债券的利差 $\lambda_B$ 及违约回收率 $R_B$。

银行发行的不同等级的债券利差 $\lambda_B$ 代表了银行自身的危险率。由债务价值调整模型可知,债券利差 $\lambda_B$ 对不同风险下的债务价值调整存在直接的影响。为了对比分析不同等级的债券利差 $\lambda_B$ 对资产价格跳跃风险、波动率风险及跳跃与波动率双重风险下的债务价值调整的影响,根据债务价值调整模型 13.9、模型 13.10、模型 13.11 与模型 13.12,图 13.6 给出参数 $\lambda_B$ 对不同风险下债务价值调整的影响。

从图 13.6 可以看出,银行债券利差 $\lambda_B$ 对债务价值调整的影响在资产价格的跳跃风险、波动率风险及跳跃与波动率双重风险的影响下表现出显著差异性。

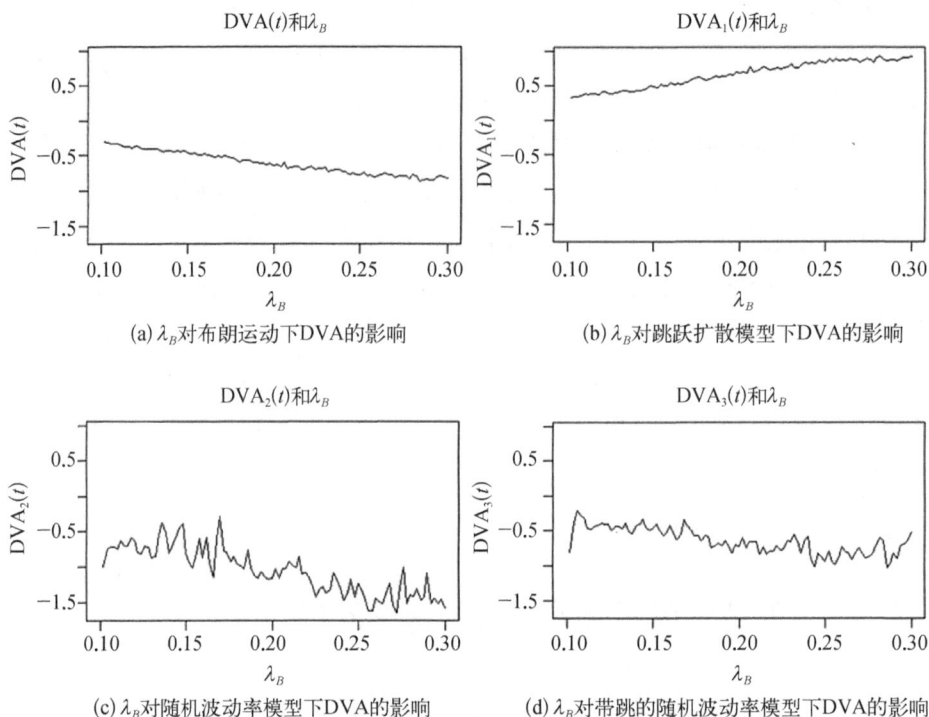

$$\text{DVA}(t)和\lambda_B \qquad \text{DVA}_1(t)和\lambda_B$$

(a) $\lambda_B$ 对布朗运动下DVA的影响　　(b) $\lambda_B$ 对跳跃扩散模型下DVA的影响

(c) $\lambda_B$ 对随机波动率模型下DVA的影响　(d) $\lambda_B$ 对带跳的随机波动率模型下DVA的影响

**图 13.6　参数 $\lambda_B$ 对四种不同假设下债务价值调整的影响**

由资产价格服从不同随机过程假设下的债务价值调整模型可知,通常情况下,债券利差 $\lambda_B$ 与债务价值调整存在正相关关系,即银行债券利差 $\lambda_B$ 越大,银行自身的信用风险越大。首先,在未考虑资产价格跳跃风险和波动率风险的情况下,从图 13.6(a)中可以看出,当其他参数不变时,随着债券利差 $\lambda_B$ 在一定范围内的增加,债务价值调整变化呈现下行趋势。这表明债券利差增加会加剧银行的信用风险。其次,在单独考虑资产价格跳跃风险的情况下,从图 13.6(b)可以看到,当其他参数不变时,随着银行债券利差 $\lambda_B$ 的增加,债务价值调整波动较小但呈现微升的趋势。这说明在跳跃风险的影响下,利差增大反而对银行信用风险有一定的风险补偿效应。对比图 13.6(a)和图 13.6(b)可以发现,随着债券利差 $\lambda_B$ 的增加,银行信用风险变化方向发生改变。正的债务价值调整可能是由于考虑资产价格的跳跃风险后,银行在交易初期增加初始保证金比例或增加其他超额抵押担保,从而使得多重价值调整之间发生价格转移。由信用价值调整部分的分析结论可知,跳跃风险会促使信用价值调整和保证金价值调整之间发生转移。再次,在单独考虑资产价格的波动率风险的情况下,从图 13.6(c)中可以看出,当其他参数不变时,当银行债券利差 $\lambda_B$ 增加时,债务价值调整不仅显著增大而且变化波动性增强。此外,对比图 13.6(a)、图 13.6(b)和图 13.6(c)可以发现,相较于跳跃风险的影响,波动率风险加剧了债券利差对银行自身信用风险的正向冲击。最后,考虑资产价格的跳跃与波动率双重风险的情况,从图 13.6(d)中可以看出,随着银行债券利差的增加,债务价值调整呈现下行的趋势且伴随较强的波动性。整体对照图 13.6(a)、图 13.6(b)、图 13.6(c)和图 13.6(d)可以看出,当银行债券利差 $\lambda_B$ 增加时,跳跃风险会在一定程度上降低银行自身信用风险,而波动率风险对于银行自身信用风险的影响不管是水平大小方面还是变化波动性方面均较强。

　　不同风险下的债务价值调整模型中的另一个共同影响因子是银行的违约回收率。银行的违约回收率 $R_B$ 代表银行发生违约时,交易对手能够回收合约价值的程度。由债务价值调整模型可知,银行的违约回收率 $R_B$ 对不同风险下的债务价值调整均有直接的影响,为了对比分析银行的违约回收率 $R_B$ 对资产价格的跳跃风险、波动率风险及跳跃与波动率双重风险下债务价值调整的影响,根据债务价值调整模型 13.9、模型 13.10、模型 13.11 与模型 13.12,图 13.7 给出银行的违约回收率 $R_B$ 对不同风险下债务价值调整的影响。

　　从图 13.7 可以看出,在资产价格的跳跃风险、波动率风险及跳跃与波动率双重风险的影响下,银行的违约回收率 $R_B$ 对债务价值调整的影响存在显著的差异性。首先,在未考虑资产价格的跳跃风险和波动率风险的情况下,从图 13.7(a)中可以看出,当其他参数不变时,当银行的违约回收率在合理范围内增加时,债务价值调整呈现相对平稳且微弱向下的变化趋势。这表明在没有其他风险影响的情况下,银行的违约回收率与债务价值调整有较弱的正相关性。其次,在仅考虑资产价格跳跃风险的情况下,从图 13.7(b)中可以看出,当其他参数不变时,随着违约回收率 $R_B$ 的增加,债务价值调整的变化方向发生改变,但变化波动性较小且依然呈现平稳的变化趋势。对比图 13.7(a)和图 13.7(b)可以发现,随着违约回收率 $R_B$ 的增加,银行信用风险的变化方向发生改变。再次,从图 13.7(c)中可以看出,在仅考虑资产价格波动率风险的情况下,当其他参数不变时,银行违约回收率的增加,对债务价值调整造成显著的影响,债务价值调整不仅在变化幅度上增加而且随机波动性也显著增强。结合图 13.7(a)、

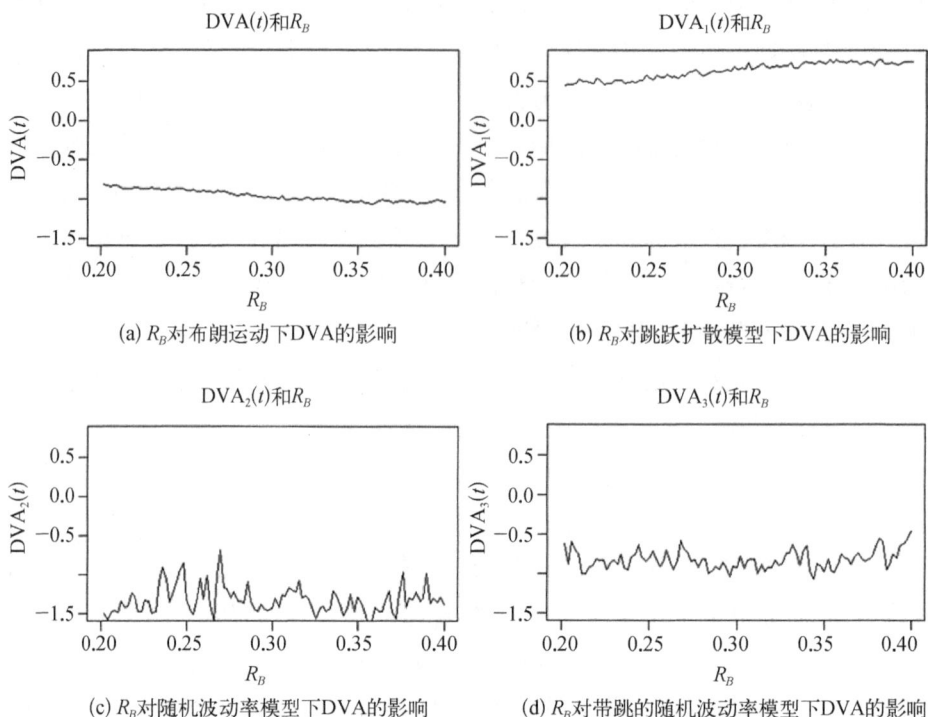

图 13.7　参数 $R_B$ 对四种不同假设下债务价值调整的影响

图 13.7(b)和图 13.7(c)可以看出,相较于跳跃风险的影响,在波动率风险的影响下,银行违约回收率的增加会对债务价值调整造成显著的影响。这表明违约回收率 $R_B$ 的增加在波动率风险下对银行信用风险冲击极大。最后,考虑资产价格跳跃与波动率双重风险的情况,从图 13.7(d)中可以看出,当其他参数不变时,银行违约回收率 $R_B$ 增加,债务价值调整变化波动性增强。这表明在资产价格跳跃与波动率双重风险的影响下,随着违约回收率的增加,银行信用风险的不确定性增强。整体而言,对比图 13.7(a)、图 13.7(b)、图 13.7(c)和图 13.7(d)可以看出,银行的违约回收率在随机波动率风险下对其自身信用风险的冲击尤其显著,特别是波动性方面。

至此,我们分析了在不同风险影响下,银行的债券利差 $\lambda_B$ 和违约回收率 $R_B$ 对债务价值调整的影响。通过模型的参数敏感性分析,我们可以得出三个结论。第一,关于跳跃风险对银行自身信用风险的影响,通过对比发现[图 13.6(a)和图 13.6(b)及图 13.7(a)和图 13.7(b)],即使在不同参数的变化条件下,跳跃风险对债务价值调整的影响也是一致的,发生风险转移。第二,关于波动率风险对交易对手信用风险的影响,通过对比发现[图 13.6(a)和图 13.6(c)及图 13.7(a)和图 13.7(c)],在不同参数的变化条件下,波动率风险对债务价值调整的影响显著,不仅在水平大小方面影响显著,还增强了债务价值调整的变化波动性。第三,关于跳跃与波动率双重风险对银行自身信用风险的综合影响,通过对比发现[图 13.6(a)和图 13.6(d)及图 13.7(a)和图 13.7(d)],在不同参数的变化条件下,跳跃与波动率双重风险对债务价值调整的影响不是跳跃风险和波动率风险影响效应的简单相加。跳跃与波动率双重风险对债务价值调整的综合影响在波动率方面弱于波动率风险,在影响程度方面,弱于跳跃风险。债务价值调整与信用价值调整关于参数敏感性分析的结论基本一致,这主要是因为信用价值调整与债务价值调整是关于合约信用风险的研究,只是主体不同。因此,对于模型参数敏感性分析,两者研究结论趋近。

在全球金融危机之后的几年里,债务价值调整对银行而言是一个非常重要的问题,因为其"自身信用风险"经历了前所未有的波动。因此,债务价值调整模型的研究也就得到很多关注。债务价值调整是一把双刃剑,一方面,它可以处理和信用价值调整相关的理论问题,使得交易对手相互之间的交易变得容易。另一方面,债务价值调整的本质及影响可能会引发意想不到的麻烦。因此,对于债务价值调整的进一步研究的必要性不言而喻。对某些银行来说,债务价值调整是穿过交易对手风险这片黑暗的曙光。它允许银行将自身的违约风险纳入交易价格中,从而抵消信用溢差增大导致信用价值调整增加而引发的与交易对手分能过线相关的损失。因此,选择合理且准确的信用价值调整模型和债务价值调整模型利于监管部门及金融机构针对衍生品交易进行全面、连续的信用风险管理。

# 13.4 资金价值调整的对比分析与参数敏感性分析

本节以布朗运动假设下的资金价值调整模型为基准模型,在资产价格变化过程分别服从跳跃扩散模型、随机波动率模型及带跳的随机波动率模型的假设下,将衍生品合约的资金价值调整模型进行对比分析,以研究跳跃风险、波动率风险及跳跃与波动率双重风险对资金价值调整的影响。此外,本节通过对 4 种不同随机过程假设下的资金价值调整模型进行对比,针对不同风险下资金价值调整模型的共同影响因子,重点分析资产价格跳跃风险、波动率风险及跳跃与波动率双重风险下资金价值调整模型的参数敏感性。

## 13.4.1　资金价值调整在不同假设下的对比分析

资金价值调整模型是针对衍生品合约的融资成本问题的研究,是对交易周期内由于交易资金而产生融资成本的估计与量化。在资产价格变化过程服从 4 种不同随机过程的假设下,资金价值调整模型分别为:

$$FVA = -E_t\left[\int_t^T \lambda_B(\omega) e^{-\int_t^s (r+\lambda_B+\lambda_C)d\tau} \varepsilon_h(\omega)d\omega\right] \tag{13.13}$$

其中,$\varepsilon_h = \Delta V_B^* - (P - P_D)$,$\Delta V_B^* = g_B - V^*$,$g_B(V, X) = [V(t, S) - X(t)]^+ + X(t) + R_B[V(t, S) - X(t)]^-$;

$$FVA = -E_t\left[\int_t^T \lambda_B(\omega) e^{-\int_t^s (r+\lambda_B+\lambda_C)d\tau} \varepsilon_h(\omega)d\omega\right] \tag{13.14}$$

其中,$\varepsilon_h = \Delta V_B^* - (P - P_D)$,$\Delta V_B^* = g_B - V^*$,$g_B(V, C) = [V(t, S) - \alpha_X C(t, S)]^+ + R_B[V(t, S) - \alpha_X C(t, S)]^- + \alpha_X C(t, S)$;

$$FVA = -E_t\left[\int_t^T \lambda_B(\omega) e^{-\int_t^s (r+\lambda_B+\lambda_C)d\tau} \varepsilon_h(\omega)d\omega\right] \tag{13.15}$$

其中,$\varepsilon_h = \Delta V_B^* - (P - P_D)$,$\Delta V_B^* = g_B - V^*$,$g_B(V, X) = \alpha_{X1}X_1(t) + \alpha_{X2}P_T(t) + [V(t, S) - (\alpha_{X1}X_1(t) + \alpha_{X2}P_T(t))]^+ + R_B[V(t, S) - (\alpha_{X1}X_1(t) + \alpha_{X2}P_T(t))]^-$;

$$FVA = -E_t\left[\int_t^T \lambda_B(\omega) e^{-\int_t^s (r+\lambda_B+\lambda_C)d\tau} \varepsilon_h(\omega)d\omega\right] \tag{13.16}$$

其中,$\varepsilon_h = \Delta V_B^* - (P - P_D)$,$\Delta V_B^* = g_B - V^*$,$g_B(V, X) = (\alpha_{C1}C_1(t) + \alpha_{C2}C_2(t)) + [V(t, S) - (\alpha_{C1}C_1(t) + \alpha_{C2}C_2(t))]^+ + R_B[V(t, S) - (\alpha_{C1}C_1(t) + \alpha_{C2}C_2(t))]^-$。

对比不同风险下的资金价值调整模型,可以发现,不同的风险会导致资金价值调整模型中按时计价的 $g_B$(银行违约时合约平仓后的剩余价值)不同,进一步导致资金价值调整模型中的 $\varepsilon_h$ 不同，最终导致资金价值调整模型的差异性。这表明，资产价格的跳跃风险与波动率风险会对衍生品交易周期中的融资成本产生显著影响。模型 13.13 为在资产价格变化过程服从布朗运动的假设下，衍生品合约的资金价值调整模型，该模型在未考虑资产价格跳跃风险与波动率风险的情况下，对交易周期中交易资金产生的融资成本进行计提。从表 13.1 可以看出，对比未考虑资产价格变化的跳跃风险和波动率风险时，根据模型 13.13 计算，资金价值调整在无违约风险价值中所占的比重为 5.238% 左右。若仅考虑资产价格的跳跃风险，则基于资产价格服从跳跃扩散模型的假设，可推导出涵盖跳跃风险的资金价值调整模型 13.14。根据该模型进行估值，比重增加到约 10.308%（见表 13.1），这表明跳跃风险显著增加资金价值调整。若仅考虑资产价格波动率风险，基于资产价格服从随机波动率模型的假设，可推导出涵盖波动率风险的资金价值调整模型 13.15。不同于跳跃风险的影响，从表 13.1 的计算结果中可以发现，波动率风险对资金价值调整具有一定的负向效应。在考虑资产价格的跳跃与波动率双重风险后，基于资产价格服从带跳的随机波动率模型的假设，可推导出涵盖资产价格的跳跃与波动率双重风险的资金价值调整模型 13.16。当资金价值调整模型中涵盖资产价格跳跃与波动率双重风险时，衍生品合约的隐性融资成本在无违约风险价值中所占的比重约为 11.603%。这说明，资产价格的跳跃与波动率双重风险会显著增加衍生品交易周期中交易资金的融资成本。

此外，为了说明资产价格跳跃风险、波动率风险及跳跃与波动率双重风险对衍生品合约交易周期中交易资金产生融资成本的影响，根据资金价值调整模型 13.13、模型 13.14、模型 13.15 与模型 13.16，图 13.8 给出资金价值调整在资产价格变化过程分别服从布朗运动、跳跃扩散模型、随机波动率模型及带跳的随机波动率模型的假设下随时间 $t$ 的变化过程。

图 13.8(a) 为在资产价格变化过程服从布朗运动的假设下，资金价值调整的变化过程。从图 13.8(a) 可以看出，在无其他风险影响的情况下，资金价值调整无明显上升或下降趋势。这说明，在经济环境相对良好的情况下，有效交易周期内交易资金产生的融资成本相对稳定，基本维持在一定范围内。图 13.8(b) 为在资产价格变化过程服从跳跃扩散模型的假设下，资金价值调整的变化情况。对比图 13.8(a) 和图 13.8(b) 可以发现，在资产价格跳跃风险的影响下，资金价值调整增加，波动性略微增强，并且呈现下降趋势。这表明资产价格跳跃风险对

FVA(t)和t

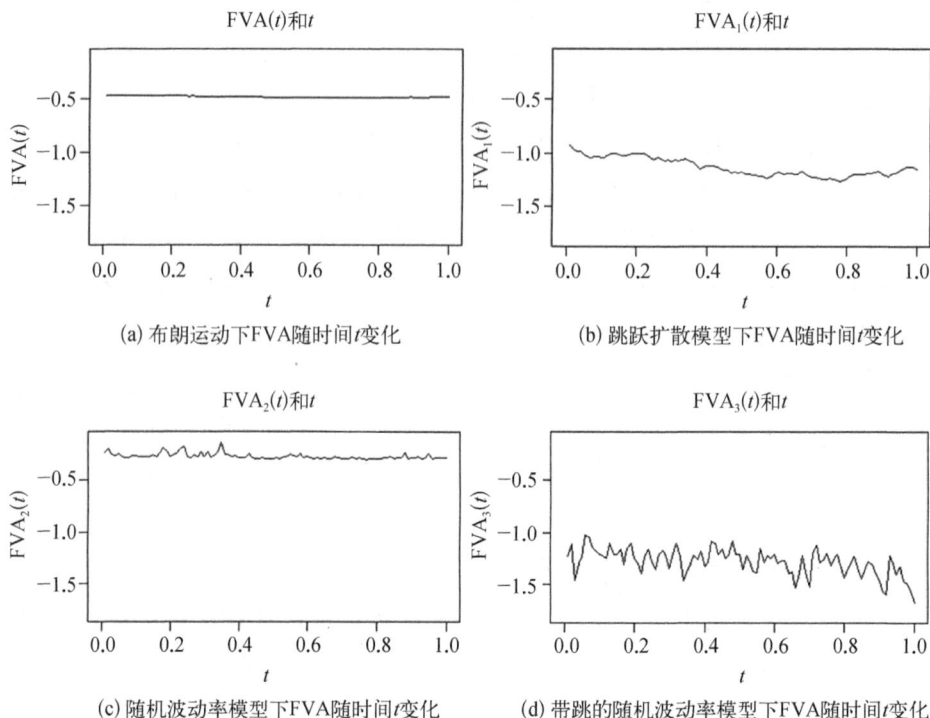

(a) 布朗运动下FVA随时间t变化

FVA₁(t)和t

(b) 跳跃扩散模型下FVA随时间t变化

FVA₂(t)和t

(c) 随机波动率模型下FVA随时间t变化

FVA₃(t)和t

(d) 带跳的随机波动率模型下FVA随时间t变化

**图 13.8　资金价值调整 FVA 分别在四种模型下的变化情况**

资金价值调整具有明显的正向效应,即跳跃风险越大,交易周期内由于交易资金产生的融资成本越大。图 13.8(c)为在资产价格变化过程服从随机波动率模型的假设下,资金价值调整的变化过程。对比图 13.8(a)、图 13.8(b)和图 13.8(c)可以看出,在资产价格波动率风险的影响下,资金价值调整微弱减少,但是波动性相对增强。这表明,资产价格波动率风险虽然会降低交易资金产生的融资成本,但是融资成本变化波动性增强。相较于跳跃风险的影响,波动率风险的影响主要体现为增强了资金价值调整的变化波动性。图 13.8(d)为在资产价格变化过程服从带跳的随机波动率模型的假设下,资金价值调整的变化情况。对比图 13.8(a)、图 13.8(b)、图 13.8(c)和图 13.8(d)发现,在考虑资产价格的跳跃和波动率双重风险后,资金价值调整在水平大小方面及变化波动性方面均发生显著变化。这表明,资产价格跳跃与波动率双重风险对资金价值调整的影响尤为显著。总体而言,图 13.8 的结果表明,资产价格跳跃与波动率双重风险是影响衍生品合约资金价值调整的重要因素。

## 13.4.2　资金价值调整的参数敏感性分析

资金价值调整模型是对衍生品合约在有效交易周期内由于交易资金产生融资成本的估值。模型参数变化自然会引起融资成本的变化,不同风险特征的资金价值调整模型对不同参数的敏感性不同。本节重点分析的是结合资产价格跳跃风险、波动率风险及跳跃与波动率双重风险的资金价值调整研究,因此,本节选取不同风险下资金价值调整模型的共同参数进行分析。在跳跃风险、波动率风险及跳跃与波动率双重风险下的资金价值调整模型中的共同影响因子是银行的债券利差 $\lambda_B$ 和违约回收率 $R_B$。因此,接下来主要分析银行的债券利差 $\lambda_B$ 和违约回收率 $R_B$ 对资金价值调整的影响。

从资金价值调整模型可知,银行的债券利差 $\lambda_B$ 对不同风险下的资金价值调整均有直接的影响。为了对比分析债券利差 $\lambda_B$ 对资产价格跳跃风险、波动率风险及跳跃与波动率双重风险下的资金价值调整的影响,根据资金价值调整模型 13.13、模型 13.14、模型 13.15 与模型 13.16,图 13.9 给出债券利差 $\lambda_B$ 对不同风险下资金价值调整的影响。

从图 13.9 可以看出,银行债券利差 $\lambda_B$ 对资产价格跳跃风险、波动率风险及跳跃与波动率双重风险下的资金价值调整的影响存在显著差异性。整体上银行债券利差 $\lambda_B$ 与资金价值调整存在正向效应,即银行债券利差 $\lambda_B$ 越大,交易周期中由于交易资金产生的融资成本越大。首先,在未考虑资产价格的跳跃风险和波动率风险的情况下,从图 13.9(a)中可以看出,当其他参数不变时,随着银行债券利差 $\lambda_B$ 在一定范围内的增加,资金价值调整呈现相对较缓且向下的趋势。这表明,利差增大会增加交易周期中交易资金产生的融资成本。其次,在单独考虑资产价格跳跃风险的情况下,从图 13.9(b)中可以看出,随着银行债券利差 $\lambda_B$ 的增加,资金价值调整显著增加,呈现下降趋势。这表明在跳跃风险的冲击下,银行债券利差 $\lambda_B$ 的增大会显著增加交易资金产生的融资成本。对比图 13.9(a)和图 13.9(b)可以发现,在资产价格跳跃风险的影响下,银行债券利差 $\lambda_B$ 对资金价值调整的正向效应增强了,即交易周期中将会产生更多的融资成本。再次,在只考虑资产价格波动率风险的情况下,从图 13.9(c)中可以看出,银行债券利差 $\lambda_B$ 增加,会对资金价值调整产生影响,但影响并不显著。此外,对比图 13.9(a)、图 13.9(b)和图 13.9(c)可以看出,相较于跳跃风险的影响,在波动率

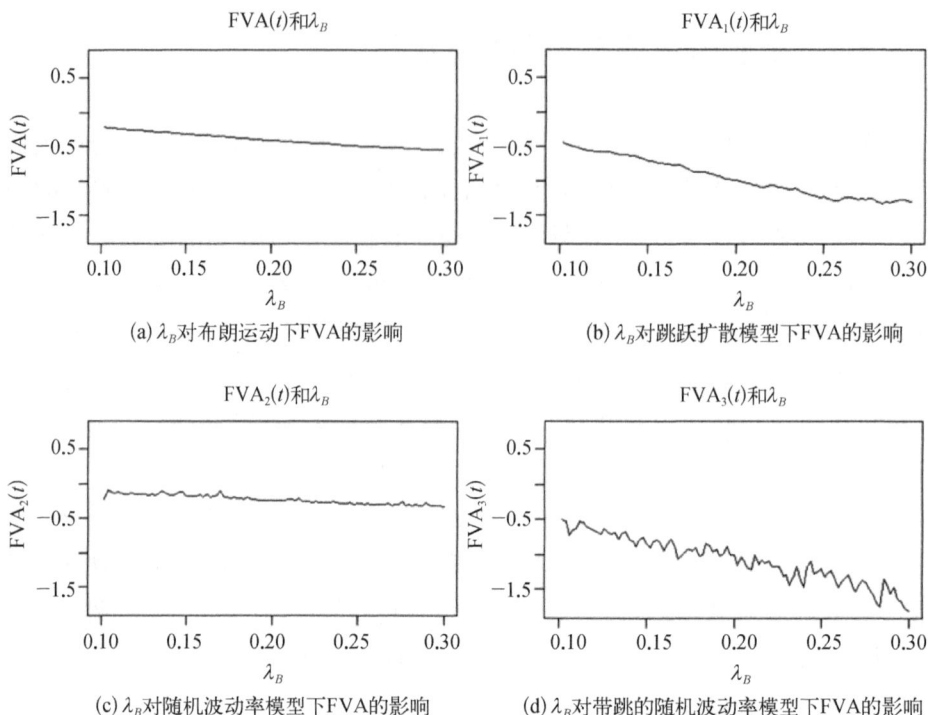

(a) $\lambda_B$对布朗运动下FVA的影响

(b) $\lambda_B$对跳跃扩散模型下FVA的影响

(c) $\lambda_B$对随机波动率模型下FVA的影响

(d) $\lambda_B$对带跳的随机波动率模型下FVA的影响

**图 13.9　参数 $\lambda_B$ 对四种不同假设下资金价值调整的影响**

风险的影响下,债券利差 $\lambda_B$ 增加对交易资金融资成本的影响不显著。最后,在考虑资产价格的跳跃与波动率双重风险的情况下,从图 13.9(d)中可以看出,当其他参数不变时,随着银行债券利差 $\lambda_B$ 的增加,资金价值调整呈现明显的下降趋势且伴随较强的波动性。这表明,在资产价格跳跃与波动率双重风险的影响下,银行债券利差 $\lambda_B$ 的增加对资金价值调整造成较为显著的冲击。整体对比图 13.9(a)、图 13.9(b)、图 13.9(c)及图 13.9(d)可以发现,当银行债券利差 $\lambda_B$ 增加时,在跳跃风险的影响下,交易资金融资成本会显著增加。而在考虑波动率风险的情形下,这种影响不显著。

　　不同风险下的资金价值调整模型的另一共同参数是银行的违约回收率。由资金价值调整模型可知,银行自身的违约回收率 $R_B$ 对不同风险下的资金价值调整均有直接的影响,为了对比分析银行违约回收率 $R_B$ 对资产价格跳跃风险、波动率风险及跳跃与波动率双重风险下的资金价值调整的影响,根据资金价值调整模型 13.13、模型 13.14、模型 13.15 与模型 13.16,图 13.10 给出违约回收

率 $R_B$ 对不同风险下资金价值调整(FVA)的影响。

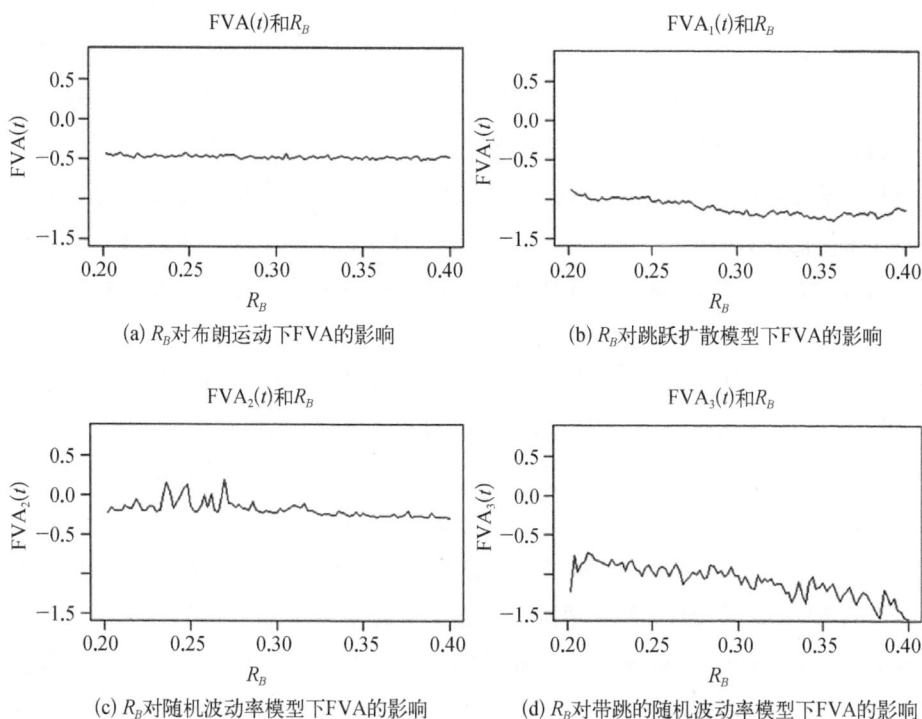

(a) $R_B$ 对布朗运动下FVA的影响

(b) $R_B$ 对跳跃扩散模型下FVA的影响

(c) $R_B$ 对随机波动率模型下FVA的影响

(d) $R_B$ 对带跳的随机波动率模型下FVA的影响

**图 13.10　参数 $R_B$ 对四种不同假设下资金价值调整的影响**

从图 13.10 可以看出,在资产价格跳跃风险、波动率风险及跳跃与波动率双重风险存在的情况下,银行的违约回收率 $R_B$ 对交易资金融资成本的影响存在显著差异性。首先,在未考虑资产价格跳跃风险和波动率风险的情况下,从图 13.10(a)中可以看出,当其他参数不变,违约回收率 $R_B$ 在一定范围内增加时,资金价值调整呈现相对平缓变化的趋势,未出现明显向上或向下的趋势。这表明,在没有其他市场风险冲击的情况下,银行自身的违约回收率 $R_B$ 对交易周期中由于交易资金而产生的融资成本的影响并不显著。其次,在仅考虑资产价格跳跃风险的情况下,从图 13.10(b)中可以看出,随着违约回收率 $R_B$ 的增加,资金价值调整呈现缓慢下降的趋势。对比图 13.10(a)和图 13.10(b)可以发现,随着违约回收率 $R_B$ 的增加,交易资金融资成本在跳跃风险的影响下会有一定程度的增加,并且变化波动性增强。再次,在单独考虑资产价格波动率风险的情况下,从图 13.10(c)中可以看出,违约回收率 $R_B$ 的增加对资金价值调整有较弱的影响。对比图 13.10(a)、图 13.10(b)和图 13.10(c)可以看出,相较于波动率风险的影响,在跳跃风险的影响下,违约回收率增加对交易资金融资成本的影响较大。最后,考虑资产价格跳跃与波动率双重风险的情况,从图 13.10(d)中可以看出,当其他参数不变时,违约回收率 $R_B$ 的增加极大地影响资金价值调整。这表明在资产价格跳跃与波动率双重风险的影响下,随着违约回收率的增加,有效交易周期内,交易资金产生的融资成本显著增加,而且其变化波动性也显著增强。整体而言,对比图 13.10(a)、图 13.10(b)、图 13.10(c)及图 13.10(d)可以看出,违约回收率 $R_B$ 的增加在跳跃与波动率双重风险的冲击下显著影响着资金价值调整。

至此,我们分析了在不同风险(跳跃风险、波动率风险及跳跃与波动率双重风险)的影响下,银行的债券利差 $\lambda_B$ 和违约回收率 $R_B$ 对资金价值调整的影响。通过模型的参数敏感性分析,可以得出三个结论。第一,关于跳跃风险对交易周期中交易资金产生融资成本的影响,通过对比[图 13.9(a)和图 13.9(b)及图 13.10(a)和图 13.10(b)]发现,在不同参数的变化条件下,跳跃风险对资金价值调整的影响基本一致,即跳跃风险会增加交易资金融资成本。第二,关于波动率风险对交易周期中交易资金产生融资成本的影响,通过对比[图 13.9(a)和图 13.9(c)及图 13.10(a)和图 13.10(c)]发现,在不同参数的变化条件下,波动率风险对资金价值调整的影响显著较弱。第三,关于跳跃与波动率双重风险对交易周期中交易资金产生融资成本的综合影响,通过对比[图 13.9(a)和图 13.9(d)及图 13.10(a)和图 13.10(d)]发现,在不同参数的变化条件下,跳跃与波动率双重风险对资金价值调整具有显著的影响,但不是跳跃风险和波动率风险影响效应的简单相加。总的来说,跳跃与波动率双重风险对交易周期中交易资金产生融资成本的影响最大,跳跃风险次之,波动率风险对交易资金产生融资成本的影响相对较小。

从某种意义上来说,资金价值调整并不是一个特别新的概念。在全球金融危机之前,LIBOR 被用于对现金流进行贴现,这不是因为它是无风险利率,而是因为其被视为短期的银行无担保资金成本的良好近似值。危机后,银行意识到它们不能依赖短期资金或者以 LIBOR 进行融资,因此试图通过资金价值调整来纳入折现更高的成本。此外,结合实际的金融市场数据特征,资产价格的跳跃和随机波动特征是实时存在的市场风险因素,这种隐性交易成本成为交易者不得不考虑的风险因素。因此,使用考虑资产价格变化特征的资金价值调整模型来度量衍生品合约中的交易资金融资成本相对而言更为合理。

## 13.5　保证金价值调整的对比分析与参数敏感性分析....

资金价值调整模型与保证金价值调整模型是关于衍生品合约融资成本的估值。上一节对资金价值调整(交易资金融资成本)进行了详细分析,本节将进一步探讨保证金价值调整(初始保证金融资成本)。本节以布朗运动假设下的保证金价值调整模型为基准模型,在资产价格变化过程分别服从跳跃扩散模型、随机波动率模型及带跳的随机波动率模型的假设下,将衍生品合约的保证金价值调整模型进行对比分析,以研究跳跃风险、波动率风险及跳跃与波动率双重风险对保证金价值调整的影响。此外,本节通过对 4 种不同随机过程假设下的保证金价值调整模型进行对比,并针对不同风险下保证金价值调整模型的共同影响因子,重点分析资产价格跳跃风险、波动率风险及跳跃与波动率双重风险下保证金价值调整模型的参数敏感性。

保证金价值调整模型是对衍生品合约价值中嵌入的初始保证金融资成本的估值。当资产价格变化过程服从 4 种不同的随机过程假设时,保证金价值调整模型分别为:

$$MVA = -E_t\left[\int_t^T (r_X - r)\mathrm{e}^{-\int_t^s (r+\lambda_B+\lambda_C)\mathrm{d}\tau} X(\omega)\mathrm{d}\omega\right] \qquad (13.17)$$

$$MVA = -E_t\left[\int_t^T \alpha_X \mathrm{e}^{-\int_t^s (r+\lambda_B+\lambda_C)\mathrm{d}\tau} rC(\omega, S)\mathrm{d}\omega\right] \qquad (13.18)$$

$$MVA = -E_t\left[\int_t^T \mathrm{e}^{-\int_t^s (r+\lambda_B+\lambda_C)\mathrm{d}\tau} r(\alpha_{X1}C_1 + \alpha_{X2}P_T)\mathrm{d}\omega\right] \qquad (13.19)$$

$$MVA = -E_t\left[\int_t^T \mathrm{e}^{-\int_t^s (r+\lambda_B+\lambda_C)\mathrm{d}\tau} (\alpha_{C1}C_1 + \alpha_{C2}C_2)\mathrm{d}\omega\right] \qquad (13.20)$$

对比不同风险下的保证金价值调整模型可以发现,不同的风险导致保证金价值调整模型存在显著的差异性。模型 13.17 为在资产价格变化过程服从布朗运动的假设下衍生品合约的保证金价值调整模型,该模型估算的初始保证金融资成本暂时未考虑资产价格的跳跃风险与波动率风险。对于一份衍生品合约而言,根据该模型计算,保证金价值调整在无违约风险价值中所占的比重仅为0.045%左右(见表13.1)。考虑到跳跃风险的影响,基于资产价格服从跳跃扩散模型的假设,可推导出涵盖跳跃风险的保证金价值调整模型13.18。从表13.1的计算结果可以发现,根据涵盖跳跃风险的保证金价值调整模型估算,保证金价值调整在无违约风险价值中所占的比重(约为7.736%)显著增加。这表明,跳跃风险对初始保证金融资成本的影响较为显著。考虑波动率风险的影响,于是基于资产价格服从随机波动率模型的假设,可推导出保证金价值调整模型13.19。通过该模型估算,保证金价值调整在无违约风险价值中所占的比重约为0.519%。对比跳跃风险的影响,波动率风险对初始保证金融资成本的影响并不显著。由于金融市场中,资产价格的跳跃特征与随机波动特征并存,并且这两大风险特征会相互影响,因此,在对初始保证金融资成本进行计提时应该考虑跳跃和波动率双重风险。于是,本书基于资产价格服从带跳的随机波动率模型的假设,将资产价格的跳跃和波动率双重风险纳入保证金价值调整模型13.20。该模型计算所得的初始保证金融资成本覆盖了资产价格的跳跃与波动率双重风险的影响。通过该模型估算,保证金价值调整在无违约风险价值中所占的比重约为3.212%(见表13.1)。对比波动率风险的影响,跳跃与波动率双重风险对保证金价值调整的影响相对较为显著。模型对比分析表明,资产价格跳跃风险、波动率风险及跳跃与波动率双重风险对衍生品合约的初始保证金融资成本具有显著影响。并且,对比跳跃风险、波动率风险及跳跃与波动率双重风险对保证金价值调整的影响可以发现,资产价格跳跃风险对衍生品合约保证金价值调整的影响尤为显著。

此外,为了进一步分析资产价格的跳跃风险、波动率风险及跳跃与波动率双重风险对初始保证金融资成本的影响,根据保证金价值调整模型13.17、模型13.18、模型13.19与模型13.20,图13.11给出保证金价值调整在资产价格变化过程分别服从布朗运动、跳跃扩散模型、随机波动率模型及带跳的随机波动率模型的假设下随时间 $t$ 的变化过程。

在图13.11中,图13.11(a)为在资产价格变化过程遵循布朗运动的假设下,衍生品合约保证金价值调整的变化过程。通过图13.11可以看出,在没有其他风险的冲击下,保证金价值调整基本维持不变,且在数值方面很小。这说明,在经济环境相对稳定的情况下,初始保证金的融资成本可忽略不计。图13.11(b)为在资产价格变化过程服从跳跃扩散模型的假设下,保证金价值调整的变化过

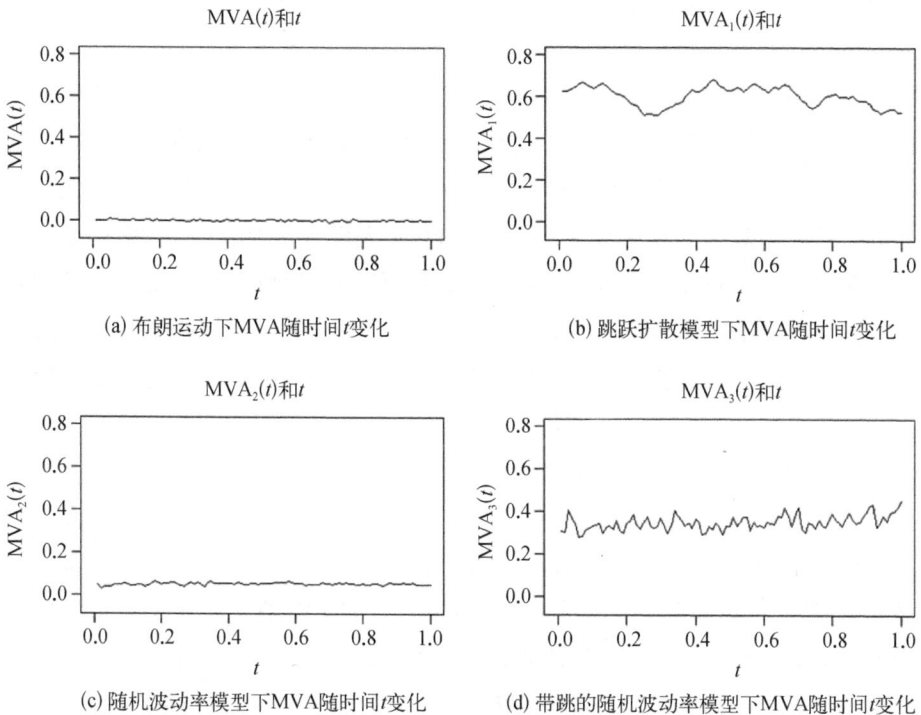

图 13.11　MVA 分别在四种模型假设下的变化情况

程。对比图 13.11(a)与图 13.11(b)可以看出,在考虑资产价格的跳跃风险后,保证金价值调整显著增加。这表明,跳跃风险显著影响初始保证金的融资成本。图 13.11(c)为在资产价格变化过程遵循随机波动率模型的假设下,保证金价值调整的变化过程。对比图 13.11(a)、图 13.11(b)和图 13.11(c)可以看出,相较于资产价格跳跃风险对保证金价值调整的影响,资产价格波动率风险对保证金价值调整的冲击相对较小。这可能是因为,考虑资产价格跳跃风险后,其初始保证金会被交易商提高,那么初始保证金的融资成本也相应地增加。图 13.11(d)为在资产价格变化过程服从带跳的随机波动率模型的假设下,保证金价值调整的变化过程。对比图 13.11(a)、图 13.11(b)、图 13.11(c)和图 13.11(d)可以发现,考虑资产价格的跳跃与波动率双重风险后,衍生品合约的保证金价值调整不仅增大,变化波动性也增强。这表明,跳跃与波动率双重风险对初始保证金融资成本影响显著。整体而言,图 13.11 的结果再次表明,资产价格的跳跃风险与波动率风险是影响衍生品合约保证金价值调整的重要因素。

保证金价值调整模型是对衍生品合约中初始保证金融资成本的量化,模型参数的变化通常会引起初始保证金融资成本的变化,不同风险特征的保证金价值调整模型对不同参数的敏感度不同。本节重点分析的是结合资产价格跳跃风险、波动率风险及跳跃与波动率双重风险的保证金价值调整研究,因此,本节选取不同风险下保证金价值调整模型的共同参数进行分析。在跳跃风险、波动率风险及跳跃与波动率双重风险下的保证金价值调整模型中的共同影响因子是无风险利率 $r_f$、银行债券利差 $\lambda_B$ 及交易对手的债券有效利差 $\lambda_C$。银行债券利差 $\lambda_B$ 及交易对手的债券有效利差 $\lambda_C$ 仅存在于折现因子中,是影响初始保证金融资成本的次要因素,因此,接下来主要分析无风险利率对不同风险下保证金价值调整的影响。

由资产价格服从不同随机过程假设下的保证金价值调整模型可知,无风险利率 $r_f$ 与保证金价值调整存在正相关关系,也就是说,无风险利率越大,交易的初始保证金的融资成本越大。通过对比分析发现,无风险利率 $r_f$ 对资产价格跳跃风险、波动率风险及跳跃与波动率双重风险下的初始保证金融资成本的影响存在显著差异性。由保证金价值调整模型可知,$r_f$ 对不同风险下的保证金价值调整均有直接的影响。为了对比分析无风险利率 $r_f$ 对资产价格跳跃风险、波动率风险及跳跃与波动率双重风险下的保证金价值调整的影响,依然根据保证金价值调整模型 13.17、模型 13.18、模型 13.19 与模型 13.20 进行计算,图 13.12 给出参数 $r_f$ 对不同风险下保证金价值调整的影响。

从图 13.12 可以看出,在资产价格的跳跃风险、波动率风险及跳跃与波动率双重风险的影响下,无风险利率 $r_f$ 对保证金价值调整的影响存在显著差异性。在存在跳跃风险的情况下,整体上无风险利率 $r_f$ 与保证金价值调整存在正向效应,即无风险利率 $r_f$ 越大,初始保证金的融资成本越大。首先,在未考虑资产价格跳跃风险和波动率风险的情况下,从图 13.12(a)中可以看出,当其他参数不变,无风险利率在一定范围内增加时,保证金价值调整的趋势趋于平稳,无风险利率对保证金价值调整的影响不显著。这表明在经济环境较好时,无风险利率对初始保证金的融资成本影响较小。其次,在仅考虑资产价格跳跃风险的情况下,从图 13.12(b)中可以看出,无风险利率增加,保证金价值调整也会显著增加。这表明在资产价格跳跃风险的冲击下,无风险利率增加对初始保证金的交存成本产生显著正向效应。对比图 13.12(a)和图 13.12(b)可以发现,在资产价格跳跃风险的影响下,无风险利率对保证金价值调整的影响增强了。再次,在单

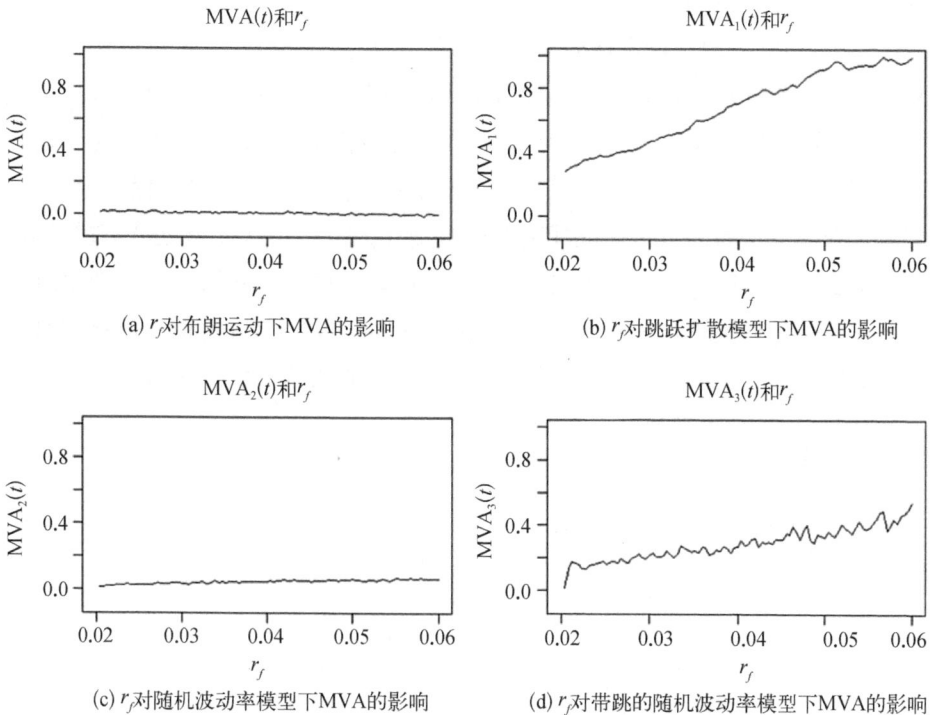

图 13.12　参数 $r_f$ 对四种不同假设下保证金价值调整的影响

独考虑资产价格波动率风险的情况下,从图 13.12(c)中可以看出,无风险利率的增加,对保证金价值调整的影响不显著。对比图 13.12(a)、图 13.12(b)和图13.12(c)可以发现,相较于跳跃风险的影响,在波动率风险的影响下,无风险利率增加对初始保证金融资成本的影响相对不显著。最后,在考虑资产价格的跳跃与波动率双重风险的情况下,从图 13.12(d)中可以看出,当其他参数不变时,无风险利率的增大显著增加保证金价值调整,并且保证金价值调整的变化波动性增强。这表明,在资产价格跳跃与波动率双重风险的影响下,无风险利率的增加对保证金价值调整造成较为显著的冲击。整体对照图 13.12(a)、图 13.12(b)、图 13.12(c)及图 13.12(d)可以发现,无风险利率 $r_f$ 的增加,在跳跃风险的影响下,会显著增加初始保证金产生的融资成本。而在波动率风险的影响下,无风险利率 $r_f$ 的增加对初始保证金融资成本的影响不显著。也就是说,在跳跃风险的冲击下,无风险利率会成为初始保证金的融资成本问题的影响因素。总体而言,图 13.12 的结果再次表明,资产价格的跳跃风险与波动率风险是影响衍生品合约保证金价值调整的重要因素。

综上所述,考虑资产价格的跳跃风险和波动率风险的保证金价值调整模型对于量化交易合约的初始保证金融资成本将更为合理且精确。多年来,许多银行已经从拥有"CVA部门"发展为拥有"XVA部门",以管理交易对手风险、资金及担保品等。自全球金融危机以来监管改革的重点之一就是初始保证金,清算任务和非清算交易的双边担保规则都要求交存大量初始保证金,这导致初始保证金的交存成本问题越来越重要。因此,将资产价格的跳跃风险和波动率风险融入多重价值调整理论体系,建立合理的多重价值调整模型,有助于市场参与者针对不同风险特征的交易合约,灵活运用多重价值调整模型以应对风险和交易成本变化,实现高水平的风险管理。

# 参考文献

［1］Abbate R. The effects of credit risk and funding on the pricing of uncollateralized derivative contracts［J］. Journal of Financial Risk Management，2015，4(2)：57 - 69.

［2］Ackert L F，Hunter W C. A sequential test methodology for detecting futures market disruptions with applications to futures management［J］. Review of Futures Markets，1990，9(2)：318 - 341.

［3］Alan L. Option valuation under stochastic volatility［M］. California：Finance Press，2000.

［4］Alavian S，Jie D，Whitehead P，et al. Counterparty valuation adjustment (CVA). Available at ssrn. com，2008.

［5］Albanese C，Caenazzo S，Crépey S. Capital valuation adjustment and funding valuation adjustment［J］. Avaliable at https：//arxiv. org/abs/1603. 03012，2016.

［6］Albanese C，Caenazzo S，Crépey S. Credit，funding，margin，and capital valuation adjustments for bilateral portfolios ［J］. Probability，Uncertainty and Quantitative Risk，2017，2(1)：26.

［7］Albanese C，Chataigner M，Crépey S. From probability to finance［M］. Berlin：Springer，2020.

［8］Albanese C，Crépey S，Hoskinson R，et al. XVA analysis from the balance sheet［J］. Quantitative Finance，2021，21(1)：99 - 123.

［9］Albrecher H，Hartinger J. A risk model with multilayer dividend strategy［J］. North American Actuarial Journal，2007，11(2)：43 - 64.

［10］Andersen L，Duffie D，Song Y. Funding value adjustments［J］. Journal of Finance，2019，74(1)：145 - 192.

[11] Andersen T G, Fusari N, Todorov V. Short-term market risks implied by weekly options[J]. Journal of Finance, 2017, 72(3): 1335 – 1386.

[12] Antonelli F, Ramponi A, Scarlatti S. CVA and vulnerable options pricing by correlation expansions[J]. Annals of Operations Research, 2021, 299(1): 401 – 427.

[13] Armenti Y, Crépey S. Central clearing valuation adjustment[J]. SIAM Journal on Financial Mathematics, 2017, 8(1): 274 – 313.

[14] Arvanitis A, Gregory J, Laurent J P. Building models for credit spreads [J]. The Journal of Derivatives, 1999, 6(3): 27 – 43.

[15] Assefa S, Bielecki T R, Crépey S, et al. CVA computation for counterparty risk assessment in credit portfolios [J]. Credit Risk Frontiers, 2011: 397 – 436.

[16] Back K. A course in derivative securities: introduction to theory and computation[M]. Berlin: Springer, 2005.

[17] Bakshi G, Cao C, Chen Z. Empirical performance of alternative option pricing model[J]. The Journal of Finance, 1997, 52: 2003 – 2049.

[18] Barbedo C H da S, Lemgruber E F. A down-and-out exchange option model with jumps to evaluate firms' default probabilities in Brazil[J]. Emerging Markets Review, 2009(10): 179 – 190.

[19] Basel Committee on Banking Supervision(BCBS). Basel III: a global regulatory framework for more resilient banks and banking systems. Available at www. bis. org, 2010.

[20] Basel Committee on Banking Supervision(BCBS). Basel III counterparty credit risk frequently asked questions. Available at www. bis. org, 2010.

[21] Basel Committee on Banking Supervision(BCBC). BCBS – 261: margin requirements for non-centrally cleared derivatives. Available at www. bis. org, 2013.

[22] Bates D S. Jumps and stochastic volatility: exchange rate processes implicit in deutsche mark options[J]. The Review of Financial Studies, 1996, 9(1): 69 – 107.

[23] Bates D S. Post-'87 crash fears in the S&P 500 futures option market[J].

Journal of Econometrics, 2000, 94(1): 181 – 238.

[24] Bégin, J F, Dorion C, Gauthier G. Idiosyncratic jump risk matters: evidence from equity returns and options[J]. The Review of Financial Studies, 2020, 33(1): 155 – 211.

[25] Bichuch M, Capponi A, Sturm S. Arbitrage-free pricing of XVA-Part I: framework and explicit examples[J]. Available at http://ssrn. com/abstract=2554600, 2015a.

[26] Bichuch M, Capponi A, Sturm S. Arbitrage-free pricing of XVA-Part II: PDE representations and numerical anlysis[J]. Available at http://ssrn. com/abstract=2568118, 2015b.

[27] Bichuch M, Capponi A, Sturm S. Arbitrage-free XVA [J]. Mathematical Finance: An International Journal of Mathematics, Statistics and Financial Economics, 2018, 28(2): 582 – 620.

[28] Bielecki T R, Rutkowski M. Credit risk: modeling, valuation and hedging[J]. Springer Finance, 2004, 16(18): 277 – 298.

[29] Björk T. Arbitrage theory in continuous time[M]. Oxford: Oxford University Press, 2009.

[30] Black F, Cox J C. Valuing corporate securities: some effects of bond indenture provisions[J]. The Journal of Finance, 1976(31): 351 – 367.

[31] Black F, Scholes M. The pricing of options and corporate liabilities[J]. Journal of Political Economy, 1973, 81(3): 637 – 654.

[32] Boenkost W, Schmidt W M. CVA/DVA wrong way risk put into practice [J]. SSRN Electronic Journal, 2014.

[33] Bo L, Capponi A. Bilateral credit valuation adjustment for large credit derivatives portfolios [J]. Finance and Stochastics, 2014, 18 (2): 431 – 482.

[34] Bonner C, Campanelli J. Arbitrage-free pricing of XVA for options in discrete time [J]. Available at http://www. wpi. edu/Academics/Projects, 2016.

[35] Brigo D, Buescu C, Rutkowski M. Funding, repo and credit inclusive valuation as modified option pricing[J]. Operations Research Letters,

2017，45(6)：665 - 670.

[36] Brigo D，Chourdakis K，Bakkar I. Counterparty risk valuation for Energy-Commodities swaps：impact of volatilities and correlation[J]. Available at https：//doi. org/10. 48550/arxiv. 0901. 1099，2009，95(5)：431 - 447.

[37] Brigo D. Counterparty risk and contingent CDS valuation under correlation between interest-rates and default[J]. Available at SSRN 926067，2008.

[38] Brigo D，Francischello M，Pallavicini A. An indifference approach to the cost of capital constraints：KVA and beyond[J]. Available at arxiv. 1708. 05319，2017.

[39] Brigo D，Masetti M. A formula for interest rate swaps valuation under counterparty risk in presence of netting agreements[J]. Social Science Electronic Publishing，2005.

[40] Brigo D，Morini M，Pallavicini A. Bilateral CVA-DVA and interest rate products[M]. New Jersey：John Wiley & Sons Ltd，2013.

[41] Brigo D，Morini M，Pallavicini A. Counterparty credit risk，collateral and funding：with pricing cases for all asset classes[M]. New Jersey：John Wiley & Sons Ltd，2013.

[42] Brigo D，Pallavicini A. Counterparty risk pricing under correlation between default and interest rates[M]. New Jersey：John Wiley & Sons Ltd，2007.

[43] Brigo D，Pallavicini A，Papatheodorou V. Bilateral counterparty risk valuation for interest-rate products：impact of volatilities and correlations [J]. Available at https：//doi. org/10. 48550/arxiv. 0911. 3331，2010，14：773 - 802.

[44] Brown S，Dybvig P. The empirical implications of the Cox，Ingersoll，Ross theory of the term structure of interest rate[J]. Journal of Finance，1986，41：617 - 630.

[45] Burgard C，Kjaer M. Funding costs，funding strategies[J]. Risk，2013：82 - 87.

[46] Burgard C, Kjaer M. In the balance[J]. Risk, 2011: 72-75.

[47] Burgard C, Kjaer M. Partial differential equation representations of options with bilateral counterparty risk and funding costs [J]. The Journal of Credit Risk, 2011, 7(3): 1-19.

[48] Cai N, Kou S G. Option pricing under a mixed-exponential jump diffusion model[J]. Management Science, 2011, 57(11): 2067-2081.

[49] Cai N. On first passage times of a Hyper-Exponential jump diffusion process[J]. Operations Research Letters, 2009, 37(2): 127-134.

[50] Canabarro E, Duffie D. Measuring and marking counterparty risk[R]. In Proceedings of the Counterparty Credit Risk. Venice: Credit Conference, 2004.

[51] Canabarro E, Picoult E, White T. Counterparty risk[R]. Energy Risk, 2005.

[52] Catania, L. A stochastic volatility model with a general leverage specification[J]. Journal of Business & Economic Statistics, 2022, 40 (2): 678-689.

[53] Chance D. Default risk and the duration of zero coupon bonds[J]. Journal of Finance, 1990, 45(1): 265-274.

[54] Chang M C, Sheu Y C, Tsai M. Pricing perpetual American compound options under a matrix-exponential jump diffusion model[J]. Applied Mathematical Finance, 2015, 22(6): 553-575.

[55] Chen K S, Huang Y C. Detecting jump risk and jump-diffusion model for Bitcoin options pricing and hedging[J]. Mathematics, 2021, 9(20): 2567-2567.

[56] Cherubini U, Lunge D G. Structured finance the object oriented approach [M]. New Jersey: John Wiley & Sons Ltd, 2007.

[57] Christina C, Leung C H. Option pricing in jump diffusion models with quadratic spline collocation[J]. Applied Mathematics and Computation, 2016, 279: 28-42.

[58] Cook D O, Spellman L J. Federal financing guarantees and the occasional market pricing of default risk: evidence from insured deposits[J]. Journal

of Banking and Finance, 1991, 15: 1113 – 1130.

[59] Cooper I, Mello A. The default risk of swaps[J]. Journal of Finance, 1991, 46(2): 597 – 620.

[60] Cox J C, Ingersoll J E, Ross S A. An intertemporal general equilibrium model of asset prices[J]. Econometrica, 1985, 53(2): 365 – 384.

[61] Crépey S, Bielecki T R, Brigo D. Counterparty risk and funding: a tale of two puzzles[M]. London: Taylor & Francis Group, LCC, 2014.

[62] Crépey S. Bilateral counterparty risk under funding constraints: part II: CVA[J]. Mathematical Finance, 2015, 25(1): 23 – 50.

[63] Crépey S. Bilateral counterparty risk under funding constraints: part I: pricing[J]. Mathematical Finance, 2015, 25(1): 1 – 22.

[64] Crépey S, Gerboud R, Grbac Z, et al. Counterparty risk and funding: the four wings of the TVA [M]. Berlin: Springer International Publishing, 2015.

[65] Da F J, Martini C. The α-hypergeometric stochastic volatility model[J]. Stochastic Processes and Their Applications, 2016, 126(5): 1472 – 1502.

[66] Daněk J, Pospíšil J. Numerical aspects of integration in semi-closed option pricing formulas for stochastic volatility jump diffusion models[J]. International Journal of Computer Mathematics, 2020, 97(6): 1268 – 1292.

[67] Das S R. The surprise element: jumps in interest rates[J]. Journal of Econometrics, 2002, 106: 27 – 65.

[68] Deng G H. Pricing European option in a double exponential jump-diffusion model with two market structure risks and its comparisions[J]. Applied Mathematics: A Journal of Chinese University (Series B), 2007, 22(2): 127 – 136.

[69] Draper P, Fung J K. Discretionary government intervention and the mispricing of index futures[J]. Journal of Futures Markets, 2003, 23 (12): 1159 – 1189.

[70] Duffie D, Huang M. Swap rates and credit quality[J]. The Journal of

Finance, 1996, 51(3): 921 - 949.

[71] Duffie D, Pan J, Singleton K. Transform analysis and asset pricing for affine jump diffusions[J]. Econometrica, 2000, 68(6): 1343 - 1376.

[72] Duffie D, Singleton K J. Modeling term structure of defaultable bonds [J]. Review of Financial Studies, 1999, 12(4): 687 - 720.

[73] Engle R F. Autoregressive conditional heteroscedasticity with estimates of the variance of United Kingdom inflation[J]. Econometrica, 1982 (50): 987 - 1008.

[74] Engle R F. The econometrics of ultra-high frequency data [J]. Econometrica, 2010, 68(1): 1 - 22.

[75] Eraker B. Do stock prices and volatility jump? Reconciling evidence from spot and option price[J]. The Journal of Finance, 2004, 59(3): 1367 - 1403.

[76] Eraker B, Johannes M, Polson N. The impact of jumps in volatility and returns[J]. The Journal of Finance, 2003, 58(3): 1269 - 1300.

[77] Feng L, Linetsky V. Pricing options in jump diffusion models: an extrapolation approach[J]. Operations Research, 2008, 56(2): 304 - 325.

[78] Feng Y, Wang M, Zhang Y. CVA for Cliquet options under Heston model[J]. The North American Journal of Economics and Finance, 2019, 48: 272 - 282.

[79] Fishe R P H, Goldberg L G, Gosnell T F, et al. Margin requirements in futures markets: their relationship to price volatility[J]. The Journal of Futures Markets, 1990, 10(5): 541 - 554.

[80] Green A D. CVA risk warehousing and tax valuation adjustment (TVA) [M]. New Jersey: John Wiley & Sons Ltd, 2015.

[81] Green A D, Kenyon C. Calculating the funding valuation adjustment (FVA) of value-at-risk (VAR) based initial margin [J]. SSRN Electronic Journal, 2014.

[82] Green A D, Kenyon C. MVA: initial margin valuation adjustment by replication and regression[J]. SSRN Electronic Journal, 2015.

[83] Green A D, Kenyon C. Portfolio KVA: I theory [J]. SSRN Electronic Journal, 2014.

[84] Green A D. XVA: credit, funding and capital valuation adjustments[M]. New Jersey: John Wiley & Sons Ltd, 2016.

[85] Gregory J. Counterparty credit risk and credit value adjustment: a continuing challenge for global financial markets[M]. New York: John Wiley & Sons, 2013.

[86] Gregory J. The XVA challenge: counterparty credit risk, funding, collateral, and capital[M]. New York: John Wiley & Sons, 2015.

[87] Han, X. Pricing and hedging vulnerable option with funding costs and collateral[J]. Chaos, Solitons & Fractals, 2018, 112: 103 – 115.

[88] Hawkes A G. Hawkes jump-diffusions and finance: a brief history and review[J]. The European Journal of Finance, 2022, 28(7): 627 – 641.

[89] Hellander M. Credit value adjustment: the aspects of pricing counterparty credit risk on interest rate swaps[D]. Stockholm: KTH Royal Institute of Technology, 2015.

[90] Hemler M L, Longstaff F A. General equilibrium stock index future prices: theory of empirical evidence[J]. The Journal of Financial and Quantitative Analysis, 1991, 26(3): 287 – 308.

[91] Heston S L. A closed-form solution for options with stochastic volatility with applications to bond and currency options[J]. Review of Financial Studies, 1993, 6(2): 327 – 343.

[92] Hsu J C, Saá-Requejo J, Santa-Clara P. A structural model of default risk[J]. The Journal of Fixed Income, 2010, 19(3): 77 – 94.

[93] Hsu J C, Saá-Requejo J, Santa-Clara P. Bond pricing with default risk [J]. Journal of Financial Economics, 2003, 61(2): 293 – 331.

[94] Huge B, Lando D. Swap pricing with two-sided default risk in a rating-based model[J]. Review of Finance, 1999, 3: 239 – 268.

[95] Hull J. Options, futures, and other derivatives[M]. 10th ed. New York: Pearson Education, 2018.

[96] Hull J, White A. CVA and wrong-way risk[J]. Financial Analysts

Journal, 2012, 68(5): 58 - 69.

[97] Hull J, White A. The FVA debate, followed by The FVA Debate Continued[J]. Risk, 2012, 10(52): 83 - 85.

[98] Hull J, White A. The pricing of options on assets with stochastic volatilities[J]. Journal of Finance, 1987, 42(2): 281 - 300.

[99] Hull J, White A. Valuing derivatives: funding value adjustments and fair value[J]. Financial Analysts Journal, 2014, 70(3): 46 - 56.

[100] Hunter D. Credit value adjustment for credit default swaps via the structural default model[J]. Journal of Credit Risk, 2012, 5 (2): 123 - 146.

[101] Hurd T R, Kuznetsov A. Affine markov chain models of multifirm credit migration[J]. Journal of Credit Risk, 2007, 3(1): 3 - 29.

[102] Jain S, Karlsson P, Kandhai D. KVA, mind your P's and Q's! [J]. Wilmott, 2019, 2019(102): 60 - 73.

[103] Jarrow R A, Rosenfeld E R. Jump risk and intertemporal capital asset pricing model[J]. The Journal of Business, 1984, 57: 337 - 351.

[104] Jarrow R A, Turnbull S. Pricing derivatives on financial securities subject to credit risk[J]. The Journal of Finance, 1995, 50 (1): 53 - 85.

[105] Jarrow R A, Yu F. Counterparty risk and the pricing of defaultable securities[J]. Journal of Finance, 2001, 56(5): 1765 - 1800.

[106] Jeon Y, Mccurdy T H, Zhao X. News as sources of jumps in stock returns: evidence from 21 million news articles for 9,000 companies[J]. Journal of Financial Economics, 2022, 145(2): 1 - 17.

[107] Jia Z L, Bi X C, Zhang S G. Pricing variance swaps under stochastic volatility with an ornstein-uhlenbeck process[J]. Journal of Systems Science and Complexity, 2015, 28(6): 1412 - 1425.

[108] Kao L J. Credit valuation adjustment of cap and floor with counterparty risk: a structural pricing model for vulnerable European options[J]. Review of Derivatives Research, 2016, 19: 41 - 64.

[109] Kenyon C, Stamm R. Discounting, LIBOR, CVA and funding[M].

London: Palgrave Macmillan, 2012.

[110] Kenyon R D, Kenyon C. Accounting for KVA under IFRS 13[J]. SSRN Electronic Journal, 2015.

[111] Kijima M, Suzuki T. A jump-diffusion model for pricing corporate debt securities in a complex capital structure[J]. Quantitative Finance, 2001, 1(6): 611 - 620.

[112] Kim B, Wee I S. Pricing of geometric Asian options under Heston's stochastic volatility model[J]. Quantitative Finance, 2014, 14(10): 1795 - 1809.

[113] Kou S G. A jump-diffusion model for option pricing[J]. Management Science, 2009, 48(8): 1086 - 1101.

[114] Kou S G, Wang H. Option pricing under a double exponential jump diffusion model[J]. Management Science, 2004, 50(9): 1178 - 1192.

[115] Kou S, Yu C, Zhong H. Jumps in equity index returns before and during the recent financial crisis: a bayesian analysis[J]. Management Science, 2017, 63(4): 988 - 1010.

[116] Lee M K. Pricing perpetual American lookback options under stochastic volatility[J]. Computational Economics, 2019, 53(3): 1265 - 1277.

[117] Lee M K, Yang S J, Kim J H. A closed form solution for vulnerable options with Heston's stochastic volatility [J]. Chaos, Solitons & Fractals, 2016, 86: 23 - 27.

[118] Lee S S, Wang M, Schwert G W. The impact of jumps on carry trade returns[J]. Journal of Financial Economics, 2019, 131(2): 433 - 455.

[119] Liang J, Wang T, Yang X. Single name LCDS and related CVA calculation based on a consideration of counterparty default[J]. Journal of Tongji University (Natural Science), 2013, 41(6): 945 - 952.

[120] Li C, Wu L. FVA and CVA for collateralized trades with re-hypothecation[J]. Wilmott, 2016, 2016(83): 50 - 59.

[121] Li H, Wells M T, Yu C L. A bayesian analysis of return dynamics with Levy Jumps[J]. The Review of Financial Studies, 2008, 21(5): 2345 - 2378.

[122] Longstaff F A, Schwartz E S. A simple approach to valuing risky fixed and floating rate debt[J]. Journal of Finance, 1995, 50: 789 – 819.

[123] Lou W. Initial margin funding cost transfer pricing and MVA[J]. Social Science Electronic Publishing, 2015, 7(1): 20 – 26.

[124] Lu D. The XVA of financial derivatives: CVA, DVA and FVA explained[M]. London: Palgrave Macmillan, 2015.

[125] Madan D B, Unal H, Santomero A M. Pricing the risk of default[J]. Review of Derivatives Research, 2002, 2(2 – 3): 121 – 160.

[126] Mao X R. Stability of stochastic differential equations with respect to semi-martingales[M]. London: Longman Scientific and Technical, 1994.

[127] Mao X R. Stochastic differential equations and applications [M]. Chichester: Horwood Publishing, 1997.

[128] Merton R C. Option pricing when underlying stock returns are discontinuous[J]. Journal of Financial Economics, 1976, 3(1 – 2): 125 – 144.

[129] Nauta B J. Internal valuation of assets with liquidity risk[J]. The Journal of Derivatives, 2017, 24(3): 70 – 83.

[130] Nauta B J. Liquidity risk, instead of funding costs, leads to a valuation adjustment for derivatives and other assets[J]. International Journal of Theoretical and Applied Finance, 2015, 18(2): 75 – 105

[131] Niu H, Xing Y, Zhao Y. Pricing vulnerable European options with dynamic correlation between market risk and credit risk[J]. Journal of Management Sciences in China, 2020, 5(2): 125 – 145.

[132] Oksendal B. Stochastic differential equations: an introduction with applications[M]. Berlin: Springer, 2003.

[133] Pan J. The jump-risk premia implicit in options: evidence from an integrated time-series study[J]. Journal of Financial Economics, 2002, 63(1): 3 – 50.

[134] Picoult E. Economic capital for counterparty credit risk[J]. RMA Journal, 2004, 86(6): 44 – 51.

［135］Pykhtin M. Counterparty credit risk modeling: risk management and regulation［M］. London: Palgrave Macmillan, 2005.

［136］Pykhtin M, Rosen D. Pricing counterparty risk at the trade level and CVA allocations［J］. Social Science Electronic Publishing, 2010, 6: 3 - 38.

［137］Rambeerich N, Pantelous A A. A high order finite element scheme for pricing options under regime switching jump diffusion processes［J］. Journal of Computational and Applied Mathematics, 2016, 300: 83 - 96.

［138］Ramirez J. Fair valuation: credit and debit valuation adjustments［M］. New Jersey: John Wiley & Sons Ltd, 2015.

［139］Richie N, Daigler R T, Gleason K C. The limits to stock index arbitrage: examining S&P 500 futures and SPDRS［J］. Journal of Futures Markets, 2008, 28(12): 1182 - 1205.

［140］Saá-Requejo J, Santa-Clara P. Bond pricing with default risk［J］. Social Science Electronic Publishing, 2004, 9(2): 269 - 280.

［141］Scholbel R, Zhu J. Stochastic volatility with an Ornstein-Uhlenbeck process: an extension［J］. European Finance Review, 1998, 3 (1): 23 - 46.

［142］Scott L O. Option pricing when the variance changes randomly: theory, estimation, and an application［J］. Journal of Financial and Quantitative Analysis, 1987, 22(4): 419 - 438.

［143］Scott L O. Pricing stock options in a Jump-Diffusion model with stochastic volatility and interest rates: applications of Fourier inversion methods［J］. Mathematical Finance, 1997, 7(4): 413 - 426.

［144］Sekine J, Tanaka A. Notes on backward stochastic differential equations for computing XVA［M］. Berlin: Springer, 2020

［145］Shreve E S. Stochastic calculus for finance II: continuous-time models ［M］. New York: Springer Finance, 2004.

［146］Smith D J. Valuation in a world of CVA, DVA, and FVA: a tutorial on debt securities and interest rate derivatives ［M］. Singapore: World

Scientific，2017.

[147] Sorensen E H，Bollier T F. Pricing swap default risk[J]. Financial Analysts Journal，1994，50(3)：23 – 33.

[148] S&P Global Ratings. 2018 annual global corporate default and rating transition study. 2019(4).

[149] Stein E M，Stein J C. Stock price distributions with stochastic volatility：an analytic approach[J]. The Review of Financial Studies，1991，4(4)：727 – 752.

[150] Tanaka A. Remarks on an arbitrage-free condition for XVA[J]. JSIAM Letters，2019，11：57 – 60.

[151] Taylor S J. Modeling financial time series[M]. New York：John Wiley&Sons,1986.

[152] Taylor S J. Predicting the volatility of stock prices using ARCH models，with UK examples[J]. Managerial Finance，1994，20(2)：102 – 117.

[153] Tian Y，Zhang H. European option pricing under stochastic volatility jump-diffusion models with transaction cost [J]. Computers & Mathematics with Applications，2020，79(9)：2722 – 2741.

[154] Tsuchiya O. A practical approach to XVA[M]. Singapore：World Scientific，2019.

[155] Wang G，Wang X，Zhou K. Pricing vulnerable options with stochastic volatility[J]. Physica A：Statistical Mechanics and Its Applications，2017，485：91 – 103.

[156] Wigan D. Banks switch reporting for FVA[J]. International Financing Review，2015(2079)：72 – 73.

[157] Wiggins J B. Option values under stochastic volatility：theory and empirical estimates[J]. Journal of Financial Economics，1987,19(2)：351 – 372.

[158] Wu H，Chen J. Pricing of derivatives option with stochastic prices volatility[J]. Journal of Xi'an Jiaotong University，2005，39(2)：214 – 217.

[159] Wu L，Li C. FVA and CVA under margining[J]. Studies in Economics and Finance，2015，32(3)：298 - 321.

[160] Xiao J W，Yin X M，School B. The optimal portfolio decision and contribution plan of defined benefit pension funds based on a Heston stochastic volatility model and Legendre dual transform method[J]. Chinese Journal of Management Science，2015，23(3)：42 - 46.

[161] Yang S，Lee M，Kim J. Pricing vulnerable options under a stochastic volatility model[J]. Applied Mathematics Letters，2014，34：7 - 12.

[162] Yang Y，Fabozzi F J，Bianchi M L. Bilateral counterparty risk valuation adjustment with wrong way risk on collateralized commodity counterparty[J]. Journal of Financial Engineering，2015，2(1)：1550001.

[163] Zhang S M，Sun Y D. Forward starting options pricing with double stochastic volatility，stochastic interest rates and double jumps[J]. Journal of Computational and Applied Mathematics，2017，325：34 - 41.

[164] Zhong Y，Deng G H. Geometric Asian options pricing under the double Heston stochastic volatility model with stochastic interest rate[J]. Complexity，2019，2019：1 - 13.

[165] Zhou C. The term structure of credit spreads with jump risk[J]. Journal of Banking & Finance，2001，25(11)：2015 - 2040.

[166] Zhou T. Arbitrage-free pricing of XVA for American options in discrete time[D]. Worcester：Worcester Polytechnic Institute，2017.

[167] Zhu J，Xie D，Liu G，et al. An XVA approach to counterparty risk appraisal[J]. Current Chinese Computer Science，2021，1(1)：35 - 41.

[168] 蔡跃洲,马文君. 数据要素对高质量发展影响与数据流动制约[J]. 数量经济技术经济研究,2021,38(3)：64 - 83.

[169] 陈超. 跳—扩散过程的期权定价模型[D]. 长沙：中南大学,2001.

[170] 陈超,邹捷中,刘国买. 股票价格服从跳—扩散过程的期权定价模型[J]. 管理工程学报,2001(2)：74 - 75.

[171] 陈国进,王占海.我国股票市场连续性波动与跳跃性波动实证研究[J].系统工程理论与实践,2010,30(9):1554-1562.

[172] 陈浪南,孙坚强.股票市场资产收益的跳跃行为研究[J].经济研究,2010,45(4):54-66.

[173] 程棵,魏先华,杨海珍,等.金融危机对金融机构的冲击及政府救助分析[J].管理科学学报,2012,15(3):1-15.

[174] 费为银,蔡振球,夏登峰.跳扩散环境下带通胀的最优动态资产配置[J].管理科学学报,2015,18(8):83-94.

[175] 葛翔宇,赵翼,周艳丽,等.高新技术企业发展中的专利权价值问题:基于跳扩散实物期权定价的建模与模拟[J].系统管理学报,2015,24(3):355-364.

[176] 龚旭,林伯强.跳跃风险、结构突变与原油期货价格波动预测[J].中国管理科学,2018,26(11):11-21.

[177] 郭经纬.基于期权理论的铁路货运定价问题研究[D].成都:西南交通大学,2016.

[178] 姜礼尚,罗俊.跳扩散模型下永久美式看跌期权定价[J].系统工程理论与实践,2008(2):10-18.

[179] 李晓华."互联网+"改造传统产业的理论基础[J].经济纵横,2016(3):57-63.

[180] 李亚茹,孙蓉,刘震.农产品期货价格险种设计与定价:基于随机波动率模型的欧亚期权[J].财经科学,2018(3):14-28.

[181] 潘冬涛,马勇.自刺激跳跃与随机波动率交叉反馈下的期权定价[J].管理科学,2022,35(5):127-143.

[182] 唐齐鸣,黄苒.中国上市公司违约风险的测度与分析:跳—扩散模型的应用[J].数量经济技术经济研究,2010,27(10):101-115.

[183] 童锋,张革.中国发展数字经济的内涵特征、独特优势及路径依赖[J].科技管理研究,2020,40(2):262-266.

[184] 王良,刘潇,贾宇洁.基于跳扩散过程的 ETF 基金动态市场风险测度研究[J].管理评论,2017,29(3):12-26.

[185] 王斯坦,王屹.新一代信息技术应用带给传统经济的机遇、挑战及政策建议[J].经济研究参考,2015(31):37-40+61.

[186] 魏宇. 沪深 300 股指期货的波动率预测模型研究[J]. 管理科学学报，2010,13(2)：66 - 76.

[187] 魏宇,余怒涛. 中国股票市场的波动率预测模型及其 SPA 检验[J]. 金融研究,2007(7)：138 - 150.

[188] 吴鑫育,杨文昱,马超群,等. 基于非仿射随机波动率模型的期权定价研究[J]. 中国管理科学,2013,21(1)：1 - 7.

[189] 杨璐,朱怀念,张成科. Heston 随机波动率模型下带负债的投资组合博弈[J]. 运筹与管理,2020,29(8)：27 - 34.

[190] 俞金平,李胜宏. 基于跳扩散模型的资产证券化定价[J]. 浙江大学学报(理学版),2008(2)：160 - 162＋240.

[191] 张金锁,金浩,邹绍辉. 基于跳扩散模型的石油价格长期趋势分析[J]. 系统工程理论与实践,2015,35(1)：67 - 74.

[192] 中国证券业协会. 场外业务开展情况报告(2022 年 1 月)[EB/OL]. (2022 - 03 - 11)[2025 - 05 - 21]. https://www. sac. net. cn/ljxh/xhgzdt/202203/t20220311_30918. html.

[193] 周艳丽,吴洋,葛翔宇. 一类高新技术企业专利权价值的实物期权评估方法：基于跳扩散过程和随机波动率的美式期权的建模与模拟[J]. 中国管理科学,2016,24(6)：19 - 28.

[194] 朱怀念,朱莹. 跳扩散模型下的非零和随机微分投资组合博弈[J]. 运筹与管理,2021,30(10)：183 - 190.

# 索　引